D1177514

Alte Burgen - schöne Schlösser

Alte Burgen – schöne Schlösser

Eine romantische Deutschlandreise

Verlag Das Beste Stuttgart · Zürich · Wien

© 1980 Verlag Das Beste GmbH, Stuttgart

Alle Rechte, insbesondere die der Übersetzung, Verfilmung,
Funk- und Fernsehbearbeitung, im In- und Ausland vorbehalten.

Printed in Germany
ISBN 3 87070 155 2

Geleitwort

Die Zahl der Burgen und Schlösser in deutschen Landen ist fast unübersehbar groß. Allein in Bayern gibt es mehr als tausend. In der Bundesrepublik Deutschland sind mehrere hundert Burgen noch bewohnt; hinzu kommen sehr viele Schlösser und einige tausend Ruinen. Es versteht sich daher von selbst, daß kein einzelnes Buch alle Objekte ausführlich vorstellen und beschreiben kann. So bietet auch dieses Werk nur eine bedachtsam zusammengestellte Auswahl, die viele wichtige Anlagen vor Augen führt und dabei auch die wesentlichen Bautypen berücksichtigt.

Keineswegs ist ja Burg gleich Burg und Schloß gleich Schloß. Es gibt die unterschiedlichsten Arten: Höhenburgen und Talburgen, Abschnittsburgen, Ganerbenburgen, Wasserburgen und Festungen, Sommer-, Jagd- und Lustschlösser sowie Residenzen. Wer sie „verstehen" will, muß sich mit ihrer Geschichte befassen; er muß begreifen, warum sie so entstanden sind, aus welchen Gründen sie sich veränderten und wie ihr Geschick sich schließlich vollendete.

Schlösser und vor allem Burgen haben ihre Schicksale. An vielen hat man jahrhundertelang gebaut. Sie wurden belagert, berannt, umkämpft, erweitert, im Laufe der Zeit prächtig ausgestaltet und zuweilen am Ende zerstört, danach vielleicht sogar als Steinbruch ausgebeutet. Eng mit diesen Anlagen verbunden ist die Geschichte ihrer Bewohner: das Leben herrischer oder auch friedlicher Ritter, selbstbewußter Herrscher oder kunstsinniger Fürsten und Mäzene.

Von all dem ist in diesem Buch die Rede, vom Wesen und Werden der Bauwerke ebenso wie vom Charakter und Schicksal ihrer Erbauer und Besitzer. Die geschichtliche und soziale Bedeutung der Burgen und Schlösser nahm nach der Französischen Revolution stark ab; sie endete, als nach dem Ersten Weltkrieg die besonderen Aufgaben und Vorrechte des Adels erloschen.

Heute stellen die Burgen, Schlösser und Ruinen in erster Linie ehrwürdige Denkmäler und Zeugen der Geschichte dar. Sie sind mit der umgebenden Landschaft verwachsen oder Kern und hervorragender Akzent eines Ortes und dienen nun, sofern sie nicht mehr bewohnt sind, als Museum, Jugendherberge oder Amtsgebäude. Nicht wenige dieser Bauwerke befinden sich aber noch immer im Besitz der Familie, die sie seit Jahrhunderten bewohnt hat.

Aus geschichtlichen und ethischen Gründen ist es heute vor allem der Allgemeinheit aufgegeben, die Burgen und Schlösser erhalten zu helfen, da die Kosten für den privaten Besitzer historischer Bauten fast unerschwinglich geworden sind. Mit großem Sachverstand und erheblichen Geldmitteln sind trotz vieler Schwierigkeiten in jüngster Zeit viele von ihnen, zum Teil mit staatlicher Hilfe, renoviert worden. In manchen Fällen hat man auch, nach gesicherten Befunden und alten Plänen, wesentliche Teile neu errichtet, zumal wenn schwere Kriegsschäden zu tilgen waren.

Zahlreiche Anlagen erstrahlen nun, nachdem sie restauriert oder zumindest mit einem neuen Anstrich in der alten, authentischen Farbgebung versehen wurden, im früheren Glanz. So präsentieren sie sich dem Betrachter und Besucher oft schon auf den ersten Blick höchst eindrucksvoll. Dann aber lohnt es sich auch, die Einzelheiten zu erfassen und die Grundstrukturen zu erkennen, die sich wiederum aus der Funktion der Teile sowie aus der Baugeschichte ergeben.

Um solche Zusammenhänge zu erhellen, bietet das vorliegende Buch am Schluß eine vielseitige, instruktive Burgen- und Schlösserkunde. Unter anderem ist dort eine Geschichte des Burgenbaus von den ersten Anfängen an zu finden, ferner ein ausführliches Glossar, das schon für sich, Punkt für Punkt, eine instruktive Beschreibung von Wehr- und Prunkbauten darstellt.

Doppelseitige, eingehend erläuternde Schaubilder helfen dem Interessierten, eine Burg, ein Wasserschloß oder eine Residenz im wahrsten Sinne zu durchschauen. Zudem werden einzelne Anlagen jeweils durch eine besondere Übersichtszeichnung vorgestellt, welche die Teile benennt.

Wer ein Gefühl für das hat, was ein historischer Bau von Menschenhand bedeuten kann, wer Verständnis für Überlieferungen besitzt und für die Erinnerungen, die in traditionsbeladenen Räumen weben, der wird in diesem Band einen besonderen Schlüssel zu den deutschen Burgen und Schlössern finden – einen kundigen Führer zu ihrer individuellen Eigenart wie zu ihren architektonischen, geschichtlichen und kunsthistorischen Werten.

Hannibal von Lüttichau-Bärenstein

Hannibal von Lüttichau-Bärenstein
Präsident der Deutschen Burgenvereinigung e. V.

Inhalt

Franken

Bayern

Sünching b. Regensburg

Ahrensburg

Umgeben von den hohen alten Bäumen einer englischen Parklandschaft, liegt der helle, weiß geschlämmte Baukörper der Ahrensburg im Wiesental eines Nebenflusses der Alster. Der graziöse, heiter wirkende Renaissancebau ist einer der besterhaltenen in Schleswig-Holstein und stellt den Abschluß einer Bauperiode dar, die als das „goldene Rantzausche Zeitalter" bezeichnet wird.

Daniel von Rantzau, Feldherr in dänischen Diensten, hatte 1567 die Burg Arnesfelde, einen Vorgängerbau der Ahrensburg, zusammen mit vier Dörfern erworben. 1569 fiel er vor Varberg, und sein Bruder Peter von Rantzau (1535–1602) erbte den Gutsbesitz. Während seiner Tätigkeit als königlicher Amtmann in Flensburg hatte er den Bau der nahe gelegenen Glücksburg (1582–87) entstehen sehen, und nun, um 1595, ließ er sich nach dem Vorbild dieses Schlosses seinen Alterssitz „zur ruhmreichen Ehre seines Geschlechtes und des Vaterlandes" errichten. Nördlich der alten Burg Arnesfelde, in der Nähe des Dorfes Woldenhorn, der heutigen Stadt Ahrensburg bei Hamburg, schien ihm der geeignetste Platz für dieses Vorhaben zu liegen.

Bei der Planung von Ahrensburg griff Peter von Rantzau auf einen auch in Glücksburg wiederaufgenommenen, charakteristischen Bautyp zurück, bei dem mehrere Häuser – in diesem Falle drei – mit ihren Längsseiten aneinandergesetzt sind. Vier schlanke, polygonale Ecktürme mit blei- und schiefergedeckten Helmen und hohen Laternen ragen mit einem Geschoß über das umlaufende Hauptgesims hinaus. Die ursprünglich reiche Hausteinarchitektur mit ihren hohen, symmetrisch angeordneten Fenstern und abschließenden Dreiecksgiebeln, wie sie an der gleichzeitig in Ahrensburg erbauten Stiftskirche erhalten ist, wurde 1855 wegen Baufälligkeit entfernt. Statt dessen setzte man hölzerne Sprossenfenster ein. Der sehr schlicht gehaltene Eingang liegt in der Achse des breiteren Mittelbaues. Die mit Schweifwerk verzierten Giebelseiten lassen die klare kubische Form des Schlosses besonders gut zur Geltung kommen.

Über tonnengewölbten Kellerschiffen mit langen Stichkappen bleibt in allen Geschossen die Einteilung in drei Häuser erhalten. Die Innenräume der Ahrensburg, die ihr Erbauer Peter von Rantzau „mit unglaublichen Kosten errichten und in Gold- und Silberfarben prächtig ausstatten" ließ, sind im 18. Jahrhundert verändert worden, nachdem Schloß und Gut 1759 an den Schatzmeister des dänischen Königs, Heinrich Carl Schimmelmann (1724 bis 1782), übergegangen waren. Dieser beauftragte Carl Gottlob Horn (1734 bis 1802), der auf den Bau von klassizistischen Herrenhäusern in Schleswig-Holstein großen Einfluß hatte, als Baumeister, Innendekorateur und Gartenarchitekten mit dem Ausbau der Anlage. Die Gestaltung der weiträumigen, runden Diele und des anschließenden Treppenhauses gehen ebenso wie die repräsentativen Räume in den oberen Geschossen auf diesen Umbau zurück.

Mitten in einem großen Park liegt das heiter wirkende, fein gegliederte Herrenhaus, das Ende des 16. Jahrhunderts entstand. Der Baumeister der Anlage ist nicht bekannt, doch läßt die Ähnlichkeit der Turmhelme mit denen von Bauten in Wolfenbüttel und Helmstedt auf den Wolfenbütteler Paul Francke (1535–1615) schließen. Heute sind die prächtig ausgestatteten Räume mit ihren Kunstschätzen als Museum schleswig-holsteinischer Adelskultur eingerichtet.

Arolsen

Zu den zahllosen großen und kleinen deutschen Residenzen, in denen ein reiches Kulturleben in individueller Vielfalt blühte, gehörte auch Arolsen. Zwar wurde von hier aus nur der Zwergstaat Waldeck-Pyrmont regiert, doch war das Schloß überdies eine Stätte der Musen. So pflegte man liebevoll die Musik. 1727 berief Fürst Friedrich Anton Ulrich einen der nachmals bekanntesten deutschen Musiker jener Zeit an seinen Hof, Johann Gottlieb Graun, den Friedrich der Große als Kronprinz dann 1732 nach Rheinsberg holte. Die Musiker auf Schloß Arolsen waren wohl fast alle gleichzeitig Lakaien oder bekleideten ein Hofamt. Man darf in den Hofbediensteten dieser Art keineswegs nur niedere Kräfte sehen. In ihrer Zeit waren sie gebildete Persönlichkeiten, die das Kulturleben der Stadt maßgeblich beeinflußten.

Für den hohen Rang der Baukunst am Waldecker Fürstenhof zeugt Schloß Arolsen. Im Mittelalter stand hier ein Augustinernonnenkloster. Seine Vögte waren die Grafen von Schwalenberg, die sich ab 1180 Grafen von Waldeck nannten. Im Laufe der Reformation hob Graf Philipp III. von Waldeck das Kloster auf, und 1526–30 baute er die Gebäude in ein Schloß um, das Residenz der älteren – Eisenberger – Linie des Hauses wurde. Diese erlosch 1692, und seitdem war Arolsen unter der Wildunger Linie einzige Residenz in Waldeck. Der 1711 in den Reichsfürstenstand erhobene Graf Friedrich Anton Ulrich machte dann aus Arolsen die Barockresidenz, die noch heute bezaubert.

Die gesamte Planung der erst 1719 gegründeten Stadt, der Kirche und des Schlosses lag in den Händen von Julius Ludwig Rothweil. Der Neubau des 1710 begonnenen Schlosses lehnt sich im Grundriß stark an das Versailler Vorbild an: Drei Flügel umschließen einen inneren Ehrenhof, zwei seitlich verschobene Trakte den äußeren Hof, und zwei Wachthäuschen rahmen den Eingang ein. Die klare Gruppierung und die wirkungsvolle Abstufung der Bauteile prägen die Gesamtanlage. Der Hauptbau war zwar 1728 fertig und teilweise bewohnbar, doch zog sich die Ausstattung der Räume noch lange hin.

Im Innern beeindruckt das Treppenhaus, dessen Deckengemälde Carlo Ludovico Castelli 1721/22 schuf, ebenso der prächtige Gartensaal oder Steinerne Saal mit hervorragenden Stukkaturen von Andrea Gallasini (1715–19). Die übrigen Räume, meist durch Gallasini und Castelli geschmückt, bergen kostbare Möbel und Bilder, so von Johann Heinrich Tischbein d. Ä. und Johann Friedrich August Tischbein. Den Weißen Saal gestaltete erst 1809–11 Theodor Escher in schlichtem klassizistischem Stil.

Beachtenswert sind auch der herrliche Schloßpark, dessen Lindenallee zum Tiergarten führt, und, dem Schloß gegenüber, ein von Rothweil geplantes Halbrondell, von dem jedoch nur der Westteil mit Marstall und Regierungsgebäude verwirklicht wurde. Die Hauptstraße des Ortes bewahrt zwischen Schloß und Kirche noch das Bild einer barocken Residenzstadt.

Schloß Arolsen blieb bis 1918 Residenz. Die fürstliche Familie hat noch jetzt den Nießbrauch des Schlosses, dessen wichtigste Räume zugänglich sind.

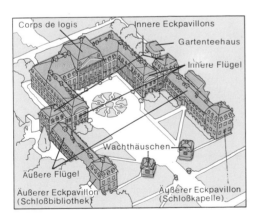

Die Residenz in Arolsen zeigt den Geltungswillen auch der kleineren deutschen Fürstenhäuser. Ein so großer Schloßbau war für das kleine Waldeck eine starke finanzielle Belastung und wurde nur langsam vollendet.

Der prunkvolle maurische Alhambrasaal stammt aus dem 19. Jahrhundert.

Aschaffenburg

Schloß Johannisburg in Aschaffenburg wurde als zweite Residenz der Mainzer Kurfürsten und Erzbischöfe Anfang des 17. Jahrhunderts errichtet. Die sehr regelmäßige Spätrenaissanceanlage war ein in die Zukunft weisender Bau. Den quadratischen Hof bilden vier dreigeschossige Flügel, deren Dächer in der Mitte von Zwerchhäusern durchbrochen werden. Vier hohe, vorspringende Vierkanttürme betonen die Ecken des gewaltigen Blocks. Auf den achteckigen Turmobergeschossen sitzen Welsche Hauben. Kräftige Gurtgesimse heben die einzelnen Stockwerke voneinander ab und gliedern die Wände der Flügel und Türme. Nur der Bergfried, der aus der ältesten Burg übernommen und in den Nordwestflügel einbezogen wurde, unterbricht ein wenig die Symmetrie der Anlage.

Türme waren als herausragende Teile von Wehrbauten zugleich Zeichen der Macht ihrer Besitzer gewesen. Das blieben sie auch, als die Burgen komfortableren Schlössern wichen. So burgartig geschlossen die Aschaffenburger Residenz wirkt, eine Wehranlage sollte und wollte auch sie nicht mehr sein. Die Türme schmücken den Bau und sind lediglich noch Herrschaftssymbole wie etwa die Säule im Hintergrund fürstlicher Porträts. Solche Ecktürme und später die Eckpavillons, die sich nach und nach aus ihnen entwickelten, blieben typische Bestandteile süddeutscher Schloßanlagen, sofern sich beim Bau nicht italienische oder französische Einflüsse durchsetzten.

An der Stelle des Aschaffenburger Residenzschlosses stand im Mittelalter eine Burg, die anläßlich eines Neubaus im Jahre 1122 zum erstenmal erwähnt wird. Sie gehörte wie das ganze Aschaffenburger Stift dem Erzbischof von Mainz, der hier seit der Mitte des 13. Jahrhunderts, als sich die Stadt Mainz mehr und mehr seiner Herrschaft entzog, auch häufig hofhielt. Aschaffenburg erlangte dadurch reiche Privilegien, die die Bürger sich allerdings 1525 verscherzten, als sie im Bauernkrieg mit den Aufständischen gemeinsame Sache machten.

Zu dieser Zeit wird sich auch einer der glanzvollsten deutschen Renaissancefürsten oft in den Mauern der Burg aufgehalten haben: Albrecht von Brandenburg. Mit 23 Jahren war er schon Erzbischof von Magdeburg, ein Jahr später Erzbischof von Mainz und damit Kurfürst und Erzkanzler des Heiligen Römischen Reiches Deutscher Nation. Und mit 28 konnte er sich den Kardinalshut aufsetzen. Wie viele seiner italienischen Amtsbrüder war er sehr kunstsinnig; so gilt er als einer der größten Mäzene der deutschen Renaissance, der unter anderem Dürer, Grünewald und die Erzgießerfamilie Vischer förderte.

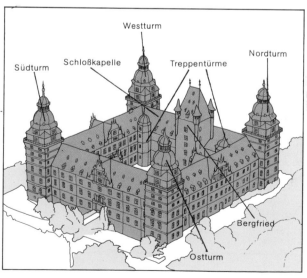

Von Südwesten gesehen, wirkt Schloß Johannisburg in Aschaffenburg, das sich hier malerisch im Main spiegelt, besonders imposant. Die breit hingelagerte Wappenmauer ragt 20 Meter über dem Fluß auf. Darüber erheben sich die gewaltigen Baumassen des symmetrischen Schloßgevierts, dessen erdhafte Schwere durch die oben niedrigeren Stockwerke der hohen Ecktürme betont wird. Die Dächer der vier Flügel sind durch Zwerchhäuser unterteilt und durch Gauben belebt.

Ansichten aus dem 16. Jahrhundert zeigen, daß die Burg damals schon etwa so groß war wie das spätere Schloß. Sie wurde mit ihrer reichen Ausstattung, an der Künstler wie Grünewald mitgewirkt hatten, 1552 im Zweiten Markgräflerkrieg von Albrecht Alcibiades von Brandenburg-Kulmbach zerstört.

Es verging mehr als ein halbes Jahrhundert, bis Kurfürst Johann Schweikard von Kronberg (1604–26) ein Jahr nach seinem Amtsantritt den Grundstein zu einem Neubau legte. 1614 wurde das Schloß geweiht. Der Erzbischof soll dafür über 900 000 Gulden ausgegeben haben, die aus Konfiskationen aufgrund von Hexenprozessen stammten. Der Baumeister Georg Riedinger schuf damit ein epochemachendes Werk, das einen Wendepunkt in der Geschichte der deutschen Schloßbaukunst markiert. Die wirkungsvolle Lage über dem Main wird noch durch die sogenannte Wappenmauer gesteigert, auf der sich das Schloß wie auf einer Bühne präsentiert.

Das Schloß war 1616 bezogen worden. Zwei Jahre später brach der 30jährige Krieg aus, den es relativ unbeschädigt überstand. Die berühmte alte Ausstattung fiel erst den Neuerungen des vorletzten Kurfürsten, Friedrich Karl Joseph von Erthal (1774–1802), zum Op-

Als einziges Relikt der gotischen Burg hat sich der Bergfried mit den malerischen Wichhäuschen an den Ecken des Turmhelms erhalten. Er entstand 1337 und wurde in die folgenden Anlagen übernommen. Nur die Rahmung der Fenster paßte sich jeweils dem neuen Stil der übrigen Bauten an.

Loth und seine Töchter (rechts oben), eines der Gemälde von Lucas Cranach d. Ä. (1472–1553) aus der Filialgalerie der Bayerischen Staatsgemäldesammlungen, die im Aschaffenburger Schloß untergebracht ist.

Im zweiten Geschoß des Mainflügels wurden die im Krieg zerstörten klassizistisch ausgestatteten Räume rekonstruiert. Die Möbel sind original. Das Porträt im Empfangszimmer (rechts) stellt den Kurfürsten Friedrich Karl Joseph von Erthal dar, den vorletzten Mainzer Erzbischof.

fer, der einen großen Teil der Räume durch Emanuel Joseph von Herigoyen im klassizistischen Zeitgeschmack umgestalten ließ.

Aschaffenburg war 1792 nach der Einnahme von Mainz durch die Franzosen Hauptresidenz des Kurfürsten geworden. Es blieb auch nach der Auflösung des alten Reiches und des Kurerzstiftes Residenz, denn für den letzten Mainzer Kurfürsten, Karl Theodor von Dalberg, wurde 1803 das Fürstentum Aschaffenburg geschaffen. 1806 ging es im Großherzogtum Frankfurt auf, in dem Dalberg bis 1813 regierte. Nach Napoleons Niederlage kam Aschaffenburg zunächst an Österreich, 1816 endgültig an Bayern.

Brand- und Sprengbomben verwandelten 1945 das Schloß in eine Ruine; nur die Außenwände blieben stehen. Mühsam konnten die äußere Gestalt und ein Teil der Räume wiederhergestellt und mit dem geretteten Mobiliar ausgestattet werden. Schließlich hielt eine Filialgalerie der Bayerischen Staatsgemäldesammlungen hier Einzug. Damit wird eine alte Tradition fortgeführt, denn schon Kardinal Albrecht von Brandenburg hatte seine bedeutenden Sammlungen in seiner Aschaffenburger Residenz untergebracht.

Bayreuth:
Eremitage

Die Eremitage der Bayreuther Markgrafen oder besser der Markgräfin Wilhelmine (1732–58), einer Schwester Friedrichs des Großen, wird oft als Vorläufer der Landschaftsgärten auf dem Kontinent bezeichnet.

Schon kurz nachdem die Markgrafen zu Beginn des 17. Jahrhunderts ihre Residenz von Kulmbach nach Bayreuth verlegt hatten, erwarben sie hier ein Waldgelände. 1666 ließ Markgraf Christian Ernst einen Tiergarten einrichten, und 1669 fügte er noch ein Grotten- und Brunnenhaus hinzu. 1715 beauftragte Markgraf Georg Wilhelm den Baumeister Johann David Räntz mit dem Bau des Alten Schlosses der Eremitage. Diese erste Anlage mit ihrer Fassade aus roh zugehauenen Sandsteinen, an denen man Fratzen zu erkennen glaubt, mit Tuffsteinen und Kaminen, die wie Steinhaufen gestaltet sind, soll einen möglichst naturnahen Eindruck erwecken.

Die erste Ausstattung ist weitgehend späteren Umbauten gewichen, die aber noch aus der Zeit der Markgräfin Wilhelmine stammen. Besonders schön ist das Japanische oder Lackkabinett, das teils von Wilhelmine selbst geschaffen, teils auf ihre Anregungen hin ausgeführt wurde. Verschiedene japanische Lackreliefs zieren die Wände. Lebensfroh und heiter wirkt auch das Musikzimmer im Rokokostil.

Eine Besonderheit bilden die Zellentrakte. Sie ziehen sich jeweils an einer Seite des Innenhofes hin und laufen in einem Grottengebäude zusammen. Dieses birgt einen halb unterirdischen Saal mit versteckten Fontänen und Wasserspeiern. Der Schloßherr ließ die Hofgesellschaft oder auch unerwünschte Besucher durch diese Wasserspiele überraschen oder durchnässen.

1736 wurde das Alte Schloß umgebaut und erweitert. 1744 entstand mit der unteren Grotte ein besonders wichtiger Teil des Parks. An dem großen Becken mit grotesken Arkaden, die künstlich ruinenhaft geschaffen sind, wurde als Eremitage in der Eremitage ein kleines Haus für den Markgrafen errichtet. Die alten Wasserspiele sind auch hier noch intakt. Unter den weiteren künstlichen Ruinen ist vor allem das Ruinentheater aus dem Jahre 1743 nach einem Entwurf von Joseph Saint-Pierre zu erwähnen. Von den vielen Kleinarchitekturen weiß man heute nur noch aus Beschreibungen.

Krönender Abschluß der Anlage ist das von Saint-Pierre 1749–53 erbaute Neue Schloß, dessen Inneres leider im Krieg zerstört wurde. Die Fassade blieb jedoch erhalten. Das orangerieartige Bauwerk ist im Halbkreis angelegt und präsentiert in seiner Mitte den achteckigen Sonnentempel. Früher fand es seine Fortsetzung in Gitterlauben, welche zusammen mit dem Hauptbau das große Becken umfaßten. Die Architektur ist mit farbigen Glasflüssen und Bergkristall verkleidet. Zusammen mit den Wasserspielen im vorgelagerten Bassin mit ihrem reichen figürlichen Schmuck wirkt sie bühnenhaft unwirklich und seltsam transparent. Hier erfährt man noch heute unmittelbar und nachvollziehbar etwas vom einstigen Lebensgefühl des Adels, das auf ein gespieltes, theaterhaftes Dasein gerichtet war.

Der Herbst – sicherlich die schönste Jahreszeit für einen Besucher – deckt im Park mit buntem Laub die Wunden dieses Kleinods unter den fränkischen Gärten zu: den Verlust vieler architektonischer und plastischer Werke sowie der ursprünglichen Gartenstruktur.

Der Sonnentempel (oben, links) gehört zu den schönsten Rundbauten der späten Rokokozeit. Rechts der Flügel des Markgrafen. Über das Becken mit den Wasserspielen (links) geht der Blick auf den Sonnentempel, der das Zentrum des Neuen Schlosses bildet, und den Flügel der Markgräfin.

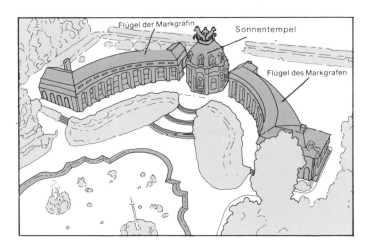

Flügel der Markgräfin — Sonnentempel — Flügel des Markgrafen

17

Bayreuth: Neues Schloß

Außerhalb Preußens hat das friderizianische Rokoko seine stärkste Ausprägung in den fränkischen Markgrafentümern erfahren. Auf besondere Weise manifestiert sich dieser Stil in den beiden Residenzen Ansbach und Bayreuth.

Das Äußere des Neuen Schlosses zu Bayreuth zeigt, mit Ausnahme des aufwendigen Corps de logis, eine Aneinanderreihung bescheidener Wohnhausarchitektur, und das merkwürdige Nebeneinander kleiner Gebäudeeinheiten auf der Parkseite ist für eine Residenz des 18. Jahrhunderts ungewöhnlich.

Dies hat mehrere Gründe: Zunächst mußten sechs bereits bestehende Gebäude in den Schloßbau miteinbezogen werden – der zudem noch in mehreren

Abschnitten entstand. Vor allem aber wollte die Markgräfin Wilhelmine, eine Schwester Friedrichs des Großen, statt barocker Prachtentfaltung und Repräsentation eine eher intime Raumfolge schaffen. Daher ist hier im Neuen Schloß der klassische barocke Raumablauf des fürstlichen Absolutismus nur in beschränktem Maße zu finden, und die Räume, in denen eine sehr persönliche Atmosphäre herrscht, tragen die Handschrift nicht nur des Architekten und der Ausstattungskünstler, sondern auch der Bauherrin.

Das Neue Schloß entstand nach den Plänen des markgräflichen Hofbauinspektors Joseph Saint-Pierre, nachdem im Januar 1753 ein Brand das Alte Schloß, die erste Bayreuther Residenz, weitgehend zerstört hatte. Der Platz, der dafür ausgewählt wurde, erscheint schon auf dem ältesten Bayreuther Stadtplan als fürstlicher Garten. Doch an der Stelle, wo die heutigen Schloßgebäude stehen, befanden sich im 18. Jahrhundert ein Bürgerhaus, das Meyernsche Palais, die reformierte Kirche, das Predigerhaus, das Haagsche Haus sowie die Orangerie.

Die Aufgabe, einen Teil dieser Bauten in die neue Anlage einzubeziehen, erschwerte die Planung erheblich. Doch die Arbeiten schritten dann rasch voran, so daß schon im Jahre 1754 die Bayreuther Hofkünstler mit der Innenausstattung beginnen konnten. Jean Baptiste Pedrozzi und Rudolf Albini schufen Stukkaturen von größter Eleganz und

Die leichten Stukkaturen des Palmenzimmers, das ein Geschenk Friedrichs des Großen an seine Schwester gewesen sein soll, werden Jean Baptiste Pedrozzi zugeschrieben. Die Nußholztäfelungen mit Zedernholzpalmen stammen vom Kunsttischler Johann Georg Schleunig.

Leichtigkeit, die durch die Deckenbilder des Hofmalers Wilhelm Ernst Wunder vortrefflich ergänzt wurden. Die erlesenen Möbel mit ihren prachtvollen Intarsien hat die Familie Spindler angefertigt.

Da sich der Bau bald als zu klein erwies, verlängerte man die Fassade unter Einbeziehung weiterer Häuser, was den Gesamteindruck nicht gerade verbesserte. 1757 stattete man weitere Zimmer aus. Ihr hervorragendstes Merkmal sind Wand- und Deckenstukkaturen in Form von blütenbewachsenen Gitterspalieren.

Zwei Jahre nach dem Tode der Markgräfin wurde 1759 für ihre Nachfolge-

rin, Sophie Karoline von Braunschweig-Wolfenbüttel, als Anbau das Italienische Schlößchen errichtet. Seine Innendekoration, am Ende des Rokokos gestaltet, greift auf hochbarocke Elemente zurück, mischt aber bereits Louis-seize-Formen mit hinein – eine Besonderheit, die sonst kaum anzutreffen ist.

In den folgenden Jahren wurden noch verschiedene Räume ausgestattet. Aber mit dem Regierungsverzicht des letzten Markgrafen, Karl Alexanders, endete 1791 die Funktion Bayreuths als Residenz. Nach einem preußischen Intermezzo fielen die ehemaligen Markgraftümer Ansbach und Bayreuth an Bayern,

Vor dem Corps de logis des Neuen Schlosses in Bayreuth steht der Markgrafenbrunnen. Das Reiterstandbild des Türkenbezwingers Markgraf Christian Ernst schuf der Hofbildhauer Elias Räntz.

und das Neue Schloß zu Bayreuth diente wiederholt den Wittelsbachern als Aufenthalt.

Heute sind die meisten Räume des Schlosses der Öffentlichkeit zugänglich. Sie beherbergen das Städtische Museum sowie Bilder aus dem Besitz der Bayerischen Staatsgemäldesammlungen.

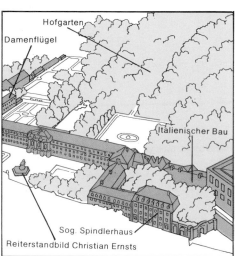

Am steilen Westhang liegen, an die Ringmauer angesetzt, die Wohngebäude der Kronenburg. Spätromanische Rundbogenfenster auf der Nordseite weisen noch auf die Erbauungszeit hin. Neugotische Fenster zum Burghof mit Spitzbogen und steinernen Sitzplätzen in den Fensternischen erhellen die übereinanderliegenden, durch große Kamine beheizbaren Rittersäle.

Ein im Bogen geführter Gang, den der Architekt F. A. Nordhoff (1842–1907) im Stil der Neugotik erbaute, verbindet den 1880–90 ebenfalls in neugotischen Formen restaurierten Flügel der Kronenburg mit dem langgestreckten, heute als Museum eingerichteten Wohnhaus des 18. Jahrhunderts an der südlichen Burgmauer.

Bentheim

Schon in einer Urkunde aus dem Jahre 1116 wird eine frühmittelalterliche Anlage auf dem steil aus der Ebene aufragenden Bentheimer Sandsteinfelsen nahe der niederländischen Grenze erwähnt. Damals zerstörte Herzog Lothar von Sachsen, später deutscher Kaiser, im Kampf gegen Kaiser Heinrich V. die „stark befestigte" Burg, zu deren Füßen sich bereits die kleine Siedlung Bentheim entwickelt hatte. Bis 1148 wurde die Burg wieder aufgebaut. Balduin von Holland, 1178–96 als Bischof von Utrecht Lehnsherr des Gebietes, soll auf seine Rechte an der Burg zugunsten seines Bruders Otto verzichtet haben, der sich schon damals nach der Burg Bentheim nannte. Seit dieser Zeit entwickelte sich Bentheim zum unabhängigen Territorium, das seit 1328 urkundlich als Grafschaft bezeichnet wird.

Die Grafen von Bentheim bauten im 15. und 16. Jahrhundert die Burg zur größten befestigten Anlage im heutigen Niedersachsen aus. Nach der Teilung ihres Gebietes im Jahre 1609 verblieben Burg und Grafschaft der Linie Bentheim–Steinfurt. Diese verpfändete ihren Besitz 1753 an die Welfen und löste ihn erst 1823 wieder ein.

Von der Errichtung des Wehrbaus ist wenig bekannt; doch wird man wohl schon bald durch den tiefen, aus dem anstehenden Fels geschlagenen Graben mit Torhaus und Zugbrücke die Vorburg – deren Anlage zum Teil als Küchen- und Ziergarten genutzt wurde – von der höher gelegenen Hauptburg getrennt haben. Drei starke Türme und gut erhaltene Ringmauern mit Zinnen und Schießscharten an den breiten Wehrgängen schützten die Anlage. Ein mehr als 100 Meter tief in den Felsen gehauener Brunnen an der nordwestlichen Burgmauer stellte die Wasserversorgung der Burgbewohner sicher.

Über die von hohen Mauern umgebene Vorburg auf der Ostseite des Bergrückens führt der einzige Zugang zur Burg. Das spitzbogig gewölbte Torhaus am Südhang erhielt 1680 eine plastisch gegliederte Fassade und beherbergte im Obergeschoß die Gerichtslaube.

Zur besseren Verteidigung errichtete man im 14. Jahrhundert in dem breiten, früher wasserführenden Graben einen Zwinger, der später zur Batterie ausgebaut wurde. Nach Westen wird die Kernanlage durch die Gebäude der spätromanischen, später veränderten Kronenburg begrenzt, an die sich früher eine Baugruppe mit Küche, Speisesaal und Frauengemächern anschloß. Sie wurde im Siebenjährigen Krieg beim Abzug der hannoverschen Truppen 1761 gesprengt und später abgetragen.

Letzter Zufluchtsort der Burgbewohner war im Mittelalter der mächtige Bergfried dicht an der östlichen Ringmauer der Hauptburg. Auf quadratischem Grundriß errichtet, erinnert er mit seinen vier Ecktürmchen und der zinnenbewehrten Plattform an die französischen Donjons.

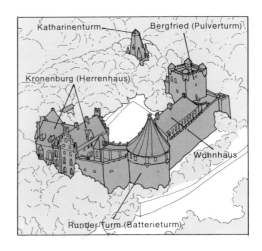

Biebrich

Freunde der Rheinromantik, welche die von Burgen und Schlössern gesäumten Ufer zwischen Mainz und Köln vom Schiff aus erleben, erblicken bereits eine gute Viertelstunde nach Mainz die erste Kostbarkeit: das unmittelbar am Fluß breit hingelagerte Schloß Biebrich in Wiesbaden aus der Zeit des Spätbarocks. Auf den ersten Blick stellt es sich als Einheit dar; doch seine Baugeschichte, die sich über fast ein halbes Jahrhundert erstreckt, ist kompliziert, und bei näherer Betrachtung fällt auf, daß sich das Bauwerk aus verschiedenartigen Teilen zusammensetzt.

Im Jahre 1700 beauftragten die Fürsten von Nassau-Idstein den Mainzer Architekten Johannes Weid, ein Gartenhaus zu errichten. Noch während der Arbeiten wurde jedoch beschlossen, das Gebäude zum heutigen Westpavillon auszubauen und diesen, dem barocken Symmetriegefühl entsprechend, durch einen gleichartigen Pavillon im Osten zu ergänzen. Den Umbau des Westpavillons besorgte Julius Ludwig Rothweil, dessen Stil man auch bei der Errichtung des Ostpavillons übernahm.

1707 legte dann der bekannte Baumeister Maximilian von Welsch einen umfassenden Plan für den Ausbau der Anlage vor. Die beiden Pavillons wurden durch zwei Galerien verbunden, die in der Mitte in einer großen Rotunde zusammentreffen. Diese Galerien, die ursprünglich auf der Rheinseite zweistöckig und auf der Gartenseite einstökkig ausgeführt worden waren, wurden 1718 um ein Stockwerk erhöht, was

die akzentuierende Wirkung der Mittelrotunde und der beiden Eckpavillons etwas beeinträchtigt. In den Jahren 1734–44 wurde der Ausbau des Schlosses abgeschlossen: Zunächst entstand auf der Gartenseite der Ostflügel, Marstallbau genannt, anschließend als westliches Gegenstück der Winterbau.

Schloß Biebrich hatte damit seine endgültige Gestalt erhalten und diente nun den Fürsten und Herzögen von Nassau bis 1866 als Residenz. Schauseite ist die Rheinfront. Hinter einer erhöhten, zum Fluß durch eine Balustrade abgeschlossenen Terrasse präsentiert sich die ausgewogene Abfolge von Eckpavillon, Galerie, Mittelrotunde, Galerie und wieder Eckpavillon. Der Marstallbau wurde im Zweiten Weltkrieg schwer beschädigt und anschließend abgebrochen. Er soll jedoch wiederaufgebaut werden. Der durch die ursprüngliche Dreiflügelanlage gebildete weiträumige Ehrenhof läßt sich zur Zeit nur erahnen.

Den Park des Biebricher Schlosses entwarf ebenfalls von Welsch. Im Jahre 1817 wurde der Barockgarten durch Friedrich Ludwig von Sckell in einen Landschaftsgarten nach englischem Muster mit Baum- und Strauchgruppen auf weiten Rasenflächen umgewandelt. An seinem Ende befindet sich die künstliche Burgruine Moosburg. Solche historisierenden Ruinen zierten viele Schloßparks, wo sie zusammen mit chinesischen Pavillons und römischen Aquädukten der Hofgesellschaft erlaubten, ihre Phantasie in andere Zeiten und Kulturen schweifen zu lassen.

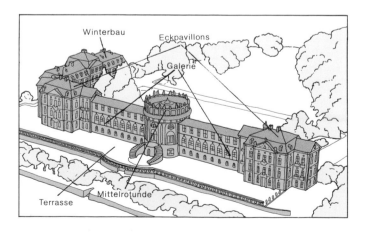

Die Schauseite des Biebricher Schlosses ist dem Rhein zugewandt. Den Blickfang bildet die imposante, von einer Figurenattika gekrönte Mittelrotunde zwischen den Galerien und den Eckpavillons. Die elegant geschwungene Freitreppe wurde erst im Jahre 1824 hinzugefügt.

Breuberg

Über dem Tal der Mömling und der Stadt Breuberg im Odenwald liegt auf einem Bergkegel die Burg Breuberg, eine der ausgedehntesten Wehranlagen Deutschlands. An ihr läßt sich die Entwicklung des Wehrbaus vom Ende des 12. bis in das 17. Jahrhundert ablesen.

Mit Conradus Reizo de Bruberc erscheinen die Herren von Breuberg erstmals 1229 in den Urkunden. Sie hatten die Burg als Vögte der Abtei Fulda inne, spielten auch bald in der Reichsgeschichte eine Rolle, starben jedoch schon 1323 aus. Durch die Jahrhunderte waren dann namhafte Familien der Gegend im Besitz der Burg: die Trimberg, Wertheim, Eppstein, Erbach und Löwenstein.

Die weitläufige Anlage ist zum Teil noch gut erhalten. Am Torbau des äußeren Burghofes, der im Stil der Renaissance gehalten ist, befindet sich das Wappen des Grafen Michael II. von Wertheim, der – wahrscheinlich ab 1499 – die Burg nach den Regeln der zeitgenössischen Befestigungskunst durch Bastionen, Rondelltürme, tiefe Gräben und Zwinger in eine Festung verwandelte. Im Hof der Vorburg steht der noch erhaltene Johann-Casimir-Bau. Der Rittersaal im Obergeschoß hat eine wertvolle Renaissancestuckdecke (1605–24) mit Szenen aus der klassischen Mythologie und reich gestalteten Wappenreihen. An dem fast 100 Jahre älteren, sonst verfallenen Wertheimer Zeughaus blieb das kunstvolle Buntsandsteinportal aus der Zeit des Grafen Michael erhalten. Es zeigt im Giebel einen Armbrustschützen und darüber die Inschrift: „Hanns Stainmiller macht mich", darunter die Datierung 1528.

Dem äußeren Burghof folgt, weiter aufwärts, der innere. Zur Renaissance treten damit Romanik und Gotik; die alte Burg stellt sich neben das festungsartige Schloß. Die beiden Abschnitte verbindet ein wohlerhaltenes romanisches Tor. Die Säulen an seiner Fassade überspannt ein Rundbogenfries mit Neidköpfen als Konsolen. In der Mitte des Burghofes erhebt sich der Bergfried, ein gewaltiger, vierkantiger Turm. Der Einstieg befand sich einst aus Sicherheitsgründen in einer Höhe von 9,5 Metern.

Der Burgcharakter des inneren Hofes zeigt sich auch darin, daß ihm die Weitläufigkeit des äußeren Hofes fehlt. Gut erhaltene gotische Gebäude fassen ihn ein. Eine Urkunde von 1556 nennt eins dieser Häuser den „Altbaw"; es besitzt einen gotischen Treppengiebel und enthält im Untergeschoß die Brunnenhalle mit einem mehr als 85 Meter tiefen Radbrunnen.

An den Altbau schließt sich die Burgkapelle an; sie wird erstmals 1357 genannt. Über ihr liegt ein Wohngeschoß des 18. Jahrhunderts. Der Kapelle wiederum folgt der obere Saalbau des 16. Jahrhunderts, das sogenannte Frauenhaus. Dazu gesellt sich der gotische Palas von 1568. Auch die rauchgeschwärzte Burgküche mit einem mächtigen Rauchfang ist noch zu sehen. Sie befindet sich in der Rentschreiberei, einem wertvollen Fachwerkbau aus der Zeit um 1475.

Abweisend und wehrhaft staffeln sich die Mauern der Burg Breuberg, weit überragt von dem Bergfried aus dem 12. Jahrhundert. Seine Mauern aus Sandstein-Buckelquadern steigen großflächig, nahezu ohne Auflockerung durch Fenster und Gesimse, 25 Meter hoch auf. Rechts vor ihm steht das mehrfach umgebaute Frauenhaus. Der Festsaal im zweiten Obergeschoß erhielt seine heutige Form – mit geteilten Fenstern und dem schönen Erker auf gestaffelter Konsole – im Jahre 1553.

Die repräsentative Gartenfassade des Corps de logis ist nach dem Zweiten Weltkrieg wiederhergestellt worden. Die Bildhauerarbeiten am Balkon und die Stuckierungen im Giebelfeld wurden nach den Originalen von Johann Joachim Günther und Johann Michael Feuchtmayer neu geschaffen.

Im Süden des Corps de logis schließt sich der Kirchenflügel an. Über dem Balkon (rechts) ist das Wappen des Kardinals Damian Hugo von Schönborn zu sehen.

Bruchsal

Über dem Eingang zum Fürstensaal von Schloß Bruchsal ist auf einem Deckengemälde der Fürstbischof Damian Hugo zu sehen. Seine Hände weisen auf eine Allegorie der Architektur hin, die vor ihm eine Pergamentrolle mit dem Grundriß des halben Corps de logis und dem Treppenhaus entrollt; denn dieser Bischof war der Bauherr der repräsentativen Anlage.

Schon seit 1190 befand sich Bruchsal im Besitz der Bischöfe von Speyer. Damian Hugo wählte im Jahre 1720 den Ort als seine neue Residenz. Im Pfälzischen Erbfolgekrieg waren die Pfalz und das Gebiet zwischen Mannheim, Heidelberg und Bruchsal stark zerstört worden, unter anderem auch der Bischofspalast an der Nordseite des Doms von Speyer. Als der Fürstbischof ihn dort schöner und größer wieder aufbauen wollte, kam es zu Auseinandersetzungen zwischen ihm und der Stadt. So sah Damian Hugo sich nach einem anderen Gelände um und fand in Bruchsal, was er suchte. Auf einem Gebiet von mehr als zwölf Hektar ließ er seine Residenz errichten; wie viele andere Schlösser war es an dem zeitgenössischen Vorbild von Versailles orientiert.

Es entstand eine Anlage, die sich symmetrisch an der vorhandenen Nordsüdachse, der heutigen Schönbornstraße, entwickelte. Diese Achse war ein Teil der von Heidelberg her kommenden Heerstraße. Das Damianstor in Norden bildete das Stadttor; gleichzeitig war und ist es der Eingang zum Schloßgebiet. An den viergeschossigen Hauptbau des Schlosses schließen sich niedrigere Zwischengalerien an. Im rechten Winkel dazu verlaufen, den Ehrenhof einrah-

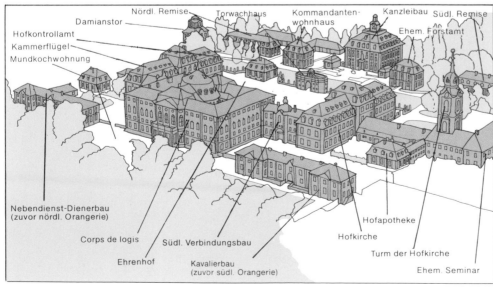

Nördl. Remise
Damianstor
Hofkontrollamt
Kammerflügel
Mundkochwohnung
Torwachhaus
Kommandanten-
wohnhaus
Kanzleibau
Südl. Remise
Ehem. Forstamt
Nebendienst-Dienerbau
(zuvor nördl. Orangerie)
Corps de logis
Ehrenhof
Südl. Verbindungsbau
Kavalierbau
(zuvor südl. Orangerie)
Hofapotheke
Hofkirche
Turm der Hofkirche
Ehem. Seminar

mend, die beiden Seitenflügel: der Kirchenflügel im Süden, der Kammerflügel im Norden. Gegenüber dem Hauptbau liegen das Hofzahlamt, das Wachthaus und das Hofkontrollamt, weiter nach Osten das Forstamt, die Kanzlei und die Kommandantenwohnung. Zusammen mit den später errichteten Kavaliershäusern im Westen bilden sie eine achitektonische Einheit. Insgesamt 38 zur Hofhaltung benötigte Nebenbauten ergänzten einst den Hauptbau.

Bischof Damian Hugo war ein ebenso engagierter wie eigenwilliger und ungeduldiger Bauherr. Wegen finanzieller Schwierigkeiten lieh er sich von seinen Verwandten für kurze Zeit angesehene Baumeister aus, so Maximilian von

Die gerundete Wand des Kuppelsaales über dem Treppenhaus von Balthasar Neumann ist durch Pilaster gegliedert. Die Stuckdekoration von Johann Michael Feuchtmayer sowie das im Zweiten Weltkrieg zerstörte Deckenfresko von Johannes und Januarius Zick wurden originalgetreu nachgebildet.

Auf dem Kuppelgemälde des Treppenhauses (rechts) sieht man inmitten der figurenreichen Komposition über dem Eingang zum Marmorsaal den Fürstbischof Franz Christoph Freiherr von Hutten, der, umgeben von Engeln, auf einem prachtvollen Thron majestätisch die Hände ausbreitet.

Welsch, Anselm Franz Freiherr von Ritter zu Grünstein und ab 1728 den berühmten Balthasar Neumann. Seine im Krieg verarmten Untertanen brauchten für den Schloßbau nur ganz wenige Arbeitsleistungen zu erbringen. So ist unter anderem ausdrücklich überliefert, daß nur diejenigen Bauern, die mit leeren Wagen die Stadt in nördlicher Richtung verließen, Erdaushub mitnehmen und in einiger Entfernung abladen mußten.

Auch unter dem nachfolgenden Speyerer Bischof Franz Christoph Freiherr von Hutten zu Stolzenfels war Balthasar Neumann der bestimmende Baumeister. Unter seiner Regie wurde die Hauptfassade umgestaltet und das prachtvolle barocke Treppenhaus geschaffen.

Insbesondere der reiche Innenausbau des Schlosses erzählt die Geschichte des Speyrer Bistums und verkündet seinen Ruhm. Johannes und Januarius Zick schmückten den Kuppelsaal, den Marmorsaal und den Fürstensaal – der seinen Namen von den Bildnissen der Fürstbischöfe an den Wänden erhielt – mit Illusionsmalerei. Gewagte Verkürzungen und das Kleinerwerden der Figuren zur Mitte hin täuschen eine hohe Kuppel vor; die Stukkaturen von Johann Michael Feuchtmayer verwischten die Grenze zwischen Architektur und Dekkenmalerei. Noch immer sind diese Räume ein Erlebnis.

Am Außenbau und im Garten zeugen die Arbeiten des Bildhauers Johann Joachim Günther von höchstem Können. Unter den Nachfolgern der beiden Bischöfe wurde insbesondere der Park im englischen Stil umgestaltet.

Nach der Säkularisation fiel die Residenz an das Großherzogtum Baden. Die Witwe des Erbprinzen Karl Ludwig von Baden hielt in den Sommern der Jahre 1803–32 hier hof. 1833 wurde der größte Teil des schönen Inventars versteigert.

Bei einem furchtbaren Luftangriff am 1. März 1945 fielen Schloß und Stadt in Schutt und Asche. Die herrliche Ausmalung und Stuckierung der Schloßkirche, von den Brüdern Asam geschaffen, ging für immer verloren. Nach fotografischen Aufnahmen, die während des Zweiten Weltkriegs gemacht wurden, hat man das Hauptgebäude mit seinen Repräsentationsräumen so gut wie nur möglich wiederhergestellt. Die Nebenräume wurden modern ausgebaut.

Die Außenwände der Schloßgebäude an der Schönbornstraße wurden so bemalt, als bestünden sie aus Backsteinen. So haben sie früher ausgesehen. Im 18. Jahrhundert hatte nämlich der Bischof Damian Hugo eine Reise durch die Niederlande gemacht, und von den Backsteinbauten dort war er so beeindruckt, daß er den Auftrag gab, die Nebengebäude in dieser Weise anmalen zu lassen. Wegen ihrer dienenden Funktion setzte er diese Bauten auch in der äußeren Gestaltung von dem Hauptgebäude ab. Der Kammerflügel, den er bewohnte, wird auch St.-Damians-Burg genannt.

Schloß Augustusburg zu Brühl wendet seine Südseite dem Park zu. Dem wohlproportionierten, leicht unsymmetrischen Flügel mit Walmdach, Mansarden und hohen Fenstern ist eine Terrasse mit doppelläufiger Freitreppe vorgelegt (links). Das Treppenhaus (oben) ist mit farbigem Stuckmarmor ausgestattet und präsentiert an der Nordwand zwischen Doppelsäulen eine Triumpharchitektur, die unter einem Bogen die vergoldete Büste des Kurfürsten Clemens August zur Schau stellt. Unten sitzen die allegorischen Gestalten der Modestia und der Nobilitas; darüber flankieren die Allegorien der Fides und der Justitia das Wappen des Fürsten.

Brühl und Falkenlust

Wenn die Bundesregierung in Bonn sich von ihrer besten Seite zeigen will, lädt sie ihre Gäste zum Empfang auf Schloß Brühl, einen glanzvollen Bau des 18. Jahrhunderts.

Schon seit dem 12. Jahrhundert besaßen die Erzbischöfe von Köln hier einen Wildpark und ein Gut. Ab 1284 ließ Erzbischof Siegfried als Bollwerk gegen die Stadt Köln eine Wasserburg bauen, die 1298 vollendet wurde. Die Erzbischöfe jener Zeit waren ja auch tapfere Kriegsherren und Landesherren. Erzbischof Walram (1332–49) verstärkte die Burg. 1689 wurde sie von den Franzosen gesprengt.

Der kunstsinnige Kurfürst Clemens August erweckte die Ruinen zu neuem Leben, indem er hier die bedeutendste Schöpfung des Barocks und Rokokos in den Rheinlanden entstehen ließ. Ab 1725 errichtete der hervorragende westfälische Architekt Johann Conrad Schlaun den Neubau, und ab 1728 gestaltete der Münchner Hofbaumeister François de Cuvilliés die Anlage im Stil der Régence und des Frührokokos aus und formte die Westseite mit den Galerietrakten. 1740–46 schuf Balthasar Neumann das Treppenhaus, und 1754–70 führte Johann Heinrich Roth die abschließenden Arbeiten in den Innenräumen durch. 1944/45 wurde das Schloß schwer beschädigt, ab 1946 aber wiederhergestellt.

Bereits das Äußere des Schlosses, nach seinem Bauherrn auch Schloß Augustusburg genannt, zeigt das Kunstverständnis dieses Mannes und beeindruckt den

Der Gardensaal im ersten Obergeschoß des Schlosses ist mit gelbem und grünem Stuckmarmor geschmückt und durch Pilaster gegliedert. Das prächtige Deckenfresko von Carlo Carlone stellt eine Götterversammlung dar, die einen Helden aus dem Hause Wittelsbach aufnehmen will.

– unter Mithilfe polnischer Restauratoren – vollendet wiederhergestellt.

Die übrigen Innenräume nehmen die festliche und heitere Stimmung auf, die das Treppenhaus erweckt. Im Gardensaal preisen Stuckreliefs und ein Deckenbild von Carlo Carlone den Ruhm des Hauses Wittelsbach, dem Clemens August entstammte. Hier macht sich bereits der Einfluß des Louis-seize-Stils bemerkbar. Der Speise- und Musiksaal mit seiner Galerie für Musikanten und Zuschauer weist in seinen Dekorationen vielfach auf die Musik hin.

Im Erdgeschoß des Südflügels öffnen sich die einstigen Wohnräume des Fürstbischofs zum Garten. Den herrlichen Park schuf Dominique Girard (1728 erstmals in Brühl). Im 19. Jahrhundert gestaltete ihn der bekannte Garten-

Besucher. Eine große Dreiflügelanlage umschließt einen Ehrenhof. Die östlichen Stirnseiten des Nord- und Südflügels von Schlaun gehören zu den bedeutsamsten Werken des deutschen Barocks.

Das Treppenhaus ist eines der schönsten in Deutschland. Zwar erreicht es bei weitem nicht die gewaltigen Ausmaße der Stiegenhäuser von Würzburg und Pommersfelden, aber gerade die Beschränkung des Maßstabs ermöglichte

hier Balthasar Neumann die Verwirklichung einer genialen Raumidee. Die Hauptschauwand verherrlicht den Fürstbischof Clemens August, und das Deckengemälde von Carlo Carlone zeigt die Huldigung der Künste vor dem Bauherrn. Die prächtigen Stuckarbeiten stammen von Giuseppe Artario, Carlo Pietro Morsegno und Joseph Anton Brillie. Dieses einzigartige Treppenhaus wurde nach dem Zweiten Weltkrieg

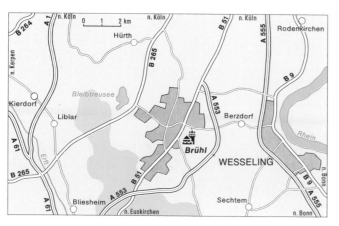

Das Jagdschloß Falkenlust weist zum Vorhof hin zwei in der Mitte eingetiefte Pilaster auf, welche die Mittelachse betonen. Das Dach trägt eine Aussichtsplattform, von der aus man früher die Falkenjagd beobachtete. In den Nebengebäuden waren einst das Gefolge, die Pferde, Jagdfalken und die Küche untergebracht.

Der Sommerspeisesaal im Erdgeschoß des Schlosses Augustusburg wurde um die Mitte des 18. Jahrhunderts in origineller Weise ausgestattet: Die Wände sind vollständig mit blau-weißen Kacheln aus Rotterdam bedeckt. Die Hauptbilder zeigen holländische Bauernszenen. Dazwischen tanzen Harlekine, grüßen Damen im Reifrock. Aus Vasen schießen üppige, von Kakadus bewachte und von Libellen umgaukelte Blumensträuße empor. Die Anrichte neben diesem Raum ist ebenfalls mit Fliesen verkleidet. Das Bild zeigt einen Ausschnitt aus der Nordwand des Sommerspeisesaales.

33

Die Wände des Treppenhauses von Falkenlust sind mit holländischen Kacheln geschmückt. Sie zeigen die Rauten des Wittelsbacher Hauswappens sowie berittene Teilnehmer einer Falkenjagd nebst Falken und Reihern. Die Deckenmalerei von Laurenz de la Roque führt Szenen der Falkenjagd vor Augen.

künstler Peter Joseph Lenné in englischem Stil um. 1933–37 und ab 1946 wurde er nach einem Plan von 1730 erneuert. Das Gartenparterre mit den „Broderien" seiner farbenprächtigen Blumenbeete ist als eine Fortsetzung der Innenräume in die Landschaft hinaus gedacht.

Einen großartigen Hochaltar von Balthasar Neumann (1745) birgt die 1493 geweihte Schloßkirche, einst die Kirche eines Franziskanerklosters. 1735 wurde sie zur Hofkirche umgestaltet und erhielt dabei ein Oratorium, das durch den Orangerieflügel mit dem Schloß vereinigt ist.

Ein Musterbeispiel eines Lusthauses (Maison de plaisance) ist das einzigarti-ge Schloß Falkenlust, das Clemens August 1729–40 nach den Plänen von Cuvilliés errichten ließ. Durch eine Allee ist es mit dem Brühler Park und damit auch mit Schloß Brühl verbunden, dem es künstlerisch nicht nachsteht. Der Bau wurde bei der Falkenjagd benutzt, die seit dem Mittelalter gepflegt wurde.

Zwei Nebengebäude, zwischen denen sich ein schmiedeeisernes Gitter nach vorn schwingt, umschließen zusammen mit dem Hauptbau einen Ehrenhof.

Das Schlößchen ist nach französischen Bauregeln gestaltet. Sein Grundriß erinnert an den der Amalienburg im Park von Nymphenburg. In beiden Geschossen liegt in der Mittelachse ein Vorraum, dahinter ein Salon. Daneben befinden sich im Norden je ein Schlafzimmer, Kabinett und eine Garderobe für den Kurfürsten und einen Jagdgast. Der südliche Teil enthält das Treppenhaus sowie das Speisezimmer (im Erdgeschoß) und das Cafézimmer (im ersten Stock).

Besonders kostbar sind die Kabinette ausgestattet: mit Stuckdecken von Giuseppe Artario, Lackplatten (teilweise

Das Speisezimmer ist mit einer ockergelben Holztäfelung ausgekleidet, die Laurenz de la Roque im Rokokostil reich verziert hat. Das lebensgroße Porträt über dem Kaminspiegel stellt Kurfürst Karl Albrecht von Bayern dar, den Bruder von Kurfürst Clemens August und späteren Kaiser Karl VII.

chinesisch) und barocken Spiegelwänden. Im Speisezimmer gab Casanova 1760 ein Galadiner für die Kölner Bürgermeisterin.

Auch Schloß Falkenlust ist nach dem letzten Krieg vorbildlich restauriert worden; die Räume erstrahlen in altem Glanz. In einem Nebenflügel lädt ein Falkenmuseum zum Besuch ein. Die Kapelle im Park (1730) prunkt mit reichen Muscheldekorationen.

Schloß Augustusburg, Schloß Falkenlust und die Parkanlagen – ein Traum des Barocks und des Rokokos wird hier lebendig. Beliebt sind die zauberhaften Konzerte im Treppenhaus von Brühl, welche die vergangene Zeit auch akustisch zurückrufen.

Büdingen

Im Luftbild erkennt man deutlich den ringförmigen Grundriß der Hauptburg und den hufeisenförmigen der Vorburg. Der doppelstufige Bergfried ist ein Wahrzeichen der Stadt. Dem gewinkelten spätromanischen Palas daneben wurde im 15. Jahrhundert ein Treppenturm vorgesetzt. Aus der staufischen Entstehungszeit stammen die Buckelquader der Umfassungsmauer.

Das Schloß der Fürsten von Ysenburg liegt in der kleinen Stadt Büdingen, die wegen ihres mittelalterlichen Stadtbildes mit Mauern und Türmen zuweilen „das oberhessische Rothenburg" genannt wird.

In einer Urkunde, die auf den 10. Juni 963 datiert ist, wird zum ersten Male ein Isenburger erwähnt. So kann das Geschlecht heute auf eine über 1000jährige Geschichte zurückblicken. Die Familie hatte ihren namengebenden Stammsitz auf der Isenburg im westerwäldischen Sayntal. Nach dem Sitz in der Wetterau nannte sich ein Zweig des Geschlechts Herren von Büdingen.

Den Kern der gut erhaltenen Schloßanlage bildet die einstige romanische Wasserburg, die Hartmann von Büdingen, ein Gefolgsmann Friedrich Barbarossas, auf einer Insel des Seemenbaches Ende des 12. Jahrhunderts anlegte. Im Verband der staufischen Burgen in der fruchtbaren Wetterau hatte sie den nahen Reichsforst Büdinger Wald als Königsgut zu sichern.

Die Bauten des heutigen Schlosses verteilen sich auf die ovale Vorburg und die Kernburg, deren 13eckiger Grundriß sich dem Gelände anpaßt. Aus diesem Gewinkel steigt der weithin sichtbare Bergfried auf. Das Bruchsteinmauer-werk des Unterturmes stammt aus dem 13. Jahrhundert, der schlankere Oberturm aus dem 15. Jahrhundert. Das Laternendach wurde erst 1758 aufgesetzt.

Kennzeichnend für das Büdinger Schloß ist die Vielzahl seiner schönen Erker. Man sieht sie auch im Inneren Hof. Schon 1529 wurde hier „der Bronn" erwähnt, ein malerischer Brunnen in Form eines aus Sandstein gehauenen, efeuumrankten Baumstammes vor dem Gemäuer des Bergfrieds.

Im Hof erblickt man das Portal der romanischen Burgkapelle vom Anfang des 13. Jahrhunderts. Zwei Ritter, die, in seinem Tympanon betend, vor dem Kreuz knien, deutet man mit Vorbehalt als Denkmal für zwei Brüder aus dem Hause der Herren von Büdingen, die in den Kreuzzügen umgekommen sind. Die spätgotische Kapelle über dem romanischen Untergeschoß ist eine Kostbarkeit: Den unregelmäßigen Raum überspannt reiches Netzgewölbe; die schöne Sandsteinkanzel stammt aus dem Jahre 1610. Das Chorgestühl, ein Meisterwerk spätgotischer Holzschnitzkunst, darf durchaus mit dem berühmten Chorgestühl im Ulmer Münster verglichen werden.

In einigen Räumen des Schlosses befindet sich jetzt ein geschichtliches Museum.

Über einer Tür der Wohngemächer bilden die Anfangsbuchstaben des Namens „Anton von Ysenburg, Graf zu Büdingen" auch die Anfangsbuchstaben seines Wahlspruchs: „Armut und Überfluß gibt zeitlich Betrübnis" — wobei, damaligem Brauch entsprechend, Y und Ü sowie v und u gleichzusetzen sind. Jener Graf Anton ist mit seiner Gemahlin Elisabeth auch auf einem Fresko im gemalten Zimmer zu sehen. Dieses Bild, das Erhard Sanßdorffer 1546 schuf, wurde ab 1950 wieder freigelegt.

Im Heiligen Römischen Reich Deutscher Nation waren die Fürsten von Ysenburg ein „regierendes Haus". Ihre reichsunmittelbare Grafschaft wurde durch den Wiener Kongreß 1815 säkularisiert, das heißt aufgelöst. Aus ihrer Geschichte ist das Toleranzedikt vom 29. März 1712 zu erwähnen, mit dem Graf Ernst Casimir I. sein kleines Land für alle öffnete, die wegen ihres Glaubens verfolgt wurden, und ihnen Gewissensfreiheit zusicherte. So fand auch die Herrnhuter Brüdergemeine mit dem Grafen Zinzendorf im Büdingschen Aufnahme. Bei Lorbach nahe Büdingen gründete Zinzendorf die Herrnhuter Kolonie Herrnhaag, von der sich einzelne Bauten, darunter das Grafenhaus, erhalten haben.

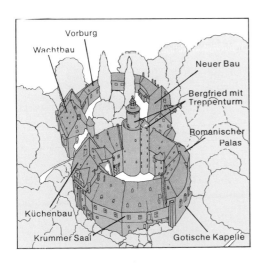

Auf diesem Fresko symbolisieren die Vertreter verschiedener Stände mit ihrem Spiel die Arten der Musik: Schmiede mit dem Dreiklang der Hämmer die Musik der Arbeit, Posaunist und Flötist die kirchliche, Streicher und Zupfer die höfische, Trommler und Pfeifer die militärische Musik und so fort durch die Instrumente und Stände bis zur Kastagnette des Narren.

Burghausen, eine langgestreckte Burg über dem gleichnamigen Ort, besteht, genaugenommen, aus sechs einzelnen Burgen, die sich auf einem Höhenzug über der Salzach aneinanderreihen und durch gräbenüberspannende Brücken miteinander verbunden sind. Die Anlage ist der Inbegriff einer sogenannten Abschnittsburg. Sie wurde von den Wittelsbachern erbaut und hat eine Ausdehnung von mehr als 1000 Metern. Damit gilt sie als die längste Burg Deutschlands.

Der Burghof der Hauptburg wird an der engsten Stelle von einem hohen Bogen überbrückt. Über den Bogen läuft ein gedeckter Gang, der den Dürnitzbau mit der Kemenate (rechts) verbindet. Dieser Wohnbau setzt sich jenseits des Bogens fort. Die einst offenen Arkaden sind vermauert. Die überdachte Treppe stammt aus dem 16. Jahrhundert.

Burghausen

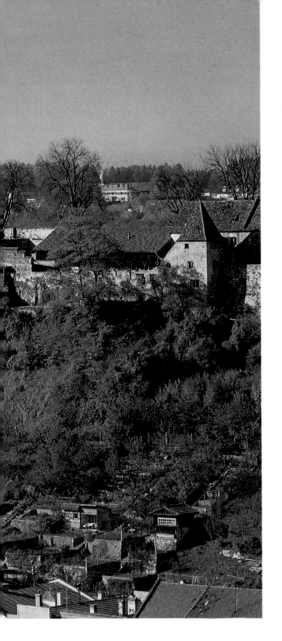

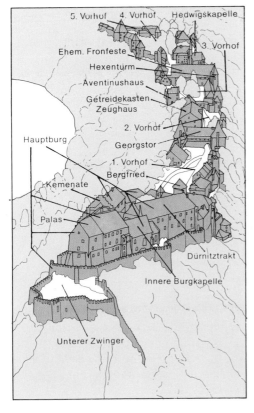

Etwa in der Mitte dieser ausgedehnten Burganlage, die sich hoch auf einem Felsrücken zwischen der Salzach und einem gestauten Altwasserarm erstreckt, befindet sich ein schmales, zweistöckiges Gebäude. Dort zog 1509 ein Mann ein, der an dieser Stelle die Grundlagen für die moderne, kritische Wissenschaft von der Geschichte legen sollte: Johannes Aventinus aus Abensberg. Der damals 31jährige Humanist sollte hier eigentlich nur die beiden Söhne des eben verstorbenen Herzogs Albrecht der Weise erziehen. Doch darüber geriet er unversehens in die Archive der Burg und fand seine Lebensaufgabe: Er begann mit der Arbeit an seiner *Bayerischen Chronik*, die 23 Jahre später als erstes quellenkritisches Geschichtswerk in deutscher Sprache erschien.

Als Aventin nach Burghausen kam, hatte die Anlage ihre glanzvollsten Zeiten schon hinter sich. Manches, was er über diese Vergangenheit in den Urkunden und Archivakten fand, mag ihm leise Schauer über den Rücken gejagt haben. Da war etwa die Geschichte des Grafen Sighard, der es gewagt hatte, Kaiser Heinrich IV. die Meinung zu sagen, und der deshalb 1104 auf dem Reichstag zu Regensburg durch gedungene Mörder sein Leben verlor. Oder die Schauergeschichte von Herzog Friedrich, der gegen Ende des 14. Jahrhunderts den Koch der Herzogin, Schön-Dieter, in einer Nische ihrer Schlafkammer lebendig einmauern ließ, weil da „ein Herz das andere gefunden" hatte. Die Herzogin starb kurz darauf vor Gram.

Andererseits machten es sich die niederbayerischen Herzöge, denen Burghausen seit 1255 gehörte, zur Gewohnheit, ihre Gemahlinnen nach kurzer Ehe aus der lebensfrohen Residenzstadt Landshut fortzuschicken und in der Burg über der Salzach einzuquartieren. Um sie sicher zu verwahren und ihre reichen Schätze wohl zu verstauen, bauten die Herzöge ihre Zweitresidenz Burghausen zu einer uneinnehmbaren Festung aus. Fünf Vorhöfe bekam die sich zur Hauptburg stetig verengende Anlage. Jeder Hof war durch Graben, Brücke und Wehr geschützt. Der Feind sollte bereits vor der Hauptburg erschöpft niedersinken. Vor der Erfindung der Feuerwaffen hat es denn auch keiner bis dorthin geschafft. Andererseits füllten die Landshuter Herzöge, die sich mehr als ein Jahrhundert lang mit dem Beinamen „die Reichen" schmücken konnten, Keller und Kammer mit unnennbaren Schätzen.

War es demnach unmöglich, hier ungebeten hineinzukommen, so galt das ebenso für ein unerwünschtes Verschwinden. Darum hat diese Burg mehr prominente Gefangene gesehen als Herrscher in Amt und Würden. Zu den bekanntesten zählt Herzog Ludwig der Gebartete aus der verfeindeten Ingolstädter Linie der Wittelsbacher. Er hatte auf seine alten Tage noch Streit mit seinem Sohn, Ludwig dem Buckligen, bekommen, war in Gefangenschaft geraten und als fast 80jähriger Greis ins Verlies zu Burghausen gebracht worden. Vorher hatte sein Sohn ihn zunächst für 9000 Gulden an seinen Erzfeind Albrecht von Brandenburg verkauft, und dieser hatte ihn für 32 000 Gulden an Herzog Heinrich von Landshut verpfändet. In Burghausen starb der Gebartete dann, nachdem er sich bis zuletzt geweigert hatte, seine Freiheit mit Geld zu erkaufen.

Prominenteste der abgeschobenen Herzoginnen war Hedwig. Keine drei Jahre, nachdem man der polnischen Königstochter 1475 zu Landshut die glänzendste Hochzeit des deutschen Spätmittelalters ausgerichtet hatte, quartierte ihr Mann, Herzog Georg der Reiche, die kaum 20jährige auf die „Witwen- und Kinderstube" von Burghausen um. Zur Strafe blieb Georg ohne männliche Nachkommen. Die Landshuter Linie starb aus; Burghausen fiel an die Münchner Wittelsbacher. Der Hofstaat wurde abgezogen. Und als Aventin mit seinen beiden herzoglichen Zöglingen hier eintraf, fand er nur noch einen Haufen Kriegsleute vor, die die noch immer beträchtlichen Schätze zu bewachen hatten. Für Burghausen begann ein Dämmerschlaf in freundlicher Landschaft.

Burgsteinfurt

Schon 1129 wird hier eine Wasserburg Steenvorde erwähnt; bereits 1164 wurde sie aber zerstört. Mit Unterstützung des Kölner Erzbischofs Rainald von Dassel, der Kanzler des Reiches unter Friedrich Barbarossa war, baute man sie wieder auf. Aus dieser Zeit stammt noch die romanische Kapelle. Sie besteht aus zwei übereinanderliegenden Kirchenräumen, die zwar durch eine Öffnung miteinander verbunden, ansonsten jedoch selbständige sakrale Einheiten sind.

1357 wurden die Herren von Steinfurt reichsunmittelbare Grafen. Bereits 1421 erlosch die Familie im Mannesstamm, und ihr Besitz fiel an das Adelsgeschlecht von Götterswick, das auch die Grafschaft Bentheim erbte. Zu den bekanntesten Persönlichkeiten dieser Familie gehört Graf Arnold IV. von Bentheim, der 1591 seine Hohe Schule, das Arnoldinum, nach Burgsteinfurt verlegte. Bis um die Mitte des 17. Jahrhunderts galt sie als die bedeutendste reformierte Hochschule Nordwestdeutschlands.

Eine merkwürdige Schöpfung des Barocks ist der Waldpark Bagno südwestlich des Schlosses, der seinen Namen nach einem früheren Badehaus bekommen hat. Er enthält einen herrlichen Baumbestand, meist Buchen und Eichen, dazwischen einzelne Nadelhölzer. Die schönste Gruppe umgibt einen großen Weiher, aus dem drei waldbestandene, hügelige Erhebungen wie Trauminseln herausragen.

Dieses Bagno, von Graf Karl von Bentheim und Steinfurt 1765 angelegt, stellte einstmals ein westfälisches Trianon dar mit Wasserkünsten, Kiosken, Tempelchen, Grotten und künstlichen Ruinen. Doch der Rokokotraum verfiel bald nach dem Tode des Grafen. Sein Sohn Ludwig gestaltete Anfang des 19. Jahrhunderts den Park in einen englischen Garten um.

Burg und Vorburg liegen auf zwei künstlichen Inseln in der Aa. Beide verbindet eine Brücke aus dem Jahre 1888. Eine schlichte Brücke führt von der Straße zum Torhaus der Vorburg hinüber. In diesem spitzgiebeligen Querriegel des 16. Jahrhunderts wohnten einst die Mannen der Steinfurter Grafen, die schon von hier aus Fremden den Zugang zur Hauptburg verwehren konnten.

Hat man die Schloßbrücke mit ihrem anmutigen, manieristisch verschnörkelten Geländer überquert, steht rechter Hand ein hoher, viereckiger Turm vom Ende des 16. Jahrhunderts. Im unregelmäßig angelegten Schloßhof wird der Blick durch den schönen, edlen Renaissanceerker gefesselt. Vier schlanke Pilaster mit hohen Sockeln betonen die Vertikale bis zum etwas plumpen Dachansatz. Zwei reich ornamentierte, mit Wappen, Masken und Köpfen geschmückte steinerne Bänder unterbrechen und verbinden zugleich die beiden Geschosse.

Schloß und Park, wehrhaftes Gemäuer und stilles Wasser – ein Ensemble von unverwechselbarem Klang.

Heute umgeben die weitläufigen und schönen Parkanlagen des Bagno und die Häuser des alten, idyllischen Städtchens die charakteristische, in Jahrhunderten gewachsene, eiförmige Schloßanlage, deren Anfänge – wie die vieler münsterländischer Wasserschlösser – wahrscheinlich ins frühe Mittelalter zurückreichen.

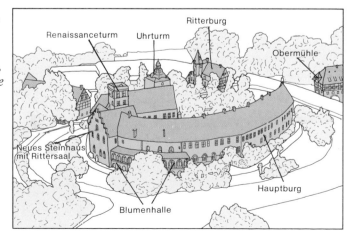

Schloß Bürresheim, eins der wichtigsten Beispiele des deutschen Burgenbaus, liegt herrlich inmitten von Wiesen und Wäldern auf einem von Nette- und Nitzbach umströmten Fels.

Einen Eindruck von der zum Teil reizvoll intimen Inneneinrichtung des Amtshauses von Schloß Bürresheim vermittelt dieser Blick in das Musikzimmer.

Bürresheim

Wer Schloß Bürresheim besucht, könnte denken, der Burgherr sei gerade eben weggegangen; die Zimmer scheinen noch jetzt bewohnt zu sein. Von der Romanik bis zum Jugendstil sind dort alle Kunstrichtungen vertreten; alles ist harmonisch aufeinander abgestimmt, und die Einrichtung ist bis zu den Kleinigkeiten hin vollständig. So erhält man ein eindrucksvolles Bild von der Kultur eines kleinen Adelssitzes und hat überdies die Entwicklung von der Burg zum Schloß anschaulich vor Augen.

Der älteste Teil von Bürresheim, der Kern des Bergfrieds, stammt aus dem 12. Jahrhundert. Der Turm wurde im 15. Jahrhundert erhöht. Die Kölner Burg westlich davon datiert aus dem späten 13. Jahrhundert und ist jetzt teilweise verfallen. Große Fenster in der Südwand zeigen die Lage des früheren Rittersaales an. Sie wurden im 17. Jahrhundert verändert – die Nordwand

schon im 14. Jahrhundert. Den jüngeren Teil der Burg, die Oberburg, die sich im Osten anschließt, bauten die Herren von Breitbach in der zweiten Hälfte des 15. Jahrhunderts schloßartig aus. Der Kern stammt jedoch aus früherer Zeit: Der Wohnbau in der Nordostecke und der angrenzende Rundturm mit spätgotischem Fachwerk im obersten Geschoß sowie der Kanonenweg, ein gewölbter Gang, entstanden um 1300.

Durch mehrere Tore und jenen Kanonenweg erreicht man den Schloßhof, den ansprechende Gebäude umstehen: An den Bergfried schließt sich östlich ein Zwischenbau aus der Zeit um 1700 an. In seinem arkadengeschmückten Erdgeschoß erblickt man einen Brunnen. Noch weiter östlich folgt der ältere, ab 1473 errichtete Wohnbau. Im Süden liegt das Amtshaus, das in seinem Kern aus dem 15. Jahrhundert stammt und 1659–61 umgestaltet wurde. Die gesam-

te Hofpartie mit ihren Giebeln, Portalen und ihrem Fachwerk wirkt malerisch und wohnlich.

Wie sah es nun in einem solchen Adelssitz aus? Der Wohnbau im Norden besaß in den beiden unteren Geschossen je einen durchgehenden Saal. Im 18. Jahrhundert zog man Zwischenwände ein. Im Erdgeschoß befindet sich die Alte Küche mit einem mächtigen Kamin und Straßburger Fayencen aus der Zeit um 1730. Das Schlafzimmer mit Himmelbett enthält eine „Ahnenprobe" mit 32 Wappen auf Holz (16. Jahrhundert); der Kanonenofen stammt aus dem 18. Jahrhundert. Eine spätgotische Wendeltreppe führt zum Obergeschoß. Hier birgt das Marschallzimmer eine Kostbarkeit: Wappenscheiben von 1497. Die Wappen sind umrahmt von Szenen aus dem ritterlichen Leben. Im eindrucksvollen gotischen Saal steht ein Frankfurter Schrank von 1700. Daneben befindet sich das Mainzer Zimmer mit Erinnerungen an die Mainzer Erzbischöfe.

Im Amtshaus bewahrt das Schreibzimmer das Andenken an die letzte Besitzerin des Schlosses, Baronin Marie Louise Villenfagne de Sorinnes, geborene Gräfin von Renesse. Sie verunglückte 1921 tödlich, elf Tage nach ihrer Hochzeit.

Im Roten Salon findet man Pariser Möbel aus der Zeit Napoleons III., im Schönbornzimmer eine wertvolle Ledertapete in Gold und Blau (um 1730).

Der reizvolle französische Garten südlich des Schlosses entstand um 1680; nach seinem Muster wurde der Küchengarten im Südosten 1952 erneuert.

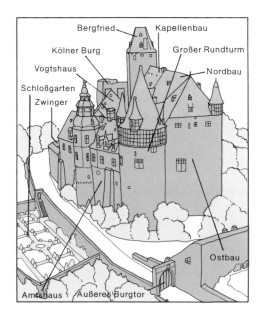

Celle

Herzog Otto der Strenge von Lüneburg verlegte 1292 seine Burg und den Ort Celle wenige Kilometer allerabwärts an einen günstigeren Schiffsanlege- und Umschlagplatz, der am Kreuzungspunkt der wichtigen, von Osten und Süden kommenden Handelsstraßen lag. Im Schutz einer von ihm neu errichteten Burg gründete er auf einer Talsandinsel das heutige Celle. Die planmäßige Anlage der Stadt mit rechtwinklig sich schneidenden Hauptstraßen, an deren Schnittpunkt der Markt mit Rathaus und Stadtkirche liegt, ist noch heute gut zu erkennen.

Die westlich der Stadt gelegene herzogliche Burg war ringsum von Wasser umgeben und zusätzlich durch einen hohen Wall geschützt. Zunächst wird sie nur aus dem heute noch in den Untergeschossen erhaltenen mächtigen Bergfried, der großen, gewölbten, durch starke Mittelpfeiler zweischiffig aufgeteilten gotischen Halle (der früheren Küche) und dem anschließenden Wohngebäude bestanden haben. Als dann im Lüneburger Erbfolgekrieg 1371 die stärkste Burg der Herzöge auf dem Kalkberg bei Lüneburg zerstört wurde, wählten die Herzöge Celle als Residenz ihres Fürstentums. Die Befestigungsanlagen wurden verstärkt, die Burg weiter ausgebaut und ihre Räume wohnlicher ausgestattet. Die heute zum Teil unter Putz verborgenen gotischen Fenster in dem der Stadt zugewandten Ostflügel zeugen von diesem ersten Umbau.

Seither bestimmten die großzügige Hofhaltung und die herzogliche Politik die Entwicklung der Stadt und die Erweiterung der Burganlage. Das Schloß und die stattlichen Fachwerkbauten der von Kriegszerstörungen verschonten Altstadt erinnern an die glanzvolle Zeit Celles als einer Residenzstadt.

Unter Herzog Friedrich dem Frommen, der das wirtschaftliche und kirchliche Leben in Celle besonders förderte, verlor die Burg Ende des 15. Jahrhunderts ihren reinen Verteidigungscharakter. Sie wurde nun zu einer vierflügeligen Schloßanlage ausgebaut, die bereits vorhandene Gebäudeteile mit einbezog und von der Stadt aus über die Vorburg, den heutigen Schloßplatz, mittels einer Zugbrücke zugänglich war. Der Nachfolger, Ernst der Bekenner, der bedeutendste Celler Herzog, ließ die Stadt erweitern und die Residenz 1530–58 als eines der ersten Schlösser in Norddeutschland in einen Renaissancebau umgestalten. Der Fürst hatte auf seinen vielen Reisen die neue Kunstform kennengelernt und übernahm für sein Schloß die Betonung der Baukörper durch polygonale Ecktürme. Er ließ die verputzten Fassaden durch Bänder gliedern und über dem Hauptgesims des breitgelagerten Baues graziöse Ziergiebel aufsetzen. Um 1570 wurde die gotische Hofkapelle im Südostturm neu ausgestattet. Emporen, Kanzel, Altar und Orgel sind besonders gut erhaltene Beispiele niederländisch beeinflußter Renaissance-Baukunst.

Im 17. Jahrhundert erlebte Celle eine letzte Blütezeit. Herzog Georg Wilhelm (1624–1705), der in Frankreich und Italien seine Bildung erhalten hatte, war ein glanzliebender Barockfürst. Wie viele andere Fürsten seiner Zeit zog auch er französische und italienische Musiker, Schauspieler und Architekten an seinen Hof. Durch den von ihm veranlaßten Umbau nach den Plänen der Italiener Bedogni und Arighini erhielt das Schloß im wesentlichen seine heutige Gestalt. Die vier Flügel der Anlage wurden auf eine einheitliche Firsthöhe gebracht, die Gebäudeecken durch kuppelbedeckte Türme betont und die langen Fassaden durch Fenster gegliedert, deren Einfassung durch Dreiecks- und Rundbogengiebel von Geschoß zu Geschoß nach venezianischem Muster wechselt. Um die Geschosse an den repräsentativen Ostflügel anzugleichen, trug man den oberen Teil des Bergfrieds ab und bezog seinen unteren Teil in das festliche Hoftheater ein, das 1674 als ältestes noch genutztes Barocktheater Deutschlands im Nordflügel entstand.

1705 ging das Fürstentum Lüneburg an das Kurfürstentum Hannover über. König Ernst August von Hannover erklärte Celle 1837 zu seiner zweiten Residenz. Man ebnete nun die Wälle ein und legte um das Schloß einen Park im Stil der englischen Landschaftsgärten an.

Der Ostflügel des Celler Schlosses hat an seiner repräsentativen Fassade die Gestalt bewahrt, die ihm die Baumeister Frederic Soltesburg und Michael Claren 1533–58 gaben. Die welschen Giebel über den unregelmäßigen Zwerchhäusern, der Staffelgiebel hinter dem halbrunden Turm wie die Dekoration des Kapellenturms links sind Zeugnisse der deutschen Frührenaissance. Die Portale wurden erst 1839 geschaffen.

Die barocken Stuckdekorationen des Porzellanzimmers im oberen Stockwerk des Nordflügels sind ein Werk des Italieners Giovanni Battista Tornielli, der seit 1670 am Hof tätig war.

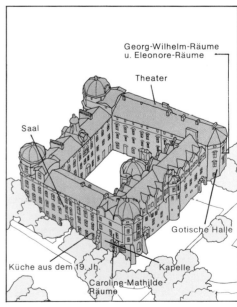

Ansicht des Charlottenburger Schlosses von Süden her. Auf den Torpfeilern vor dem Ehrenhof stehen Kopien des Borghesischen Fechters aus Zinkguß. Die Kuppel trägt als Windfahne eine Fortuna. Es handelt sich um die freie Nachbildung einer barocken Figur, die 1943 zerstört wurde. Die heutige Plastik schuf der moderne Bildhauer Richard Scheibe.

Das Reiterdenkmal des Großen Kurfürsten von Andreas Schlüter (1697–1709) stand ehemals am Berliner Stadtschloß, dessen Ruinen 1950 gesprengt worden sind. Seit 1951 ist dieses bedeutendste Reiterstandbild Deutschlands vor dem Charlottenburger Schloß aufgestellt.

Charlottenburg

Die Kuppel des Charlottenburger Schlosses, von der goldenen Gestalt der Göttin Fortuna als Windfahne bekrönt, ragt heute aus einer dicht bebauten Stadtlandschaft auf, und nur der weiträumige Garten hinter dem Schloß kann den Besucher vorübergehend die rasche Ausdehnung Berlins in den letzten 100 Jahren vergessen lassen. Als das Schloß als Sommersitz der Kurfürstin Sophie Charlotte von Brandenburg ab 1695 erbaut wurde, war die Gegend hier noch ländlich. Nach dem Dorf Lietzow in der Nähe nannte man es Lietzenburg. Friedrich, der erste preußische König, änderte den Namen nach dem frühen Tod der Bauherrin 1705 in das klangvollere Charlottenburg ab.

Als man mit dem Bau begann, besaß das Herrscherpaar noch nicht die Königswürde; Sophie Charlotte war Kurfürstin. Ihr Schloß, ein mit dem Auge leicht zu erfassender Baukörper, der nach Entwürfen von Johann Arnold Nering ausgeführt wurde, enthielt in beiden Geschossen nur je einen ovalen Saal, zwei größere Räume östlich und westlich davon zum Garten hin sowie einige kleinere Zimmer an der Hofseite. 1701, zwei Jahre nach der Fertigstellung dieses Sommerschlosses, setzte sich Friedrich die preußische Königskrone aufs Haupt. Als „König in Preußen" repräsentierte er königlich und steigerte den Aufwand für Bauten und ihre Ausstattung. So wurde das Schloß seiner Gemahlin ab 1702 durch den in Frankreich ausgebildeten Baumeister Johann Friedrich Eosander von Göthe zu einer hufeisenförmigen Anlage erweitert, dazu die Gartenfront um mehr als das Doppelte verlängert. Damals entstand auch der mächtige Kuppelturm, der das Schloß zu einem weithin sichtbaren Herrschaftssymbol machte. Im Westen wurde noch eine lange Orangerie angefügt, und im Osten wäre ein gleichartiges Gegenstück entstanden, wenn der prunkliebende Friedrich I. nicht 1713 gestorben wäre.

Sophie Charlotte hatte in diesem Schloß die Künste – Musik und Theaterspiel – gepflegt und sich auch mit Philosophie beschäftigt. Unter anderm stand sie in regem Gedankenaustausch mit Gottfried Wilhelm Leibniz. Der Sohn hingegen, der Soldatenkönig, verachtete Kunst und Gelehrsamkeit. In Charlottenburg tat er nichts.

Neues Leben erwachte hier erst wieder mit dem Enkel, mit Friedrich dem

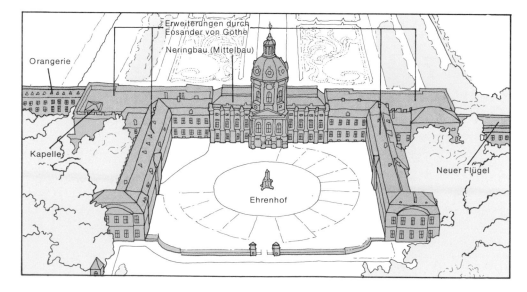

Ausschnitt aus dem 1720 gemalten Firmenschild des Kunsthändlers Gersaint *von Antoine Watteau, das Friedrich der Große 1745 für sein Konzertzimmer im Charlottenburger Schloß erwarb. Watteau soll das über drei Meter breite Bild in in acht Tagen als Geschenk für erwiesene Gastfreundschaft gemalt haben.*

Großen, der viel vom Wesen seiner Großmutter Sophie Charlotte geerbt hatte. Gleich nach seinem Regierungsantritt im Jahre 1740 ließ er durch Georg Wenzeslaus von Knobelsdorff anstelle der geplanten östlichen Orangerie den Neuen Flügel anbauen, einen zweigeschossigen Trakt von nobler Schlichtheit. Nur der mittlere Pavillon ist durch

reicheren Dekor und gesteigerte Proportionen herausgehoben. Innen entfaltete sich einst verschwenderische Pracht, der Zauber des geistsprühenden, frühen friderizianischen Rokokos.

Der Zweite Weltkrieg hat das meiste – nicht nur in diesem Flügel – vernichtet. Vieles konnte wiederhergestellt werden, aber trotz der geschlossenen Wirkung so mancher Interieurs sind die Spuren der Kriegszerstörungen nicht völlig zu verwischen; Lücken sind geblieben, die kein Restaurator zu schließen vermochte. An wenigen Stellen, wo zum „Funktionieren" des Raumes ein Deckenbild erforderlich war – im Weißen Saal, im Treppenhaus des Neuen Flügels und im Mittelpavillon der Orangerie –, haben Maler unserer Zeit das Verlorene frei paraphrasiert. Es soll nicht verheimlicht werden, daß das Schloß ein wiederaufgebautes Schloß ist.

Die Aneignung der Geschichte im Prozeß der Wiederherstellung ist lebendige Auseinandersetzung der Gegenwart mit der Vergangenheit. Dies ist eine Besonderheit des Charlottenburger Schlosses. Eine andere besteht in der Kostbarkeit seines Inhalts. Das Inventar war nach dem Krieg großenteils erhalten geblieben. Hinzu kamen gerettete Werke aus anderen zerstörten preußischen Schlössern sowie viele neue Erwerbungen. In dieser Hinsicht bietet sich das Schloß heute glanzvoller dar als vor dem Krieg. Die Gemälde, Gobelins, Skulpturen, Möbel, Porzellane, Bronzen, Glas- und Silbergeräte würden, systematisch geordnet, eine museale Sammlung von Weltrang ergeben. Hier sind diese Werke in ihre zugehörige Umgebung eingeordnet, und sie veranschaulichen den ehedem gemeinten Lebensbezug deutlicher als jedes Museum im üblichen Sinn.

Neben dem mit ostasiatischen Porzellanen überaus prunkvoll ausgestatteten Porzellankabinett, der größten Sehenswürdigkeit im alten Schloß, ist besonders die Sammlung französischer Gemälde des 18. Jahrhunderts aus dem Besitz Friedrichs des Großen im Neuen Flügel hervorzuheben. Sie enthält allein acht Gemälde von Antoine Watteau. Die wiedererstandene Goldene Galerie und der Weiße Saal sind kongeniale Schöpfungen der Berliner Kunst. Sie zeigen, wie das friderizianische Rokoko die

Das Belvedere – ein Bau, der selbst wie ein Gefäß wirkt – birgt seit seinem Wiederaufbau in drei Sälen Berliner Porzellane des 18. und 19. Jahrhunderts.

Traumwelt Watteaus in der Architektur Wirklichkeit werden ließ.

Wie die Kunstwerke in die Architektur, so ist die Architektur wiederum in den künstlerisch gestalteten Freiraum ringsum eingebettet. Dieser besteht aus dem Ehrenhof und den Gartenanlagen, die sich weit nach Norden am Ufer der Spree entlangziehen; so konnte man einst von hier aus per Schiff zum Berliner Stadtschloß gelangen. Simon Godeau, ein Schüler Le Nôtres, der den Garten von Versailles geschaffen hatte, war mit der Planung beauftragt worden. Die Zeit um 1800 hat dann die Formen des französischen Gartens in die damals modernen des englischen Landschaftsgartens verändert, ohne den barocken Grundriß ganz verwischen zu können. Nach 1945 wurde der südliche Teil der Anlage in den geometrischen Formen des frühen 18. Jahrhunderts wiederhergestellt.

Im Garten sind drei Bauten zu besichtigen, von denen jeder einen ganz eigenen Charakter besitzt. Das phantasievolle Belvedere ließ Friedrich Wilhelm II. 1788/89 durch Carl Gotthard Langhans errichten. Das Mausoleum, 1810/11 als Grabstätte für die Königin Luise erbaut und später zweimal erweitert, enthält Sarkophage der Königin Luise und Friedrich Wilhelms III. – beide von dem klassizistischen Bildhauer Christian Daniel Rauch gestaltet – sowie des ersten deutschen Kaisers und seiner Gemahlin.

Ein kleines, aber gehaltvolles Museum mit – überwiegend Berliner – Kunst der Schinkelzeit bildet die Innenausstattung des 1825 von Karl Friedrich Schinkel erbauten Pavillons am Ende des Neuen Flügels. Elf Gemälde von Caspar David Friedrich sind die kostbarsten Werke in diesem edlen, fein proportionierten Gebäude.

Das Chinesische Zimmer im Neuen Flügel wurde 1788–90 für Friedrich Wilhelm II. eingerichtet.

Coburg

Schilderungen von Burgen und Schlössern verleiten häufig zu bildhaften, poetisch überhöhten Ausdrücken; wenige aber sind so treffend wie die Bezeichnung „fränkische Krone", die für die Veste Coburg gern verwendet wird.

Die Burg ist auf einer Bergkuppe erbaut, die frei über dem Itztal liegt und die Stadt Coburg mit ihrem historisch sehr reizvollen Kern überragt. Ein mehrfacher Mauerring umgibt eine weitläufige, um zwei Höfe gruppierte Festungsanlage, die über einem ansehnlichen, den Berghang begleitenden Park im englischen Stil emporsteigt.

Ursprünglich war die Burg im Besitz der Grafen von Andechs-Meran. Sie ging dann im Jahre 1248 an die Henneberger, war um die Wende des 13. und 14. Jahrhunderts kurze Zeit in den Händen der Askanier und gelangte schließlich 1353 an die Wettiner.

Diesem Geschlecht diente sie immer noch als Residenz, als im Jahre 1530 Martin Luther sich hier fünf Monate aufhielt, um die Verhandlungen beim Augsburger Reichstag zu verfolgen. Selber durfte er nicht dorthin reisen, da er sich sowohl in der Reichsacht als auch im Bann des Papstes befand. In dieser Zeit arbeitete er an seiner Übersetzung der Bibel und verfaßte verschiedene reformatorische Schriften.

Als die Residenz im Jahre 1547 von der Veste in die Stadt verlegt wurde, diente die Burg fortan als Landesfestung. Man baute sie nun aus, um sie den Erfordernissen der neuen Kriegführung anzupassen. 1632 belagerte Wallenstein sie erfolglos, doch drei Jahre später, im März 1635, wurde sie durch List erobert. Danach nahm ihre Bedeutung als Wehrbau allmählich ab.

In der Folgezeit wurden fast ausschließlich Ausbesserungsarbeiten durchgeführt. Erst die Romantik leitete auf der Veste Coburg eine weitere Bauphase ein und übertrug der Burg eine neue Funktion als Museum. Im Jahre 1838 begann Herzog Ernst I. mit der grundlegenden Renovierung der gesamten Coburg nach den Plänen des Baumeisters Karl August Heideloff. Wie es damals üblich war, ging man im Geist des romantischen Historismus mit Elan an die Arbeit, ohne jedoch in besonderem Maße denkmalpflegerische Gesichtspunkte zu berücksichtigen.

Im Auftrag des letzten regierenden Herzogs Carl Eduard von Sachsen-Coburg und Gotha und unter der Leitung von Bodo Ebhardt wurden in den Jahren 1906–24 die Spuren dieses Aus- und Umbaus weitgehend beseitigt. Statt dessen baute man so manches neu und war dabei bestrebt, das Aussehen der mittelalterlichen Anlage wiederherzustellen. Inzwischen sind auch die im Zweiten Weltkrieg entstandenen Schäden behoben worden, und heute bietet der Komplex, eine der größten Burganlagen Deutschlands, ein eindrucksvolles Beispiel einer mittelalterlichen Ringburg, bei der die Erweiterungen des 16. und 17. Jahrhunderts erst auf den zweiten Blick auffallen.

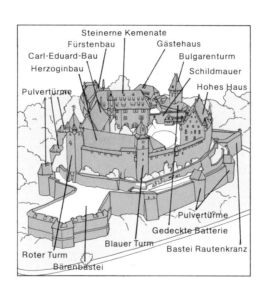

Die Veste Coburg von Westen. Im Vordergrund liegt die Bärenbastei. Die große Mauer unterbrechen mehrere Türme – von links: Roter Turm, Blauer Turm und der Bulgarenturm im Hintergrund. Den westlichen Hof umgeben (von links) der Carl-Eduard-Bau, der Herzoginbau (16. Jh.) und das Hohe Haus; den hinteren Hof mit dem Fürstenbau (links) und dem Gästehaus (hinten) schließt im Westen die Steinerne Kemenate ab.

Schon im frühen 13. Jahrhundert – so weit reicht die recht komplexe Baugeschichte der Veste zurück – dürfte der äußere Umriß der Burg etwa so ausgesehen haben, wie er sich noch heute darbietet. Der ursprüngliche Zugang führte wohl am Blauen Turm vorbei durch eine Vorburg, die das länglich-ovale Gesamtareal zur Hälfte einnahm. Der hintere, östliche Teil war durch eine Schildmauer abgeschlossen.

Diese Kernburg bestand aus dem Palas (dem jetzigen Fürstenbau), einer Doppelkapelle, an deren Stelle jetzt die Lutherkapelle steht, dem Küchenbau und der Steinernen Kemenate, in der sich später die Wohnräume Luthers befanden. In der Vorburg entstanden um 1450 das Hohe Haus oder Zeughaus, das den gotischen Baustil besonders gut veranschaulicht, und im Laufe der nächsten Jahre eine Reihe von Nebengebäuden.

Weihnachten 1499 zerstörte ein gewaltiger Brand die Kernburg. Nach dieser Katastrophe baute man einiges wieder auf, wobei der Fürstenbau zum Hof hin durch Fachwerk erweitert wurde und die Steinerne Kemenate mit der Großen Hofstube, dem Bankettsaal, einen der schönsten Profanräume der damaligen Zeit erhielt. Diese Hofstube stattete Lucas Cranach d. Ä., der Hofmaler des sächsischen Kurfürsten war und sich auf der Veste mehrmals aufhielt, mit Wandmalereien aus. Sie sind jedoch nicht erhalten.

Von Cranach stammen auch die frühesten Ansichten der Veste Coburg: Eine ist auf dem Dresdner Katharinenaltar zu sehen; zweimal benutzte Cranach die Burg als Hintergrund eines Holzschnitts.

Der sehenswerte Ziehbrunnen im Westhof ist nach dem Judenbrunnen in Mainz der älteste Renaissancebrunnen Deutschlands. Er wurde im Jahre 1531 von dem Steinmetzen Kunz Krebs er-

Eine imposante Kulisse bilden die gewaltigen Mauermassen des dreifachen Berings (linke Seite), der hier vom Graben vor der Bastei Rautenkranz aus gesehen ist. Der Bulgarenturm, der im Hintergrund emporragt, wurde 1856 an der Stelle eines Türmchens von 1680 errichtet und 1911 von Bodo Ebhardt mit finanzieller Unterstützung des bulgarischen Zaren ausgebaut.

Die Hornstube mit ihren herrlichen Intarsien gehört zu den schönsten Innenräumen der deutschen Renaissance. Sie wurde ursprünglich 1632 in der Stadtresidenz Ehrenburg eingerichtet und kam erst später auf die Veste. Der Kachelofen stammt aus Nürnberg; er entstand in der ersten Hälfte des 16. Jahrhunderts. Heute ist die Hornstube Teil der Kunstsammlungen der Veste Coburg.

Unten der Fürstenbau – eigentlich der um 1500 erweiterte romanische Palas. Bodo Ebhardt erneuerte ihn im fränkischen Stil. Das Gebäude birgt die Lutherkapelle sowie verschiedene Räume – Speisesaal, Salon der Herzogin, Cranachzimmer – mit Möbeln, Einrichtungsgegenständen und Porträts aus verschiedenen Epochen.

richtet, dem Schöpfer des ersten deutschen Renaissanceschlosses: Hartenfels bei Torgau.

In den folgenden Jahren bis zum 30jährigen Krieg entstand ein neuer Zugang, indem man einen Stollen durch den Fels trieb. Die Festungswerke und Türme wurden verstärkt, vergrößert, verbessert und erhielten nun weitgehend ihre heutige Gestalt. Aus dem frühen 17. Jahrhundert stammen die beiden Bastionen an der Südseite. Ihre Namen Rautenkranz und Bunter Löwe verdanken sie ihren Steinwappen, den Wahrzeichen Sachsens und Thüringens. Das herrliche Barocktor am Osteingang kam 1671 hinzu.

Heute beherbergt die Veste Coburg sehr reichhaltige Sammlungen aus den Bereichen der Kunst und Kulturgeschichte. Das Kupferstichkabinett mit über 300 000 Blättern zählt zu den größten und besten Europas. Besondere Erwähnung verdient ferner die Glassammlung, aber auch zahlreiche andere Gattungen sind hier hervorragend vertreten: Gemälde, Skulpturen, Münzen, Wagen und Schlitten, Waffen, Jagdgerät, Keramik (darunter die wohl umfangreichste Sammlung von Creußener Steinzeug).

Detmold

Natürlich war sie zu beklagen, die deutsche Kleinstaaterei, die der Schaffung eines Einheitsstaates so lange im Wege gestanden hat. Aber einen Vorteil hatte dieses Gewimmel von Duodezfürsten doch: Es ersparte unserem Lande die kulturelle Trostlosigkeit, die sich in zentralistisch organisierten Staaten überall außerhalb ihrer Hauptstädte breitgemacht hat. Viele kleine Städte können sich hier rühmen, einmal der Nabel der Welt gewesen zu sein, zum mindesten der kleinen Welt, die das Fürstentum bedeutete, deren Metropole sie waren. Sie können sich rühmen im Angesicht der liebevoll gestalteten Bauwerke, mit denen Serenissimus damals seine Residenz zur Geltung zu bringen versuchte.

Eines der hübschesten dieser ehemaligen Residenzstädtchen ist Detmold, die einstige Hauptstadt des kleinen Fürstentums Lippe. In ihrem Mittelpunkt stand selbstverständlich – und steht noch immer – das Schloß, freilich von weitläufigen Parkanlagen und Wasserflächen umgeben, die einst für den gehörigen Abstand sorgten. Dem Schloß ging eine Wasserburg der Edelherren zur Lippe voraus. Sie ist zwar erst 1366 urkundlich bezeugt, war aber doch wohl älter und wird aus der Zeit stammen, als die Stadt Detmold – wahrscheinlich zwischen 1230 und 1265 – von dem Edelherrn Bernhard III. zur Lippe planmäßig gegründet wurde.

Erhalten blieb von dieser Burg – wenn auch verändert – der mächtige runde Bergfried, der heute die Ostecke der Schloßanlage bildet. Um 1600 wurde er um ein Stockwerk erhöht und bekam seinen charakteristischen hohen Renaissancehelm mit Fenstererkern und Dachgauben für Uhren und Glocken. Auch die großen Fenster wurden erst nachträglich eingebrochen.

Obwohl dieser imposante Bergfried darauf schließen läßt, daß die mittelalterliche Burg der Herren zur Lippe in Detmold eine starke Wehranlage war, wurde sie doch in der Soester Fehde 1447 durch böhmische Söldner des Kölner Erzbischofs Dietrich von Moers zum großen Teil zerstört. Edelherr Bernhard VII. ließ sie wieder aufbauen. Von dieser zweiten Burganlage dürfte das 1496/97 und 1523–25 erwähnte Niggenhus, also das neue Haus, teilweise in dem Wohnturm erhalten geblieben sein, der heute die Westecke der Vierflügelanlage bildet. Das Datum 1470 am Bergfried weist wohl darauf hin, daß auch dieser damals wiederhergestellt werden mußte.

Nachdem Bernhards Sohn Simon V. Detmold seit 1511 zu seiner ständigen Residenz gemacht hatte, genügte das Schloß, wie es sein Vater hinterlassen hatte, den Bedürfnissen des Hauses Lippe – das 1528 in den Grafenstand aufstieg – nicht mehr. Sein Sohn Bernhard VIII. beauftragte den Baumeister Jörg Unkair aus Tübingen mit dem Aus- und Neubau der Anlage. Mit der Wahl gerade dieses Architekten hatte sich der Graf zugleich entschlossen, das Detmolder Schloß in den Formen der Renaissance errichten zu lassen, die Unkair aus Süddeutschland mitgebracht hatte. Beispiele des neuen Stils waren die Schlösser Neu-

An der malerischen Front des Eingangsflügels fallen außer dem mächtigen Rundturm mit seiner hohen Renaissancebekrönung besonders die vier- und dreistöckigen erkerartigen Ausluchten sowie die giebelgeschmückten Zwerchhäuser auf. Die Auslucht links trägt das Meisterzeichen des Cord Tönnis, der wohl auch die reichen Zwerchgiebel auf dieser Seite schuf. Die Welschen Giebel des Jörg Unkair (rechts) wirken dagegen fast schon altmodisch.

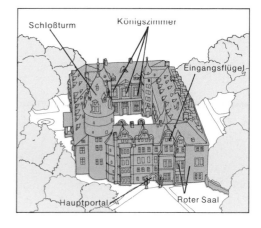

haus bei Paderborn, Stadthagen und Petershagen sowie die Schelenburg bei Osnabrück, bei deren Bau der Schwabe sein Können bewiesen hatte. Hier, in einem weiten Gebiet links und rechts der Weser, wandelten sich die in ihrem Ursprungsland Italien als Wiedergeburt der Antike so streng und klar entwickelten Renaissanceformen freilich zu einer ganz eigenartigen Architektursprache mit Freude am Verwinkelten, an Erkern und Erkerchen, an Dachgauben und Zwerchhäusern, an schmuckvollen Portalen und Fenstergewänden – kurz zu dem, was wir Weserrenaissance nennen, einem lokalen Baustil, der später noch von den Niederlanden her beeinflußt werden sollte.

In dieser Formensprache begann Jörg Unkair 1548 den Ausbau des Detmolder Schlosses. Um einen großen, rechteckigen Hof ordnete er vier Flügel an. In die Hofecken stellte er jeweils ein Treppentürmchen mit den für die deutsche Re-

naissance typischen schrägen, die Treppenläufe begleitenden Fenstern. Aber bereits 1553 starb der Architekt in Detmold. Sein Nachfolger, Cord Tönnis, der am Detmolder Schloß seine künstlerische Laufbahn als einer der wichtigsten Meister der Weserrenaissance begann, führte den Bau im Sinne seines Vorgängers fort, nicht ohne jedoch den Einzelformen sein persönliches Gepräge zu geben. So entwickelte er etwa die mit Kugeln besetzten und von Halbkreisen abgeschlossenen sogenannten Welschen Giebel, wie sie Unkair als frühes Element der Weserrenaissance zum Beispiel an der Eingangsfront verwandt hatte, zu malerischen mehrfenstrigen Zwerchhäusern mit kunstvollen Voluten weiter. Abgeschlossen wurde der Ausbau des Detmolder Schlosses erst im Jahre 1673 durch den Baumeister Hermann Arndt.

Es dauerte dann nur wenige Jahrzehnte, bis diese trotz der mehr als 100jährigen Bauzeit doch recht einheitliche Re-

Im Rokokospiegel des Elisabethsaales (links) erscheint hier das Jugendbildnis der Fürstin Pauline zur Lippe, einer klugen Frau, die 1802–20 als Regentin das Schiff des kleinen Staates sicher durch die Stürme der Napoleonischen Zeit führte.

Nachdem es Johann Friedrich Böttger 1708/09 gelungen war, auch in Europa Porzellan herzustellen, wurden überall Manufakturen gegründet, deren Erzeugnisse bald die fürstlichen Porzellankabinette füllten – so auch das hier im Detmolder Schloß.

Den Fahnensaal (oben) schmückt hinten ein Rokokoteppich mit einer Parkszene. Der gewaltige Bildteppich rechts stellt den Sieg Alexanders des Großen über die Perser in der Schlacht bei Gaugamela dar.

Rubens entwarf diesen Gobelin, auf dem der römische Konsul Publius Decius Mus Abschied nimmt, bevor er im Jahre 340 v. Chr. durch seinen Opfertod eine Schlacht gegen die Latiner entscheidet.

naissanceanlage schon wieder dem Zeitgeschmack nicht mehr entsprach. Graf Friedrich Adolf ließ schon zwischen 1700 und 1715 das Schloß barockisieren, wobei am Südost- und Nordwestflügel die Gesimse abgeschlagen, die Erker und Zwerchhäuser entfernt und die Mauern erhöht wurden. Andererseits stattete er die Repräsentations- und Wohnräume im Hauptgeschoß prächtig mit Stuckdecken, Kaminen, Bildern und Wandteppichen aus und schuf damit den Grundstock der heute vorhandenen Prunkzimmer des Detmolder Schlosses.

Besondere Beachtung verdienen dabei neben dem Roten Salon die Königszim-

mer mit den acht großartigen Alexandergobelins. Sie wurden um 1670 in Brüssel in der Werkstatt des Jan Frans van den Hecke nach Bildern von Charles Le Brun gewirkt und stellen die Begegnung Alexanders des Großen mit der Mutter, der Gemahlin und den Töchtern des geschlagenen Perserkönigs Darius, seinen Einzug in Babylon und die Schlachten bei Gaugamela und am Hydaspes dar.

Die anderen heute zur Besichtigung freigegebenen Räume wurden von den späteren Grafen und – seit 1789 – Fürsten zur Lippe eingerichtet, so der Ahnensaal, der Elisabethsaal und mehrere kleinere Zimmer.

Der fünfeckige Wehrturm (links) erhielt seine heutige Form im wesentlichen um die Mitte des 15. Jahrhunderts. Er birgt im unteren Geschoß eine spätgotische Kuppel mit Sterngewölbe. Das oberste Geschoß kam erst Ende des 16. Jahrhunderts hinzu; es besitzt einen Renaissancegiebel. An diesen Turm schließt sich links ein Torbau aus dem 16. Jahrhundert an. Das Portal verbindet die Höfe der Vorburg und der Kernburg miteinander. Die Zinnen mit dem darunterliegenden Bogenfries wurden erst im 19. Jahrhundert aufgesetzt.

Wenn man von Frankfurt am Main her kommt, tritt, nicht weit von Lauterbach entfernt, aus dem Grün der Wiesen und Wälder eine mächtige Feste hervor: Eisenbach, die „hessische Wartburg".

Im frühen Mittelalter entstand Eisenbach als Wehrbau auf einem Höhenrükken im Lautertal. Die Anlage wurde 1271 durch Abt Bertold II. von Fulda zerstört und 1287 von den ehemaligen Herren von Angersbach, später von Eisenbach genannt, neu erbaut. 1343 verlieh Landgraf Heinrich II. von Hessen den Herren von Eisenbach die Erbmarschallwürde. Als 1428 das Geschlecht der Eisenbacher ausstarb, belehnten die Grafen von Ziegenhain ein Jahr später Ritter Hermann Riedesel aus der Melsunger Linie dieses hessischen Uradels mit dem Besitz von Eisenbach. Acht Jahre darauf erhielt auch sein Geschlecht die Erbmarschallwürde von Hessen. Die Riedesel Freiherren von Eisenbach stellten im Laufe der Jahrhunderte bedeutende Generale und Diplomaten und spielten in der Geschichte des Landes Hessen eine wichtige Rolle.

Schloß Eisenbach, wie es sich heute darbietet, entstand vor allem im 16. Jahrhundert. Es besteht im wesentlichen aus Kernburg, Vorburg und Zwinger. Der rechteckige Hof der Kernburg ist von hohen Wohnbauten umgeben. Im Südwesten wurde an der Stelle der Alten Kemenate das Wohngebäude der Linie Eisenbach-Altenburg errichtet. Im Nordosten erhebt sich die Neue Kemenate, die um 1515 als Wohngebäude der Linie Hermannsburg an die Stelle des ehemaligen Palas trat. Der dreigeschossige Bau besticht durch seine ausgewogenen Proportionen und trägt nicht ganz in der Mitte der leicht geknickten Längsfront einen Erker mit einem Rippengewölbe und einem spitzen Helm. Das Dach wurde nach 1580 mit schönen Renaissancegiebeln versehen. Der Windelsteig, ein quadratischer Treppenturm aus dem Jahre 1580, ist der Neuen Kemenate auf der Hofseite vorgestellt. An die Schildmauer, die ursprünglich den Wehrgang trug, setzte man um die Mitte des 19. Jahrhunderts den neugotischen Querbau an, wodurch der innere Burghof etwa um die Hälfte verkleinert wurde.

Die Südostecke des Schlosses nimmt die Kirche ein, deren feingewellte Giebelseite talwärts zeigt. Hinter ihr ragt, von der Talseite her gesehen, der fünfeckige Wehrturm empor, erbaut zwischen 1429 und 1463. Ursprünglich diente er als Torturm, doch das Tor wurde im 16. Jahrhundert zugemauert.

Ein Wohngeschoß in Fachwerkweise liegt über der quadratischen Burgkapelle aus den Jahren 1671–75, die wiederum über einer älteren Kapelle aus dem Jahre 1440 errichtet wurde. Von der alten Kirche sind noch ein spätgotischer Taufstein und spätgotische Malereien an der Ostwand erhalten.

Die Überreste des Zwingers vor der Süd- und Ostseite des Schlosses bestehen noch aus einer Mauer und vier nach innen geöffneten Rundtürmen.

Schloß Eisenbach, eine wehrhafte und recht komplexe Anlage mit Kernburg, Vorburg und Ringmauer, erhebt sich auf einer Anhöhe am Lautertal. Von Nordwesten her fällt der Blick auf zwei abweisende Gebäude aus dem 16. Jahrhundert, die den Torbau zur Vorburg flankieren. Dahinter lugen (links) der Dachreiter der Kirche und der Giebel der Neuen Kemenate über das vorderste Dach. Weiter rechts erkennt man den oberen Teil des 1429–63 errichteten Wehrturms sowie des Wohngebäudes der Linie Eisenbach-Altenburg.

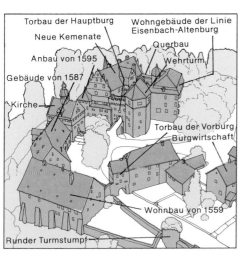

Torbau der Hauptburg
Neue Kemenate
Anbau von 1595
Gebäude von 1587
Kirche

Wohngebäude der Linie
Eisenbach-Altenburg
Querbau
Wehrturm

Torbau der Vorburg
Burgwirtschaft

Wohnbau von 1559

Runder Turmstumpf

Eisenbach

Eltz

Oft gezeichnet, fotografiert, auf Briefmarken und sogar auf Geldscheinen abgebildet, eine der stimmungsvollsten deutschen Burgen – so lockt Eltz zahlreiche Besucher an. Die Anlage ist nur zu Fuß zu erreichen. Auf herrlichen Wanderwegen geht man zu ihr und steht dann inmitten des einsamen Waldes, in einem engen Tal nördlich der Mosel, unversehens vor dem märchenhaft anmutenden Bau. „Die Burg schlechthin" nennt sie der bekannte Kunsthistoriker Georg Dehio: „Das Gewirr und Gezipfel ihrer steilen Dächer und Erker läßt uns im Original anschauen, was wir sonst nur in Bruchstücken oder aus alten Bildern und Kupfern kennen."

Burg Eltz wurde in der ersten Hälfte des 12. Jahrhunderts als Reichslehen an der Straße von der Mosel ins Maifeld errichtet. Herren von Eltz werden bereits 1157 genannt; seitdem ist die Burg im Besitz dieses Geschlechts. Vor 1268 spaltete sich die Familie. Im Laufe der Zeit entstand ein Nebeneinander verschiedener Zweige – und damit auch Häuser, wodurch die Anlage die malerische Gestalt einer Ganerbenburg erhielt: Sie blieb gemeinsamer Besitz der Familie, doch hatte jeder Zweig seinen eigenen Wohnbau. Eine strenge Burgordnung regelte das Zusammenleben. Tore, Brunnen und Kapelle gehörten allen.

Gegenüber der Burg Eltz liegt Trutzeltz. In der sogenannten Eltzer Fehde (1331–36) errichtete Erzbischof Balduin

Insgesamt vier Zweige des Eltzer Adelsgeschlechts wohnten nebeneinander auf der Burg, jeder in einem eigenen Haus. Daraus erklärt sich die attraktiv verschachtelte Anlage des gesamten Bauwerks, das vor allem im 15. und 16. Jahrhundert zu solcher Form ausgestaltet wurde. Seine Struktur ist auch durch die Tatsache bestimmt, daß die Burg sich, wehrtechnisch günstig, auf einem schmalen Bergrücken erhebt, also nicht in die Breite wachsen konnte. Das große Bild zeigt Eltz, wie man es von Nordosten sieht. Links vorn öffnet sich der äußere Torbau; dahinter steht das Goldschmiedehaus.

Der charakteristische Bildausschnitt oben präsentiert die Ostseite der Burg, nämlich Haus Kempenich (links) und die Häuser Klein- und Groß-Rodendorf. Die rechteckigen, trapezförmigen, drei- und vieleckigen Strukturen, die Bogenlinie, die Anordnung der Fenster und Kamine ergeben zusammen mit dem Fachwerk ein Muster von fast grafischem Reiz.

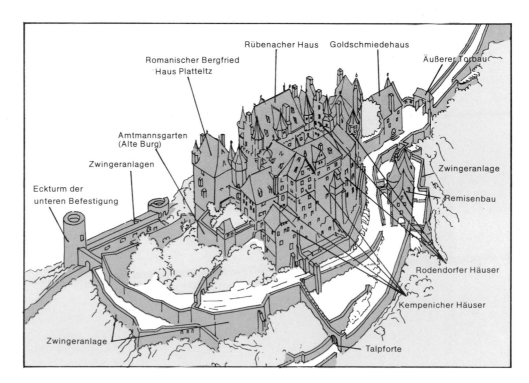

Romanischer Bergfried
Haus Platteltz

Rübenacher Haus   Goldschmiedehaus

Äußerer Torbau

Amtmannsgarten
(Alte Burg)

Zwingeranlagen

Eckturm der
unteren Befestigung

Zwingeranlage

Remisenbau

Rodendorfer Häuser

Kempenicher Häuser

Zwingeranlage

Talpforte

von Trier diese Feste, um von dort aus Eltz zu beschießen und zu bezwingen. 1336 versöhnte man sich wieder, und der Erzbischof gab die Anlage den Grafen von Eltz als Lehen. Die heutige Burgruine besteht aus einem Wohnturm auf steilem Fels, verstärkt durch Wehrgang, Eckturm, Zwinger und Doppeltor.

Später erwarb sich das Eltzer Geschlecht große Verdienste um das Erzbistum Trier; Jakob von Eltz war 1567–81 Erzbischof. Anton aus dem lothringischen Zweig der Familie konnte im Pfälzischen Erbfolgekrieg (1688–97) die Zerstörung von Eltz verhindern. 1920 richtete ein Brand schweren Schaden an, doch wurde die Einrichtung zum größten Teil gerettet und die Burg bis 1939 getreu wiederhergestellt.

Insgesamt ist Eltz, mehr Wohn- als Wehrburg, in einzigartiger Weise erhalten: Hier wird das Mittelalter gegenwärtig. Auf einem steilen Felsen inmitten eines Tales scharen sich die einzelnen

Häuser um einen engen Hof und bilden ein vielgestaltiges Ensemble.

Das älteste Haus, Platteltz, steht an der höchsten Stelle. Es hat seinen Ursprung im 12. Jahrhundert und zeigt heute im wesentlichen das Gepräge eines Wohnturms des 13. Jahrhunderts. Haus Rübenach im Nordwesten, 1472 von Lancelot und Wilhelm aus der Linie vom Silbernen Löwen vollendet und beim Brand von 1920 völlig unbeschädigt geblieben, besitzt Fachwerktürmchen, einen Erkervorbau und einen zierlichen Kapellenerker.

Nach dem Pfortenhaus und der um 1327 errichteten Kapelle folgte das 1470–1540 erbaute Haus Groß-Rodendorf mit seiner schönen gewölbten Vorhalle. Nach Süden zu schließen sich die Häuser Klein-Rodendorf (16. Jahrhundert), Groß- und Klein-Kempenich (um 1600) sowie Haus Burgthorn (16. Jahrhundert) mit Treppenturm und zierlicher Vorhalle an.

In den Hof der Burg Eltz blickt man wie in einen kleinen, spätmittelalterlichen Stadtteil hinein. Links die Kempenicher Häuser, rechts das Rübenacher Haus aus dem 15. Jahrhundert.

Der Kapellenerker (links) am Schlafgemach des Rübenacher Hauses kann durch eine Tür abgeteilt werden, dessen bemalte Flügel vorn zu sehen sind.

Im Inneren findet man architektonisch beachtenswerte Räume, kostbare Möbel und Kunstwerke. Hier werden Wohnformen der Ritterzeit deutlich. Das Rübenacher Haus birgt in der Waffenhalle Brandpfeile aus der Eltzer Fehde, Gewehre und Beutewaffen aus den Türkenkriegen. Der anschließende Untersaal mit Balkendecke enthält kostbare Gemälde, so die *Madonna mit der Traube* von Lucas Cranach d. Ä., und eine alte Wanduhr. Im Obergeschoß befindet sich das große Schlafgemach mit Wandmalereien aus dem 15. Jahrhundert. Reizvoll der Kapellenerker, der durch eine bemalte Tür vom übrigen Raum getrennt werden kann. Er hat ein zierliches Netzgewölbe und ist mit Wandgemälden und Glasbildern ausgestattet. Das Ankleidezimmer weist ebenfalls Wandmalereien auf. An den dargestell-

Der Rittersaal im dritten Geschoß des Hauses Groß-Rodendorf besitzt reizvoll bemalte Kamine und eine mächtige Balkendecke.

Die Wände und die Decke des Schreibzimmers (rechts) neben dem Schlafgemach im Haus Rübenach wurden gegen Ende des 19. Jahrhunderts mit ornamentalem Rankenwerk bemalt.

ten Menschen kann man die damalige Mode (1451) studieren.

Unter den übrigen Burgräumen sei der Rittersaal im Haus Groß-Rodendorf mit zwei Kaminen hervorgehoben. Hier findet man Rüstungen und Waffen, darunter ein lederner Schild, der wohl aus dem 13. Jahrhundert stammt, und ein Schießprügel, eine Kombination von Pistole und Beil. Den darüberliegenden Fahnensaal zeichnet ein weitgespanntes, kunstvolles Netzgewölbe aus. Die angrenzende Küche ist zweckmäßig eingerichtet: mit offener Feuerstelle, Räucherkammer, Backofen, Wandschrank und allerlei Geschirr.

In den letzten Jahren haben Instandsetzungsarbeiten den dreifachen Mauerring um den Burgberg freigelegt. Insbesondere die mächtige Befestigungsanlage am Hungerturm ist hier von Bedeutung.

Die Burg Eppstein, auf der Spitze eines Bergrückens zwischen zwei Bachtälern gelegen, ist eine Spornburg. Der Bergfried aus dem 14. Jahrhundert hat einen viereckigen Unterbau und besitzt im Innern flache Kuppelgewölbe. Rechts schloß sich der Palas an, links, an der Burgmauer, der Küchenbau. Im Hintergrund erhebt sich das sogenannte Mainzer Schloß mit der ehemaligen katholischen Kapelle.

Eppstein

Von zwei Flankentürmen blieb nur der „Bettelbub" erhalten. Sein Keller diente einst als Schuldgefängnis – welches diesem Turm den Namen gab.

Malerisch schmiegt sich das Städtchen Eppstein im Taunus in das enge Tal des Schwarzbaches. Der hübsche Ort wird von der imposanten Ruine der Burg Eppstein überragt, der Residenz der einst mächtigen Herren von Eppstein, die eine Zeitlang in der deutschen Geschichte eine bedeutende Rolle spielten.

Im Jahre 1122 wird die Burg zum erstenmal urkundlich erwähnt. Sie wurde um 1100 als Reichsburg an der Grenze zwischen dem Niddagau und dem westlich davon liegenden Königssundragau erbaut. Bereits 1124 schenkte Kaiser Heinrich V. die Burg zur Hälfte dem Erzstift Mainz. Graf Udalrich, der Eppstein offenbar im Auftrag des Reiches verwaltete, übertrug vor 1137 seine Rechte an Mainz. Als die Burg vom Mainzer Erzstift der Familie der Herren von Hainhausen als Lehen gegeben wurde, begann ihre große Zeit. Die Herren von Eppstein, wie sie sich seit dem Ende des 12. Jahrhunderts nannten, machten sie in kurzer Zeit zum Mittelpunkt eines der bedeutendsten Territorien im Rhein-Main-Gebiet. Im 13. und 14. Jahrhundert waren vier Eppsteiner Erzbischof von Mainz und damit gleichzeitig Erzkanzler des Deutschen Reiches.

Der Niedergang der Burg setzte im 15. Jahrhundert ein, als die Herren von Eppstein die westliche Hälfte an Hessen verkauften. Nach dem Aussterben der Eppsteiner im Jahre 1535 fiel die östliche Hälfte zuletzt an Kurmainz. 1802 kam die Anlage an Nassau, das sie auf Abbruch versteigerte. Von der Niederlegung blieb ein Teil der Mainzer Hälfte bewahrt. Heute beherbergt er ein Heimatmuseum und das Stadtarchiv.

Den besten Überblick über die Lage der Burg und ihren Aufbau gewinnt man vom Bergfried, der heute noch 24 Meter hoch ist. Hinter dem Halsgraben, der das Burggelände im Osten vom weiteren Verlauf des Höhenrückens abtrennt, zieht sich eine Schildmauer hin, an die noch im Mittelalter die später an Mainz gekommenen Bauten gefügt wurden. Zwei Wappensteine dort zeigen das typische Mainzer Rad. Im Norden erstreckt sich bis zum Bergfried eine Mauer, an der Hessen um 1500 einen fünfstöckigen Küchenbau errichtete. Heute ist nur das Erdgeschoß mit einem schönen gotischen Türgewände erhalten, das die spätere Jahreszahl 1616 trägt. Im Winkel zwischen diesem Gebäude und dem Mainzer Schloß befindet sich der Burgbrunnen.

Der runde Bergfried entstand im 14. Jahrhundert und war ursprünglich 33 Meter hoch. Die beiden alten Eingänge, die vom Dachboden und vom Dach der angrenzenden Gebäude erreicht werden konnten, sind noch gut zu erkennen. Heute besteigt man den Turm über eine eiserne Wendeltreppe. Vom ursprünglich viergeschossigen Palas des 14. Jahrhunderts, der sich südlich an den Bergfried anlehnt, stehen nur Mauerreste der beiden unteren Geschosse.

Die Kernburg ist von umfangreichen Zwingeranlagen mit Flankierungstürmen umgeben. Die Burg hat zwei Zugänge: eine Halsgrabenbrücke im Osten und einen steilen Burgweg im Westen.

Fulda

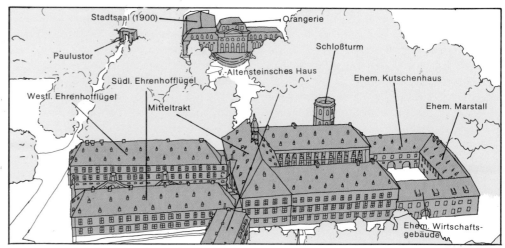

Stadtsaal (1900)

Orangerie

Paulustor

Schloßturm

V. Altensteinsches Haus

Südl. Ehrenhofflügel

Ehem. Kutschenhaus

Westl. Ehrenhofflügel

Mitteltrakt

Ehem. Marstall

Ehem. Wirtschafts-
gebäude

Das Spiegelkabinett im Schloß wurde erst um 1758 ausgestattet – im Zeitalter des Rokokos also, wie die verspielten Rahmen und Stukkaturen erkennen lassen.

Schwungvoll führt eine Freitreppe aus den Gartenanlagen hinauf zur Orangerie, die nach Plänen Maximilian von Welschs 1722–30 von Andrea Gallasini ausgeführt wurde. Die prächtige Gartenfassade könnte zu einem Schloß gehören. In der Tat erinnert der zweigeschossige Mittelbau, den kräftige Pilaster gliedern und ein Dreieckgiebel krönt, an Schloß Arolsen. Der Festsaal im Mittelpavillon, der Weiße Saal, reicht mit seinem großen Deckengemälde Apoll im Sonnenwagen *von Emanuel Wohlhaupter bis ins Dachgeschoß.*

„Fulda ist die schönste – nein, die angenehmste Stadt, die ich kenne", schrieb der junge, durch Fulda reisende Heinrich von Kleist in einem Brief. Das möchte man auch heute noch sagen, wenn sich in der großen Talsenke zwischen Rhön und dem Basaltmassiv des Vogelsberges, zwei alten Vulkangebieten, die Landschaft öffnet und den Blick freigibt auf die alte Bonifatiusstadt.

Im Sonnenschein gleißt der farbig differenzierte Sandstein des Paulustores auf, das 1771 hierher versetzt wurde – ein würdiges Entree zum Bereich der Residenz. Auf der Attika des Tores steht streitbar der namengebende Apostel. Vom Tor aus senkt sich eine breite, baumbestandene Promenade, an deren linker Seite sich die Mauer des Schloßgartens entlangzieht, hinab zum Platz vor der ehemaligen Abtsresidenz.

Die Reichsabtei Fulda war dem Papst unmittelbar unterstellt, und ihr Abt war Erzkanzler der Kaiserin und Reichsfürst. Nachdem Fürstabt Heinrich V. von Weilnau (1288–1313) sich eine feste Burg als Residenz hatte errichten lassen, wohnten die Fürstäbte einzigartig in Deutschland: nicht in ihrem Kloster, sondern in der danebenliegenden Burg. Im Laufe der Zeiten verlor diese Feste ihren wehrhaften Charakter. Im ersten Jahrzehnt des 17. Jahrhunderts wurde sie ein Renaissanceschloß, und genau 100 Jahre später wandelte man dieses in ein nobles Barockschloß um – so, wie es noch heute in schöner Vollkommenheit dasteht. Die Pläne für den Um- und Ausbau lieferte der geniale Baumeister Johann Dientzenhofer. Maximilian von Welsch, Schöpfer rheinisch-fränkischer Barockbauten, entwarf die Orangerie, und Andrea Gallasini leitete die barocke Ausgestaltung beider Bauwerke.

Das fürstbischöfliche Schloß, heute Rathaus und Museum in einem, ist Zeugnis einer lebensfrohen, weltoffenen Zeit. Den festlich dekorativen Fürstensaal überdacht ein großes Deckengemälde, das die Versammlung der olympischen Götter zeigt. Medaillons mit mythologischen Darstellungen umgeben diesen Götterhimmel. Alle Bilder umrahmt weißer Stuck. In den Spiegelzimmern präsentieren Glasvitrinen edles Porzellan. Fast verwirrend der Dekor des Spiegelkabinetts, den edle Hölzer, skurrile Schnitzereien, delikate Gemälde und wertvolle Möbel zu einem Juwel intimer Raumgestaltung machen.

Quer durch den Schloßgarten führt der Weg zur Orangerie. Maximilian von Welsch führte bei diesem Bau erstmals das Mansardendach ein – eine Erfindung des französischen Baumeisters Jules Hardouin-Mansart. Die elegante Freitreppe vor dem Mittelpavillon bildet den würdigen Podest für eine der großartigsten Gartenskulpturen des Barocks, die Floravase des Bamberger Bildhauers Johann Friedrich Humbach, der sie 1728 schuf. Auf der riesigen Amphora von üppig quellender Formung steht die Blumengöttin. Putten umringen die Vase; sie sitzen, schweben, klettern, ziehen sich an Blumengirlanden empor und himmeln die Flora an, die in der erhobenen Linken eine stilisierte, vergoldete Lilie hält und mit der Rechten ihr Gewand rafft, um besser ausschreiten zu können.

So bilden Schloß und Orangerie, Landschaft und Geschichte eine harmonische Gesamtheit, dem Willen ihrer Schöpfer angemessen.

Gelnhausen

Sowohl die Kaiserpfalz als auch die Freie Reichsstadt Gelnhausen sind Gründungen Kaiser Friedrichs I. Barbarossa. Vermutlich wurde mit dem Bau der Pfalz um 1170 begonnen; zum Reichstag im Jahre 1180 war sie wohl benutzbar. Barbarossas Sohn, Kaiser Heinrich VI., nannte Gelnhausen 1190 seinen liebsten Ort; er weilte oft hier. Auf ihn gehen wahrscheinlich die Arkaden des Palas, nach dem Vorbild von Wimpfen gestaltet, zurück. Friedrich II., Barbarossas Enkel, hielt sich zwischen 1212 und 1220 jedes Jahr in Gelnhausen auf.

Die Pfalz ist eine Wasserburg, von der Kinzig umflossen und auf vielen tausend Eichenpfählen gegründet. Diese Gründung war und ist immer wieder Ursache von Senkungen und Schäden. Eine vollständig erhaltene Ringmauer umschließt die Pfalz; eine kleine Siedlung, die „Burg Gelnhausen", schließt an sie an.

Im Westen der Pfalz wuchtet ein quadratischer Turm empor. An seine Nordflanke lehnt sich die Torhalle an. Sie wird durch zwei gedrungene Säulen mit schweren Würfelkapitellen und zwei Pfeilern in eine zweischiffige Halle mit frühem Kreuzrippengewölbe unterteilt. An der Hofseite hat der Baumeister die lastende Schwere durch vorgestellte schlanke Säulen gemildert. Das Obergeschoß der Torhalle trug einen weiteren, zweischiffigen, kraftvoll überwölbten Raum, dessen Reste noch im 19. Jahrhundert als Kapelle benutzt wurden.

Die Schauseite des Palas, das Glanzstück der Kaiserpfalz, ist dem Hof zugewandt. Die Arkaden der Wand mit ihren reich geschmückten Kapitellen sind ein Meisterwerk staufischer Bildhauerkunst. Im Saal des Palas ist der große Kamin mit reicher Flechtornamentik erhalten geblieben. Ein oberes Geschoß läßt sich nur noch in Ansätzen erkennen.

Nach dem Untergang der Stauferkaiser begann der Verfall der Pfalz. Der 30jährige Krieg verheerte sie mehrfach. Noch heute gehört sie aber zu den bedeutendsten und schönsten Profanbauten des deutschen Mittelalters.

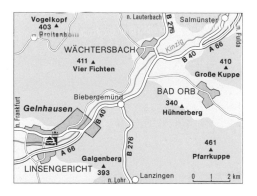

Schlanke Doppelsäulen mit prachtvollen, reich skulptierten Kapitellen und Kämpfern gliedern die unregelmäßig angeordneten Arkaden der Palasfront, deren Dynamik durch das nach Osten verschobene Portal betont wird.

Während der Kleeblattbogen des Portals mit Ornamenten überzogen ist, bleiben die Gewändesäulchen schmucklos. Im Durchblick erscheinen die Türme der Marienkirche.

Gelting

Gelting ist ein besonders anschauliches und für Schleswig-Holstein charakteristisches Beispiel schloßartiger Herrenhäuser. Wirtschaftsgebäude, Haupthaus und Gartenanlage bilden eine Einheit.

Bis in das frühe 13. Jahrhundert läßt sich die Geschichte des Gutes zurückverfolgen, denn 1231 schon wird Gelting als Mittelpunkt des nach ihm benannten königlichen Besitzes in Ostangeln erwähnt. 1313 wurde es an den Herzog von Holstein abgetreten und später an Adlige weiterverpfändet.

Seneca Ingwersen (1715–86), in holländischen Diensten – zuletzt als Gouverneur von Batavia – zu Reichtum und Ansehen gelangt, erwarb 1758 das Gut. Ein Jahr später wurde er vom dänischen König geadelt und entfaltete als Baron von Gelting fürstliche Pracht. Ab 1770 ließ er die bestehende dreiflügelige Anlage ausbauen. Nachdem Ingwersens Sohn gestorben war, ging Gelting an seinen Neffen über. Seitdem ist es im Familienbesitz der Hobes.

Mächtige, baumbestandene Wälle mit vier Eckbastionen und breiten Wassergräben schließen die Gesamtanlage ein. Mit dem nördlich gelegenen Wirtschaftshof und dem nur über eine Brücke erreichbaren Herrenhaus bildet sie ein schiefes Viereck. Ein Torhaus im Nordwall führt in den Wirtschaftshof. Ein Hausgraben trennt den von Nebengebäuden flankierten, halbkreisförmig vorspringenden Vorhof und den nach Norden geöffneten Ehrenhof des weiß verputzten Herrenhauses von dem Wirtschaftsbereich. Der älteste noch vorhandene Bau, der wohl um 1470 unter König Christian errichtete zweigeschossige Ostflügel mit seinem runden Eckturm, wurde 1877 im Innern völlig verändert. Wie der Ostflügel blieb auch der um 1680 erbaute schlichte Westflügel niedriger als der Mitteltrakt.

Mit dem Innenausbau des Herrenhauses beauftragte Ingwersen im Jahre 1777 Michel Angelo Tadei und dessen Bruder Francesco Antonio. In fünf Jahren statteten die beiden alle Räume mit Stuckarbeiten im Stil des Rokokos und des frühen Klassizismus aus. Schmale, blaßblaue Wandfelder mit weißem Stuck überziehen im Erdgeschoß des Mittelbaues Flure und Zimmer. Besonders schön geschmückt sind das Gobelinzimmer, das Blaue Zimmer und das Herrenzimmer mit allegorischen Darstellungen der Jahreszeiten.

Östlich des Mittelganges führt die über zwei Achsen reichende Treppe in das Obergeschoß, die in Blaßgrün und Weiß gehaltene Beletage. Der Flur mit Rocaillekartuschen in der Stuckdecke, die profilierten Türrahmungen und die Supraporten mit plastischer allegorischer Darstellung der Tugenden bilden den Auftakt zum Glanzstück des Hauses, dem Festsaal. Seine Gartenseite ist zwischen den vier großen Fenstern mit Spiegeln verkleidet. Die Reliefs in stuckgerahmten Wandfeldern über Sockelpaneelen nehmen Bezug auf die Person des weitgereisten Bauherrn Seneca Ingwersen. Dargestellt sind unter anderem Allegorien der Welterfahrung, der vier Erdteile, der Jagd und des Gartenbaus.

Wie bei den älteren schleswig-holsteinischen Herrenhäusern wird der sehr tiefe, als Doppelhaus hochgeführte Mittelbau von Gelting durch zwei parallele Walmdächer abgeschlossen, deren Schornsteine an den Firstenden die Symmetrie der Anlage betonen. Im Jahre 1770 wurde das Gebäude unter Verwendung alter Bauteile zu einem spätbarocken Palais umgebaut und nach holländischer Art durch große, sprossenreiche Schiebefenster und ein Mittelportal belebt und gegliedert.

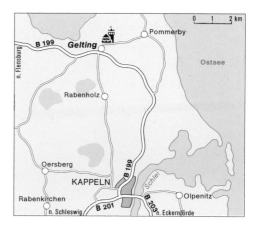

Glücksburg

Eines der schönsten Beispiele schleswig-holsteinischer Renaissancebaukunst ist das rings von Wasser umgebene, schlichte, weiß verputzte, dreigeschossige Schloß Glücksburg im waldreichen Hügelland am Südrand der Flensburger Innenförde. Sein Erbauer, Herzog Johann d.J. von Schleswig-Holstein-Sonderburg (1545–1622), erhielt bei der Erbteilung ein Drittel des königlichen Anteils von Schleswig-Holstein. Er war bestrebt, dieses Erbe nicht nur landwirtschaftlich zu nutzen, sondern durch Landkauf seinen Streubesitz abzurunden und seine Hausmacht zu vergrößern. Statt seines alten und unwohnlichen Schlosses Sonderburg ließ er sich denn auch drei neue Schlösser errichten: Glücksburg, Ahrensbök und Reinfeld.

Im Jahre 1209 hatten Zisterziensermönche etwas südöstlich der heutigen Glücksburg ein Kloster errichtet, das im Zuge der Reformation 1538 säkularisiert wurde. 1582 ließ Herzog Johann das Kloster abbrechen und aus den Steinen bis 1587 das Schloß erbauen, das er nach seinem Wahlspruch „Gott gebe Glück mit Frieden" Glücksburg nannte. Er beauftragte Nickels Karies, einen sonst wenig bekannten Baumeister, mit der Errichtung seiner Residenz; doch wird er selbst als fürstlicher Bauherr die architektonische Form mitbestimmt haben. Er ließ die Schwennau, die den Rüder See mit der Ostsee verbindet, aufstauen, wodurch der alte Friedhof des Klosters überflutet wurde, und legte so den heutigen Schloßteich an.

Gleichzeitig wurden auch die zugehörigen Wirtschaftsgebäude des Vorhofes bei Karies in Auftrag gegeben. Alle Gebäude brannten 1786 ab und wurden danach neu errichtet.

Der Vorhof mit seinen niedrigen Bauten liegt zwischen dem unter Herzog Philipp (1584–1622) zur Hauptstadt des Herzogtums Glücksburg ernannten Ort und dem Schloß.

Bei der Glücksburg wird der im Spätmittelalter entwickelte charakteristische Typ des schleswig-holsteinischen Herrenhauses in Form dreier zusammenhängender Parallelbauten aufgenommen, der schon äußerlich an den drei Satteldächern erkennbar ist. Der so entstandene geschlossene Baukörper auf quadratischem Grundriß wird an den Ecken durch mächtige achteckige Türme mit Zeltdächern betont. Symmetrisch angeordnete Rechteckfenster gliedern die glatt verputzten Wände. Den drei nebeneinandergestellten Dächern auf den Längsseiten entsprechen an den Querseiten je zwei Zwerchgiebel.

Die Zwerchhäuser wie auch die aus Sandstein gearbeiteten Schweifwerke der Giebel mußten im 19. Jahrhundert wegen Baufälligkeit entfernt werden; die Zwerchhäuser wurden jedoch 1905 in vereinfachter Form erneuert. Auf dem Mitteldach ersetzt der behelmte Barockturm von 1768 den alten, Ende des 17. Jahrhunderts durch Blitzschlag zerstörten Renaissancemittelturm.

Auch innen sind – in der räumlichen Disposition – die drei aneinandergesetz-

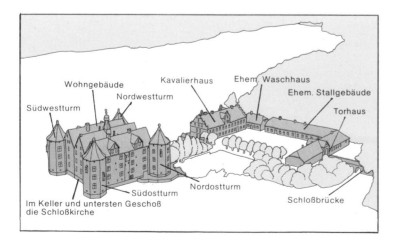

Zwischen mächtigen Achtecktürmen erhebt sich Schloß Glücksburg mit seinen fast schmucklosen Fassaden aus dem Wasser. Es ist über einen Damm von dem gleichzeitig entstandenen Wirtschaftshof aus zu erreichen.

ten Häuser spürbar. Das mittlere nimmt die Eingangshalle ein; zu beiden Seiten liegen Wohnräume. Südlich der Halle schließt die quergelagerte, ursprünglich einfach gehaltene Schloßkapelle an. Bei Umbauten 1717 wurden in die Kapelle zwei barocke Emporen für die Gemeinde und in einem Nebenraum nahe dem Altar eine Empore für die fürstliche Familie eingebaut. Zu beiden Seiten des Altars kamen auch Spiegelmonogramme des Herzogs Philipp Ernst und seiner Gemahlin Christiane hinzu.

Während der Restaurierungsarbeiten 1972/73 legte man die Renaissancebemalung wieder frei. Silbergraue Bänder teilen die Gewölbeflächen in Felder, die mit Pflanzenmotiven ausgeschmückt sind. Ein Bronzerauchfaß, in die zweite

Hälfte des 13. Jahrhunderts datiert, stammt wahrscheinlich noch aus dem alten Zisterzienserkloster. Die herzogliche Gruft, in der 38 Mitglieder der fürstlichen Familie beigesetzt sind, befindet sich im Kellergewölbe unter dem Turm der Südwestecke.

Flache Tonnengewölbe mit Stichkappen schließen die Räume im Erdgeschoß und im ersten Obergeschoß des Schlosses ab. Stuckornamente mit flachem Beschlagwerk und Engelsköpfen an Graten und Gewölbeflächen variieren von Zimmer zu Zimmer.

Noch ganz der mittelalterlichen Bauweise entsprechend, führen zwei Wendeltreppen an der nördlichen Eingangsfront in die oberen Geschosse. Der vier Meter hohe, gewölbte Festsaal nimmt

Das Taufbecken im Knorpelstil wurde 1717 in die Schloßkapelle eingebaut. Man schreibt es, wie auch den Altar, dem Flensburger Schnitzer Claus Gabriel zu.

Im Schloßmuseum ist eine kostbare Sammlung bemalter Goldledertapeten des flandrischen Barocks zu sehen. Überdies kann man Gobelins bewundern, die um 1700 vom Gottorper Herzog in Brüssel in Auftrag gegeben wurden und Szenen aus den Metamorphosen von Ovid zeigen; sie kommen aus den Schlössern Gottorp, Augustenburg und Gravenstein. Aus Schloß Ballenstedt stammt die um 1750 in Brüssel entstandene Gobelinserie Fins Teniers.

mit einer Länge von 30 Metern den ganzen mittleren Teil des ersten Stockwerks ein. An ihn schließen sich seitlich, die Türme mit einbeziehend, die Wohn- und Schlafräume des Fürsten und seiner Familie an. Das zweite Stockwerk diente unter dem Erbauer Herzog Johann möglicherweise als Speicherraum. Für die gestiegenen Ansprüche der fürstlichen Hofhaltung brauchte man aber mehr Platz, und so ließ sein Enkel Herzog Christian den zweiten Stock ausbauen.

Dessen Nachfolger wiederum, der 1698 das Schloß erbte, richtete die Räume fürstlich ein und gestaltete auch die Kapelle um. Bis hinauf an die damals neu eingezogenen Stuckdecken bespannte man die Wände mit bemalten Stoffen. Szenen aus den Türkenkriegen weisen

auf die Ausstattung durch Herzog Philipp Ernst hin, der unter Prinz Eugen kämpfte.

Als die Glücksburger Linie 1779 ausstarb, fiel das Schloß an den dänischen König, der es der Witwe des letzten Herzogs als Wohnsitz überließ und nach ihrem Tod 1825 den Herzogstitel an eine Nebenlinie vergab. 1854–64 wurden die Räume als Sommerresidenz des Königs genutzt und mit Goldtapeten sowie Gobelins aus Schloß Gottorp ausgestattet. 1871 übernahm die herzogliche Familie das Schloß. Aus diesem Anlaß wurde die Einrichtung durch Mobiliar und Gobelins aus den Schlössern Kiel und Ballenstedt ergänzt. Heute beherbergt die vorbildlich gepflegte, zum Teil als Museum zugängliche Glücks-

Im ersten Obergeschoß nimmt der Rote Saal mit Fürstenbildnissen und Möbeln aus dem 18. und 19. Jahrhundert die ganze Länge des Schlosses ein. Das schwere, in Kassetten gegliederte Gewölbe bestimmt den Raumeindruck wesentlich mit.

burg die bedeutendste Gobelinsammlung Norddeutschlands. Ganz besonders wertvoll sind Teile einer gegen 1700 von H. Reydams geschaffenen Serie mit Szenen nach Ovids *Metamorphosen* und die um 1740 in Brüssel entstandene Bildfolge *Fins Teniers*. Vorlage für diese Gobelins waren die lebhaften Bauernszenen des niederländischen Malers David Teniers d. J.

Goslar

Ein besonders anschauliches Beispiel für die repräsentative weltliche Baukunst des Hochmittelalters in Deutschland ist die Pfalz zu Goslar am Harz.

Pfalzen waren zeitweilige Residenzen der deutschen Könige und Kaiser, die das Reich im Mittelalter ja nicht von einem Ort aus regierten, sondern mit großem Gefolge durch das Land reisten. Mit Wohnbauten, einem repräsentativen Saalbau – dem Palas –, einer eigenen Kirche und zahlreichen Nebengebäuden bildeten die Pfalzen, die durch einen Gutshof (Vorwerk) versorgt wurden, wirtschaftlich selbständige, meist befestigte Anlagen, in denen die Könige und Kaiser nicht nur wohnen, sondern auch Hof- und Reichstage abhalten konnten.

Anfang des 11. Jahrhunderts trat die Pfalz in Werla, ein bis dahin bevorzugter Aufenthaltsort der sächsischen Kaiser, zurück, und Goslar wurde als Pfalzort erkoren. Unter Kaiser Heinrich II. (1002–24) begann man auf dem Gelände zwischen dem Bergdorf am Hang des erzhaltigen Rammelsberges und der aufblühenden Stadt mit dem Bau der neuen Pfalz. Der Abbau von Silber, Blei und Kupfer, der Goslars Reichtum im Mittelalter begründete, und die Bevorzugung der Pfalz bewirkten, daß der kleine Handelsplatz sich zu einer Stadt entwickelte, die schon um 1100 vier Pfarrkirchen besaß.

Der Bedeutung der Pfalz wurde der Neubau unter Kaiser Heinrich III. gerecht, dessen Sohn Heinrich IV. im Jahre 1050 wahrscheinlich hier geboren wurde. Im September 1056, einen knappen Monat vor dem Tod des Kaisers, besuchte Papst Viktor II. Heinrich III. in Goslar. Auch in staufischer Zeit weilten Kaiser hier – so 1219 Friedrich II. Nach dem letzten Königsbesuch im Jahre 1253 und dem Ende der staufischen Herrschaft verlor Goslar seine Bedeutung als Pfalzort.

Mit dem Aufleben des Reichsgedankens im 19. Jahrhundert stand die alte Kaiserstadt Goslar erneut im Mittelpunkt des historischen Interesses. Zwar hatte noch 1865 der Rat der Stadt keine Möglichkeit gesehen, die Restaurierungskosten für die Pfalzgebäude aufzubringen, doch ließ dann die preußische Regierung die Anlage 1868–79 durchgreifend erneuern.

Der ehemalige Pfalzbezirk südlich der Gose, die durch Goslar fließt, ist heute nur noch als große Freifläche erkennbar. An der höchsten Stelle des leicht ansteigenden Geländes stehen noch drei beherrschende Gebäude: An den großen, zweigeschossigen Palas schließen sich im Norden der um 1875 erneuerte Wohnflügel und im Süden die St.-Ulrichs-Kapelle an.

Die Einheit von Staat und Kirche, die im ganzen Mittelalter galt, hob Kaiser Heinrich III. (1039–56) mit der Gründung des Reichsstiftes St. Simon und Judas hervor, das er den weltlichen Bauten gegenüber errichten ließ. Aus diesem Stift kamen im Mittelalter Geistliche, die nach einem Dienst bei Hofe meist zu Reichsbischöfen erhoben wurden.

Das repräsentativste Gebäude der Pfalz, der für Versammlungen und Feste erbaute Palas, geht ebenfalls auf Heinrich III. zurück. Der Zugang zu seinen beiden großen Sälen führte ursprünglich durch eine Torhalle auf der Mittelachse des Gebäudes zwischen den heutigen Strebepfeilern hindurch in das Erdgeschoß, das mit einer Bodenheizung ausgestattet war. Bei einem Hoftag Kaiser Lothars III. von Süpplingenburg 1132 stürzte die Decke des Palas ein. Daraufhin zog man, um den Bau statisch zu sichern, die heute noch erhaltenen Querarkaden ein, vermauerte die Bogenfenster und setzte rechteckige Fensteröffnungen ein. Die jetzige Gliederung der Fassade im Obergeschoß mit ihren Säulen und Arkadenbogen in den großen Wandöffnungen geht auf einen staufischen Umbau im 12. Jahrhundert zurück, als der Rundbogen in dem hohen Giebelbau noch auf einen Balkon über der Torhalle führte. Später baute man eine von zwei Freitreppen flankierte Laube an. Dabei wurde der Zugang zum Palas aus der Mittelachse fort an das südliche Ende des Gebäudes verlegt.

Eine neue Galerie verbindet den Palas mit der Pfalzkapelle St. Ulrich. Vom Erdgeschoß der Kapelle mit ihrem

kreuzförmigen Grundriß leiten Trompen zum Achteck des Obergeschosses über. Schlanke Halbsäulen und Bogenfriese gliedern die Fassade. Wie auch die Fassaden der anderen mittelalterlichen Bauten war sie ursprünglich mit einer dünnen Kalkschicht überzogen, und ihre architektonische Gliederung war farblich abgesetzt. Unter der Grabplatte Heinrichs III. (13. Jh.) ruht nur das Herz des Kaisers; sein Leib wurde im Kaiserdom von Speyer beigesetzt.

Mittelpunkt der Kaiserpfalz in Goslar
ist der zweigeschossige Palas aus dem
11. Jahrhundert, der in seinen Ausma-
ßen alle anderen romanischen Saalbauten übertrifft. Eine Galerie verbindet
den Palas mit der Pfalzkapelle St. Ulrich, einer der schönsten romanischen
Doppelkapellen des 12. Jahrhunderts.
Hier befindet sich seit 1884 die durch
den Abbruch des nahe gelegenen Stiftes
St. Simon und Judas verwaiste
Grabplatte Kaiser Heinrichs III.

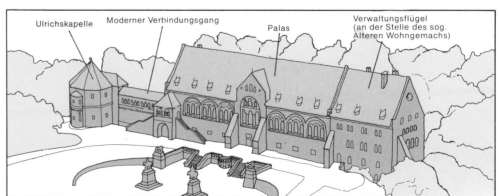

Ulrichskapelle · Moderner Verbindungsgang · Palas · Verwaltungsflügel (an der Stelle des sog. Älteren Wohngemachs)

Greifenstein

Weit über die Hochfläche des Westerwaldes und in das Tal der Dill hinab grüßt, ungefähr in der Mitte zwischen Weilburg und Dillenburg, bereits von ferne die Burg Greifenstein mit ihren beiden Rundtürmen und ihrer charakteristischen Schildmauer. Geschichtlich ist sie eng mit der benachbarten Burg Beilstein im Ulmbachtal verbunden. Greifenstein wurde wahrscheinlich in der ersten Hälfte des 13. Jahrhunderts von den Herren von Beilstein erbaut. Als ihre Lehnsherren, die Grafen von Nassau, sie um 1227 aus ihrer Stammburg verdrängten, nannte sich im Jahre 1237 ein Rudolf aus dem Geschlecht der Beilsteiner als erster nach der Burg Greifenstein.

Als die Grafen von Nassau ihre Herrschaft über das ganze Land ausdehnten, war es ihr Ziel, auch Greifenstein in die Hand zu bekommen. Die beherrschende Lage dieser Burg an der Hohen Straße, die von Frankfurt nach Antwerpen führte, gab der Anlage eine besondere Bedeutung. 1298 gelang es den Grafen von Nassau zusammen mit den Grafen von Solms, die Burg einzunehmen, zu zerstören und die Herren von Greifenstein zu vertreiben. Fast ein Jahrhundert lang blieb die Burg als Ruine liegen, bis schließlich 1382 Graf Johann von Solms-Burgsolms zusammen mit Graf Ruprecht von Nassau-Sonnenberg die Anlage erneut zu einer starken Festung ausbaute. Damals entstand auch die zuvor erwähnte Schildmauer.

Nachdem die Burgsolmser Linie der Grafen von Solms ausgestorben war, fiel Greifenstein an die Grafen von Solms-Braunfels. Diese verstärkten die Burg ständig. Einen letzten Höhepunkt erlebte sie, als die Anlage zu Beginn des 17. Jahrhunderts durch Graf Wilhelm I. von Solms-Greifenstein, einen der bekanntesten Festungsbaumeister seiner Zeit, so verstärkt wurde, daß sie selbst einer langen Belagerung durch Turenne, den berühmten Feldherrn König Ludwigs XIV., standgehalten haben soll. 1693 aber verlegte Graf Wilhelm Moritz seine Residenz nach Schloß Braunfels; Greifenstein verfiel und wurde allmählich zur Ruine.

In den Jahren 1908–14 wurde die Burg restauriert, und in jüngster Zeit hat der Greifenstein-Verein sie vorbildlich wiederhergestellt.

Sehenswert ist die Burg insbesondere ihrer Schildmauer wegen: Zur Bergseite, also zum Dorf hin, schützten die Kernburg zwei eng beisammenstehende hohe Rundtürme, die durch diese kurze Schildmauer miteinander verbunden sind. Die Anlage, die um 1388 entstand, erinnert an die ähnlichen Schildmauer-Doppelturm-Anlagen der Ehrenburg an der Mosel und der Kasselburg in der Eifel. Der westliche der Greifensteiner Türme ist von einer Steinkuppel überwölbt und mit Schieferplatten gedeckt; der östliche trägt ein Zeltdach aus Schiefer. Die Räume in den Türmen und in der Schildmauer haben ein Kuppel- oder Kreuzgratgewölbe.

Östlich an diese imposante Wehranlage wurde 1687–93 der vierstöckige Neue Bau angefügt. Er ist heute eine Ruine. Mit seinen großen Fensteröffnungen bildet er einen eigenartigen Gegensatz zu dem geschlossenen, abweisenden Wehrbau daneben. Er stammt eben aus einer Zeit, als die Sicherheit Greifensteins nicht mehr durch Schildmauern gewährleistet werden konnte, sondern durch weitläufigere Außenbastionen erreicht werden mußte.

Von der Kernburg mit ihrem im Süden gelegenen Palas und ihrem Bering blieben nur wenige Reste erhalten. Eindrucksvoll sind hingegen die Ruinen des äußeren Berings mit Eck- und Tortürmen aus den Jahren 1447–80. Diese Ringmauer wurde angelegt, nachdem in der Kriegführung Schußwaffen benutzt wurden und die Burg daher einen stärkeren Verteidigungsschutz brauchte. Imposant ist die sogenannte Roßmühle an der Südostecke, eine mächtige ovale Bastion mit Geschützständen.

An der Westseite sind die Ruinen einer größeren Toranlage erhalten. Die Äußere Talpforte dieses Berings beherbergt heute ein kleines Heimat- und Burgmuseum mit heimatkundlichen und geologisch-mineralogischen Sammlungen.

Das interessanteste Gebäude der Burg Greifenstein ist die ehemalige Burgkapelle St. Katharina an der Südostecke des Außenberings, heute eine evangelische Pfarrkirche. Die 1448–76 errichtete Burgkapelle bildet jetzt das Untergeschoß der 1683–91 errichteten barocken Saalkirche. Gleichzeitig wurde der gesamte Südbereich des äußeren Berings so aufgefüllt, daß man die Kirche ebenerdig betreten konnte. Die alte Burgkapelle und zum Teil auch die Bastion Roßmühle gerieten dabei jedoch unter das Niveau des Burghofs. Die Kapelle – die heute als Heizraum benutzt wird – besteht aus zwei rechteckigen, durch einen gotischen Chorbogen getrennten Räumen. An den Wänden finden sich Reste von Fresken. Die darüberliegende Schloß- und Pfarrkirche besitzt eine reiche Stuckdecke von Jan van Paeren aus dem Jahre 1686.

Auf einer Hochfläche über dem Dilltal erhebt sich die imposante Ruine der Burg Greifenstein. Links im Bild der sogenannte Nassauer Turm, rechts der Bruderturm, der jetzt der Glockenturm für die Kirche ist. Auf der Spitze des Bruderturms sieht man einen Greifen, der als Wetterfahne dient. Die Türme sind durch eine Schildmauer miteinander verbunden und besitzen beide ein vorkragendes Obergeschoß. Die Türme und die Schildmauer sind die Reste der Burg, die Graf Johann von Solms-Burgsolms Ende des 14. Jahrhunderts erbauen ließ.

Großcomburg

Mit ihren Mauern und Türmen scheint die Comburg eine beherrschende Burg über dem Kochertal zu sein. Doch der erste Eindruck täuscht. Von der ursprünglichen Grafenburg aus der Mitte des 11. Jahrhunderts haben sich im heutigen Bauwerk nur unbestimmte Reste erhalten. Seit 1079 steht an der Stelle dieser Burg ein Benediktinerkloster auf dem Umlaufberg am Waschbach, eine „Gottesburg".

Es waren vier Brüder, die Grafen Burkhard, Rugger, Emehard und Heinrich von Comburg-Rothenburg, die einmütig den Entschluß faßten, dort, wo die Burg ihrer Väter stand, ein Kloster zu gründen. Gegen den Widerstand ihrer Ritter setzten sie ihren Willen durch. Burkhard, ein verkrüppelter Mann, trat selbst als Mönch in dieses Kloster ein.

Die zugehörige Kirche St. Maria und St. Nikolaus wurde in einem Zug von Ost nach West gebaut, mit dem Marienchor im Osten, dem Nikolauschor im Westen, dahinter axial der Kreuzgang und eine weitere Marienkapelle.

Aus dieser ältesten Bauperiode haben sich erhalten: die vier unteren Stockwerke des Westturms, die Krypta, der Kreuzgang, der Kapitelsaal und die Abtei mit den wieder freigelegten romanischen Fensterarkaden und der innere Torbau.

Der spätromanischen Zeit gehören die beiden oberen Stockwerke des Westturms, die beiden Osttürme sowie die Sechseckkapelle an, die später Erhardskapelle genannt wurde und deren Bestimmung umstritten ist. Es handelt sich wohl nicht um eine Totenkapelle, sondern vielleicht um eine staufische Hauskapelle mit einem romanischen Fresko.

Die Vogtei des Klosters lag nach dem Tode des Grafen Heinrich von Comburg bei der Familie seines Schwiegersohnes Konrad III., also bei den Staufern. In der Stauferzeit erhielt das Kloster unter Abt Hartwig (um 1140) Kunstwerke von europäischem Rang, von denen zwei erhalten geblieben sind: der große Radleuchter, der das himmlische Jerusalem darstellt, und ein Antependium, das in vergoldetem Kupferblech den Erlöser und die Apostel in einem Rahmen mit Zellenschmelz und Edelsteinen zeigt. Nach dem Untergang der Staufer wurde die Vogtei über das Kloster zeitweilig von der Reichsstadt Hall und zuletzt von den Schenken von Limpurg wahrgenommen, deren Grabsteine sich heute im Kapitelsaal befinden – einzigartige Denkmale der Gotik. Diese Schenke haben auch den Nebenraum, die spätere Josefskapelle, ausgestaltet. 1488 wurde das Kloster in ein weltliches Chorherrenstift umgewandelt, das bis 1802 bestand.

Der Dekan und Propst Erasmus Neustetter (gestorben 1594), ein großer Humanist und Büchersammler, dessen Denkmal in der Kirche steht, ließ zahlreiche Bauten im Bereich der Comburg im Geschmack der Renaissance umgestalten (Treppengiebel an der Propstei). Sie dienten fortan als Wohnungen für die Chorherren, die allerdings teilweise nur 14 Tage im Jahr auf der Comburg weilten. Viele von ihnen waren fränkische oder schwäbische Adelige. Seit jener Zeit tragen die Gebäude die Namen dieser Geschlechter: Adelmannbau, Gebsattelbau, Wamboldbau u. a.

Dem Propst Neustetter dankt die Comburg auch ihre Ringmauer, die teils außerhalb, teil innerhalb der alten Klostermauer verläuft. Daß sie keine Wehrmauer war, zeigt nicht nur ihre geringe Stärke, sondern auch ihre Türme lassen das erkennen: Deren Fensteröffnungen ermöglichen kein flankierendes Feuer vor den Mauern.

Der Dekan Wilhelm Ulrich von Guttenberg (gestorben 1736) erbaute schließlich die neue Dekanei (Mittelstück mit Festsaal und rechter Flügel). Überdies ließ er die romanische Kirche niederlegen und durch den Würzburger Dombaumeister Josef Greising 1707–15 eine stattliche Barockkirche errichten. Die romanischen Türme blieben, teilweise umkleidet, stehen; das Dach der Kirche wurde hochgezogen.

Nach der Säkularisierung der Comburg im Jahre 1802 brachte man hier württembergische Ehreninvaliden, später auch Kriegsgefangene unter. Seit 1947 dient die Anlage als Akademie für Lehrerfortbildung.

Den Reisenden grüßen schon von weit her die drei romanischen Türme der Stiftskirche. Ehe dieses Gotteshaus barock umgebaut wurde, standen sie frei da, denn der First der romanischen Kirche lag nur wenig über der heutigen Dachtraufe. Der dritte und höchste Turm schirmt das Gotteshaus nach Westen ab.

Im Treppenhaus der Abtei befindet sich dieses Schönbornsche Bischofswappen von 1722 (links). Er erinnert an „Joann Philipp Franz von Gottes Gnaden Bischoff zu Würtzburg und Hertzog zu Francken".

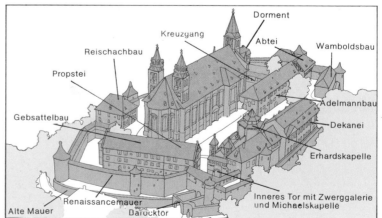

Dorment

Kreuzgang

Abtei

Wamboldsbau

Reischachbau

Propstei

Adelmannbau

Gebsattelbau

Dekanei

Erhardskapelle

Renaissancemauer

Inneres Tor mit Zwerggalerie und Michaelskapelle

Alte Mauer

Barocktor

Der lichte Chor der ehemaligen Stiftskirche umfängt einen Hochaltar des
18. Jahrhunderts, den ein üppiger Baldachin überdacht (links). – Das Gewölbe der Schiffe ruht auf schlanken
Pfeilern mit reich geschmückten Kapitellen. Aus diesen wachsen eigenwillig
die hochgestelzten Kämpfer mit Reliefs
(oben) und vorkragenden Deckplatten.
– Unten ein Detail von der Treppen-
hauswand der Abtei: eine gemalte Säule
mit Kapitell und aufliegender Empore.

*In das Chorgestühl der Comburger
Kirche (oben), von Balthasar Ester-
bauer und Eckmann geschaffen, sind
Alabastersteine eingearbeitet.*

*Die Kirche enthält zwei Gegenstände
von ganz besonderem Wert: einen
mächtigen romanischen Radleuchter
(links oben) und das prachtvolle, ebenfalls romanische Antependium vor
dem zweiten Altar am Anfang des
Chores. Es befindet sich unter dem
Radleuchter und stammt wohl aus der
gleichen Werkstatt. Der Radleuchter
hat einen Durchmesser von gut fünf
Metern. Auf einem eisernen Doppelrei-
fen ist ein reich verziertes Kupferband
aufgelassen. Eine lateinische Umschrift
erklärt die Symbolik der einzelnen Figuren und Formen und deutet die ver-
wendeten Materialien symbolisch aus.
Zwölf kleine, aufgesetzte Türme mit
getriebenen Engeln und Heiligen ver-
sinnbildlichen das himmlische Jerusalem. Zwischen ihnen sind Medaillons
mit Büsten von Heiligen und Propheten
angebracht. Unter der kupfernen, vergoldeten Kugel, an welcher der Leuch-
ter hängt, befindet sich ein Brustbild
Christi.*

*Das Mittelstück des Antependiums
zeigt, in getriebenem und vergoldetem
Kupferblech, Christus in der
Mandorla.*

83

Guttenberg

Eine Ausnahmestellung unter den Burgen des Neckartals kommt der Burg Guttenberg zu, denn sie wurde nie zerstört und ragt noch heute in eindringlicher Geschlossenheit in der Landschaft auf.

Auch ihre Besitzergeschichte verlief ungewöhnlich kontinuierlich: Als Wormser Kirchenlehen war Guttenberg, das 1232 erstmals genannt wird, im Besitz der Hohenstaufen. Nach deren Ende ging die Burg an die Herren von Weinsberg über, von denen sie 1449 Hans der Reiche von Gemmingen für 6000 rheinische Gulden kaufte. Bis heute blieb sie im Besitz seiner Nachkommen, der Freiherren von Gemmingen-Guttenberg.

Nahe dem kleinen Ort Neckarmühlbach staffeln sich die Mauern der Burg abwehrbereit auf einem steilen Bergsporn über der großen Neckarschleife bei Gundelsheim. Der Bergfried überragt noch das anschließende Berggelände und gewährt einen weiten Fernblick, der auch die Sichtverbindung zu den Nachbarburgen Hornberg, Horneck und Ehrenberg, früher wohl auch zu Wimpfen, einschließt.

Die Hauptburg hat einen ovalen Grundriß, aus dem der viereckige Bergfried kantig und abwehrend gegen den Graben hin vortritt. Er ist im Untergeschoß massiv gebaut und weiter oben als Rückzugsort der Burgbesatzung mit Einrichtungen für den Notfall ausgestattet. An ihn schließt sich die im Bogen geführte hohe Schildmauer mit Wehrgang an. Diesen Kern umgibt eine Ringmauer mit nach innen offenen Rundtürmen, der auf zwei Seiten noch ein weiterer Zwinger vorgelegt ist. Ein Graben trennt den festen Platz vom Bergmassiv ab. An der Talseite steht auf tieferer Ebene die langgestreckte Vorburg mit dem türmebewehrten äußeren Torbau.

Beim Gang um die Hauptburg gelangt man durch fünf gesicherte Tore schließlich in den inneren Burghof, an dessen beiden Seiten die Hauptbauten errichtet wurden. Neben der Schildmauer steht der dreistöckige Alte Bau (heute Museum), gegenüber der Neue Bau mit barockem Treppenvorbau von 1776. Im übrigen stammen beide Gebäude aus dem frühen 16. Jahrhundert.

Auch die Ringmauer, deren malerischer Eindruck die einstige Wehraufgabe fast vergessen läßt, verdient besonderes Interesse. Auf der Mauerkrone läuft ein Wehrgang entlang, der teils überdeckt, teils offen ist.

Abseits der Vorburg steht im Walde die kleine gotische Burgkapelle von 1471, die einstige Grablege der Burgherren. Heute dient sie als Dorfkirche. Bis vor kurzem umschloß sie zwei Schnitzaltäre mit einem Kruzifix aus der Zeit um 1500 und einer Schutzmantelmadonna. Diese Altäre sind nun im Burgmuseum untergebracht.

Dort findet man überdies noch manche Schätze aus der langen Geschichte der Burg: Der Museumsbau birgt außer der kostbaren Holzbibliothek, die der Mönch Candid Huber um 1780 schuf, eine Ausstellung zur mittelalterlichen Gerichtsbarkeit mit Büchern, Gerätschaften und Bildern, ferner eine Waffenkammer, Küchengeräte früherer Zeiten, Zinnfiguren-Schaubilder und eine Porzellansammlung.

Im Zwinger wurde eine Greifvogelwarte eingerichtet, die – ebenso wie die Burgschenke vor dem Tor, ein altes Brunnenhaus von 1555 mit Staffelgiebel – viele Besucher anzieht.

Über dem Zwinger tritt der mächtige Bergfried aus der Schildmauer hervor und bietet Schutz für die Wohnbauten, die um den Burghof liegen. – Unter den Museumsbeständen genießt die Holzbibliothek (rechts) besonderen Ruf: Die botanischen Merkmale von 90 Holzarten sind in Buchkästen gesammelt.

Hämelschenburg

Von der Ostecke der Wallanlage führt der ursprüngliche Zugang durch das rundbogige Portal von 1613 über eine ansteigende, steinerne Brücke an dem schräggestellten Ostgiebel des Wohnflügels vorbei auf den Innenhof des Schlosses, das 1588–1618 ent-

stand. Mit dem reichen, flächengliedernden Fassadendekor aus Werkstein, den Zwerchhäusern und kunstvoll gearbeiteten Kaminaufsätzen ist die Hämelschenburg eine der schönsten Bauten aus der Blütezeit der Weserrenaissance. Ganz links spiegelt sich auch die ehemalige Gutskapelle im Schloßteich.

An Hameln klingt nicht nur der – aus Hermersenburg verballhornte – Name an, an Hameln erinnern auch viele architektonische Einzelheiten des Schlosses Hämelschenburg. Daß sie sich an manchen Bürgerhäusern der nahe gelegenen Stadt wiederfinden, ist nicht verwunderlich, denn von dort kamen wohl die Baumeister dieser Perle unter den großen Bauwerken der Weserrenaissance.

Im Wesergebiet hatten zunächst die Kirchenfürsten, die neuer Kunst und Kultur gegenüber aufgeschlossen waren, die von Italien ausgehende Bauform der Renaissance übernommen und in diesem Stil geräumige, repräsentative Schlösser errichtet. In der zweiten Hälfte des 16. Jahrhunderts kamen dann mit den Adeligen, die von flandrischen Feldzügen zurückkehrten und ihre Kriegsgewinne meist in Schloßneubauten anlegten, neue künstlerische Anregungen aus den Niederlanden und Frankreich und die Vorliebe zu großem Detailreichtum in das Land. Für diese aufwendigen Schloß- und Bürgerbauten der späten Renaissancezeit stellt die Hämelschenburg südlich von Hameln eins der schönsten Beispiele dar.

Das von der Niederweser stammende Geschlecht derer von Klencke hatte im Jahre 1437 im Tal der Emmer die Hermersenburg und den Flecken Hermersen mit dem dazugehörigen Grundbesitz als Ritterlehen erhalten. Die Burg zerstörte 1487 Herzog Wilhelm von Braunschweig. Ein neuer Bau brannte 1544 zusammen mit dem Dorfe ab.

Bei der Neuverteilung der Güter im Jahre 1578 erwarb Jürgen von Klencke den Alleinbesitz. Er hatte als Reiterführer an den niederländischen Freiheitskämpfen teilgenommen und bei süddeutschen Fürsten als Festungsbauer im Dienst gestanden; überdies war er politisch interessiert, technisch und humanistisch gebildet – alles in allem ein typischer Bauherr der Renaissance. 1588 begann er nach einem großzügigen Gesamtplan auf einem künstlich eingeebneten Plateau oberhalb des Wirtschaftshofes mit dem Bau eines dreiflügeligen Schlosses, das er, wohl in Anlehnung an die bereits bestehende Festung Pyrmont, mit Erdwällen und tief eingeschnittenen Wassergräben befestigen ließ.

Die drei Flügel des Schlosses wurden im Laufe von 19 Jahren nacheinander von unbekannten Baumeistern errichtet, die wahrscheinlich auch in Hameln tätig

waren. Zwei achteckige Treppentürme in den Ecken des leicht trapezförmig angelegten Hofes stellen die Verbindung zu dem oberen Stockwerk her.

Die Fassaden wurden je nach ihrer Bedeutung und Entstehungszeit unterschiedlich ausgeführt. Der zweigeschossige Nordflügel mit dem Rittersaal im ersten Stock und der Gerichtsstube im Erdgeschoß diente hoheitlichen Zwekken. Der schöne, reich verzierte Gerichtserker wurde 1887 im Zuge baulicher Veränderungen von hier an den Mittelflügel übertragen. Dieser schlicht gehaltene Trakt (1597–99), der westlich an den Nordflügel anschließt, war als Wirtschaftsbau geplant. Ende des 19. Jahrhunderts wurde der Flügel zu Wohnzwecken umgebaut.

Die äußere Gestaltung der Baukörper mit ihren 17 Zwerchhäusern, den Treppentürmen und den kunstvollen Steinmetzarbeiten hat in dem Wohnflügel auf der Südseite, der 1606/07 auf einem hohen, gebößten Sockel errichtet wurde, ihren Höhepunkt erreicht. Die dreigeschossige Schauseite gliedern umlaufende Dekorbänder aus Werkstein. Die vier dicht nebeneinandergesetzten Zwerchhäuser, der überreich ornamentierte Erker und die Giebelfassaden prunken mit den üppigen Schmuckformen der niederländisch beeinflußten Hochrenaissance.

Bei Umbauten im 19. Jahrhundert schlug man wegen der damaligen Vorliebe zum Bruchsteinmauerwerk den Putz ab; doch blieb der Gesamteindruck der Anlage erhalten. Die Innenräume mit den kunstvoll aus Stein gehauenen Türrahmen und den Kaminen sowie die liebevoll zusammengetragenen Möbel und die umfangreiche Waffensammlung hat die Familie von Klencke – bis heute im Besitz des Schlosses – der Öffentlichkeit zugänglich gemacht.

Harburg

Dem, der von Südosten, von der Donau her, das Wörnitztal heraufkommt und diese Burg erblickt, vermittelt sie den Eindruck von selbstsicherer Stärke. Fast drohend kauert die Harburg wie ein sprungbereiter Panther auf einem Felsriegel, der sich in das enge Flußtal vorgeschoben hat. Über ihre einstige Aufgabe läßt sie keinen Zweifel: Sie kontrollierte den Zugang ins Ries. Wer es behalten wollte, mußte vor allem die Burg halten. Nach dieser Maxime haben die Grafen von Oettingen gehandelt, seit sie die Burg erwarben.

Im Jahre 1150 wurde Harburg zum erstenmal erwähnt. 1251 verpfändete König Konrad IV. den Ort dem Grafen Ludwig III. von Oettingen zur Belohnung für erwiesene Treue und zum Ausgleich eines Darlehens. 1295 erhielt Graf Ludwig V. auch noch die Burg als Pfand. Diese 1299 erneuerte Pfandschaft wurde 1418 für unablösbar erklärt. Im Laufe der Zeit gestalteten die Grafen die Anlage zu einer großen Wohnfestung aus. Knapp 700 Jahre schon ist die Burg jetzt im Besitz der Familie. Wenn auch das eine oder andere Gebäude der Vorburg zerfiel oder abbrannte, so ist doch das meiste bewahrt geblieben. Kontinuität

im Wandel – das ist der beherrschende Wesenszug der ehrwürdigen Anlage. So gehört die Harburg heute zu den besterhaltenen Burgen Deutschlands.

Wenn man die Höfe, Türme, Räume und Gänge durchwandert, dann hat man anschaulich die verschiedenen Stadien dieses Schlosses auf dem Weg vom ursprünglichen Wehrbau zur verhältnismäßig wohnlichen Anlage vor sich.

Sehr gut erschließt sich die Entwicklung des Komplexes vom großzügigen Burghof aus, den man erreicht, nachdem man drei Tore und ein machtvolles Fallgatter passiert hat. Im ersten Augenblick scheint sich hier ein stilistisches Sammelsurium zu präsentieren, Quadertrutzigkeit neben Fachwerkputzigkeit und dazu, im Saalbau, ein Hauch von spätem Rokoko. Bei näherer Betrachtung aber ordnen sich die Gebäude dann wie von selbst nach ihrer Entstehungszeit. Da ist als ältestes Bauwerk der quadratische Bergfried, auch Diebsturm genannt. Er diente in Kriegszeiten als letzte Zuflucht. Der einzige Zugang lag einst, nur über eine Leiter erreichbar, gut sechs Meter über dem Boden. Hatten sich die Burgbewohner vor dem Feind in das enge, dunkle Verlies geflüchtet, so wurde die

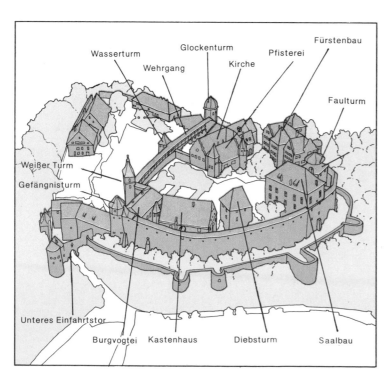

Das Bild der Harburg ist reizvoll vielgestaltig. Von Südosten her präsentiert sie sich als bedrohlich über dem Wörnitztal gelagerte Feste. Wer aber nach Nordwesten weiterzieht und zurückblickt, dem bietet sich eine zwar kompakte, von doppelten Mauern umfaßte, aber mit ihren vielerlei Dächern und Giebeln fast verspielt wirkende Anlage dar: romantisches Urbild einer Burg.

Das Obere Tor der Harburg – hier vom Burghof aus gesehen – ist durch ein Fallgatter aus Holz gesichert. Dahinter schützen noch zwei weitere Tore den Zufahrtsweg. Links steht die Burgvogtei aus dem Jahre 1562. Hinter dem Torbau ragt der Weiße Turm auf, der aus dem 17. Jahrhundert stammt. An ihn schließt sich rechts eine Mauer mit einem hölzernen Wehrgang an.

Diese Grubenschmelzplatte, die ehemals zu einem kostbaren Bucheinband gehörte, wurde Anfang des 13. Jahrhunderts in Limoges, dem damaligen Zentrum solcher Emailarbeiten, angefertigt. Die nur leicht bewegten Figuren der dargestellten Kreuzigung wirken noch romanisch streng. Das hervorragende Stück kaufte Fürst Ludwig Anfang des 19. Jahrhunderts an.

Leiter eingezogen, und das bange Warten auf das Ende der selbstgewählten Gefangenschaft begann.

Dieser Bergfried stammt wohl noch aus der Zeit, ehe die Burg in den Besitz der Oettinger kam. Alles andere aber ist ihr Werk: der Fürstenbau aus dem 16. Jahrhundert; dann die Burgvogtei von 1562 gleich neben dem oberen Schloßhoftor, die heute eine stimmungsvolle Gaststätte beherbergt; das Kastenhaus von 1595, das früher als Kornmagazin und Pferdestall diente; und schließlich der Saalbau. Hier hat man im frühen 18. Jahrhundert auf einen mittelalterlichen Quaderbau einen Rittersaal gesetzt, der mit kostbarem Stuck und reizvollen Jagdgemälden ausgestattet wurde und gesellschaftlicher Mittelpunkt der Harburg ist.

Vom Burghof aus nicht sichtbar ist das geistliche Zentrum der Burg, die Schloßkirche St. Michael, ein verwirrender Bau, an den man in der Barockzeit, protestantisch ernüchtert, ein letztes Mal Hand angelegt hat. In seiner Gruft und unter seinem Boden wurden Generationen von Familienmitgliedern zur letzten Ruhe gebettet.

Eine zusätzliche Bedeutung bekommt die Harburg durch die dort gesammelten Kunstschätze. Schon im Mittelalter hatten die musischen und geistig regen Herren von Oettingen einen ansehnlichen Bücherbestand. Im 17. Jahrhundert aber prägte sich bei Graf Ernst II. zu

90

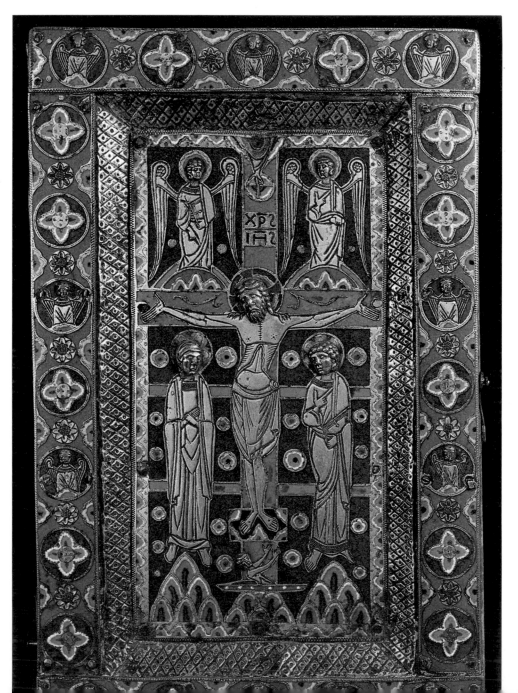

Blickt man an der ehemaligen Pfisterei (Bäckerei) mit dem hübschen Pfisterturm von 1588 (links) vorbei, dann sieht man – an der Ostseite des Hofes – den Fürstenbau, in dem sich noch Teile des mittelalterlichen Palas verbergen. Hier sind reiche Sammlungen untergebracht, die plastische und grafische Werke umfassen. Im vorgeschobenen Mittelteil befindet sich das Treppenhaus.

Den Entschluß, die Schätze des Fürstenhauses geordnet der Öffentlichkeit zugänglich zu machen, faßte bereits 1811 Fürst Ludwig: Er verwandelte die einstige Kunstkammer in ein Museum. Zu den besten Stücken gehört diese ergreifende Gruppe – Johannes und die drei Marien – aus einer Kreuzigung, die Tilman Riemenschneider um 1490 schnitzte.

Oettingen-Wallerstein die Bibliophilie der Familie erstmals besonders aus. Bei Kraft Ernst zu Oettingen-Wallerstein, der 1774 in den Fürstenstand erhoben wurde, entwickelte sie sich zu einer regelrechten Leidenschaft. Ein letztes Mal vergrößerte sich der Bücherbestand dann infolge der Säkularisation, als den Fürsten mehrere Klosterbibliotheken zugesprochen wurden. Anfang 1980 wurde diese Sammlung mit ihren 140000 Bänden an den bayerischen Staat verkauft. Sie gehört nun zum Bestand der Universität Augsburg.

Fast ebenbürtig im Rang sind die Kunstsammlungen. 30000 grafische Blätter ruhen wohlgeordnet in den Magazinen. Von den übrigen Kunstwerken gehören ein Elfenbeinkruzifix aus dem 12. Jahrhundert und der Flügel eines Altars von Tilman Riemenschneider zu den bekanntesten.

1811 entschloß sich Fürst Ludwig, diese Sammlungen, die damals noch in Wallerstein lagen, der Öffentlichkeit zugänglich zu machen.

Auf der Romantischen Straße, die gut 20 Meter unterhalb der Burg als Tunnel durch den Berg verläuft, strömen nun täglich die Besucher herbei. Wer sich beim Abschied von der Harburg nordwestlich, nach Nördlingen, wendet, dem erscheint die Anlage von hier aus als das Urbild einer Burg. Man vermeint, noch Pferdegetrappel und den Klang von Rüstungen zu hören.

Hardenburg

Die Hardenburg, eine der größten und eindrucksvollsten Burgruinen nicht nur der Pfalz, sondern auch der Bundesrepublik, liegt bei Bad Dürkheim auf einem Felsrücken im Isenachtal, der die Straße von der Rheinebene nach Kaiserslautern beherrscht.

Seit 1206 diente der romanische Kern der Anlage als Schutzburg der Abtei Limburg, und zwar als Sitz der Klostervögte aus dem gräflichen Hause Leiningen, die jedoch nicht immer nur uneigennützig die Belange ihrer klösterlichen Schutzbefohlenen wahrnahmen. Von 1317 bis 1725 war die Burg Residenz der Grafen von Leiningen-Hardenburg. Etwa ab 1500 wurde sie durch die Grafen Emich VIII. und Engelhard von Leiningen (seit 1538) weitgehend umgebaut. Die Neugestaltung berücksichtigte die damals modernen Bauformen einer Epoche, in der die Wirkung der Feuerwaffen sich steigerte, konnte aber mit der raschen Entwicklung nicht Schritt halten.

Den unregelmäßig fünfeckigen Bering der Burg sicherten Geschütztürme mit breiten Kanonenscharten: das Torrondell, der Kugelturm (so genannt, weil er halbkugelig bearbeitete Quadersteine aufweist, die den Eindruck erwecken sollten, als seien Geschützkugeln im Mauerwerk steckengeblieben), der Gefängnisturm (der erst nachträglich zum Verlies umfunktioniert worden ist) und die Schmiede neben dem Tor.

Die Unterburg, der sogenannte Große

Im südwestlichen Vorhof der Burg ragt das Mauerwerk noch hoch und eindrucksvoll auf. Die Quaderwand steht düster und abweisend da – trotz der unregelmäßig verteilten großen Rundbogenfenster, deren Höhlen sie durchbrechen. Eher heiter wirkt dagegen die wohlgeformte Brunnenschale im Vordergrund – ein Werk der deutschen Renaissance. Wie diese gewaltige Burg vor ihrer Zerstörung aussah, kann man noch heute auf dem prächtigen Epitaph des Grafen Emich XI. von Leiningen und seiner Gemahlin in der Schloßkirche zu Bad Dürkheim sehen.

Ausfallgarten, schob sich mit einem festen Bollwerk und zwei kleineren Geschütztürmen bis an die engste Stelle einer Biegung des Isenachtals heran.

Mächtigster Teil der Festung war jedoch das Westbollwerk, ein riesiger, kuppelüberwölbter Rundturm mit einem Durchmesser von 22,6 Metern und Mauerstärken von etwa 6,8 Metern. Er ist nach Westen über den ehemaligen Halsgraben der mittelalterlichen Burg hinausgeschoben und sollte den Schutz der ganzen Anlage auf der Angriffsseite gewährleisten. Der Baumeister dieses starken Festungswerkes aus der Zeit um 1500 ist nicht bekannt; möglicherweise war es der hessische Hofbaumeister Hans Jakob von Ettlingen. Im Schutz der Kanonentürme lagen die Wohnbauten im Burgbering. Heute noch sind sie, obzwar Ruinen, anschauliche Zeugnisse einer schon recht aufwendigen Wohnkultur des 16. Jahrhunderts. Dazu kommen noch der Marstall und der Gästebau.

Das Hauptgebäude des Schlosses staffelte sich auf felsigem Untergrund an der Nordwestecke auf. Mächtige, sechs Meter starke Mauern schützen die Außenseiten. Fünf Meter hohe Kellerräume sind mit Bandrippengewölben versehen; die Schlußsteine tragen Zahlen, so daß eine Datierung in die Jahre 1509 und 1510 möglich ist. In den Obergeschossen befinden sich Säle, Räume, Kammern nebst Abortanlagen. Treppentürme mit Wendelstiegen und schön dekorierten Portalen – beispielsweise das Lilienportal – verbinden die Geschosse.

Ein 26 Meter langer, tonnengewölbter Verbindungsgang, die auf 20 Meter um acht Meter ansteigende Große Communication, ermöglichte den Durchgang vom Wohnhaus zum großen Westbollwerk. Darüber lag einst die 1744 abgebrannte Burgkirche, und darunter befinden sich das ehemalige Briefgewölbe (Archiv), eine Schreibstube und das frühere Gefängnis.

Der alte Halsgraben der mittelalterlichen Burg bot einen Durchgang zum äußeren Burghof, wo eine Brunnenschale von 1564 steht. In der auf 1510 datierten Schmiede, einem rechteckigen

Geschützturm neben dem Tor zur Hauptburg, endet ein 18 Meter langer Fluchtgang vom Verbindungsbau des oberen Schlosses. Über dem Burgtor lag der Große Saalbau, den (nebst der Großen Communication) der Frankfurter Stadtbaumeister Caspar Weitz zwischen 1543 und 1553 erstellte. Nur noch ein vieleckiger Treppenturm ist davon erhalten geblieben.

Die eindrucksvolle Ruine kündet von einem wechselhaften Geschick: Den 30jährigen Krieg überstand die Burg noch leidlich unbeschädigt; 1692 aber sprengten französische Truppen bei ihrem Abzug größere Teile der Anlage. Diese wurde zunächst wiederhergestellt, 1794 durch die Franzosen jedoch endgültig zerstört.

Damals schon residierten die 1779 gefürsteten Leininger im nahen Schloß zu Dürkheim – bis die Franzosen sie 1794 vertrieben. Später wurde die Familie mit Gebieten um Miltenberg und Amorbach entschädigt. 1820 kam die Hardenburg an das Königreich Bayern, zu dessen Territorium die linksrheinische Pfalz seit 1816 gehörte. Aus der Zeit der Romantik sind mehrere malerische Ansichten der Anlage überkommen. Schließlich nahmen sich Wissenschaft und Denkmalpflege der Ruine an.

Heute ist die Hardenburg, von der aus man wie im Mittelalter zur Klosterruine Limburg hinüberschauen kann, ein beliebter und vielbesuchter Anziehungspunkt.

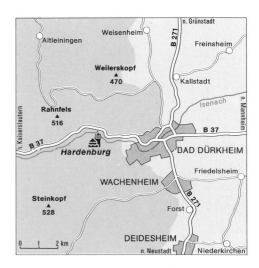

Heidelberg

Das vielbesungene Heidelberger Schloß, einer der geistigen Brennpunkte der deutschen Romantik und noch heute Inbegriff glanzvoller Ruinenschönheit, bietet über alledem wie wenige andere Anlagen ein Lehrbeispiel für die Wandlung des Burgen- und Schloßbaus vom 13. bis ins 17. Jahrhundert. Kein aufgeschlossener Betrachter kann sich der Wirkung dieses in Jahrhunderten gewachsenen und dann abrupt zerstörten gewaltigen Bauwerkes entziehen.

Schon die Lage des Schlosses – es steht auf einer gegen das Neckartal vorgeschobenen Terrasse vor der dunkel bewaldeten Bergwand des Königstuhls – hat zu seinem außergewöhnlichen Ruhm beigetragen, von dem sowohl die erhaltenen als auch die in Trümmern liegenden Bauten noch heute künden.

Der Ursprung der Anlage liegt wie so oft im dunkeln, auch wenn man mit gutem Grund einen frühen Burgbau schon im 11. Jahrhundert annehmen darf. Jedenfalls übernahm die unter Pfalzgraf Konrad gegründete Stadt den Namen der Burg. Dieser Halbbruder Barbarossas schuf die Voraussetzungen für die pfälzische Territorialmacht am unteren Neckar, deren Zentrum Heidelberg wurde. Im Jahre 1214 übertrug Kaiser Friedrich II. die Pfalzgrafschaft bei Rhein an die Wittelsbacher, und 1225 erhielt Herzog Ludwig I. von Bayern die Burg zu Lehen. Die Verbindung mit Bayern bestand fort, bis Kaiser Ludwig der Bayer 1329 die Pfalzgrafschaft seinem Neffen Rudolf II. übertrug und damit die pfälzische Linie der Wittelsbacher ins Leben rief, bei der auch die Kurwürde blieb.

Bei der Residenz der Pfalzgrafen und Kurfürsten handelte es sich zunächst um eine Burg, die dann im Laufe ihrer Geschichte allmählich in eine Festung und schließlich in einen beispiellosen Wohn- und Repräsentationskomplex verwandelt wurde. Er entfaltete seine Wirkung nicht nur zum geräumigen Hof, sondern mit einer prunkvollen Schauseite auch zum Neckartal hin.

Von der Burg des 13. Jahrhunderts sind lediglich Mauerreste und eine Fenstergruppe des Palas überkommen. Erst der Bau König Ruprechts von der Pfalz um 1400 eröffnet die stolze Reihe der Palastbauten, die sich um einen Hof von eindrucksvoller Geschlossenheit versammeln. Dem 15. Jahrhundert gehören auch die starken Festungswerke in ihrem ersten Ausbau an. Hier wurden der Glockenturm noch für Handfeuerwaffen, der Kraut- und der Apothekerturm jedoch bereits für Geschütze eingerichtet. Um 1530 entstand der mächtige, wappengeschmückte Torturm über der Einfahrt zum Schloßhof.

Kurfürst Ludwig V. (1508–44) – auch Ludwig der Friedfertige genannt – ließ den Ludwigsbau, den Soldatenbau, den Bibliotheks- und den Frauenzimmerbau errichten – alle noch in spätgotischen Formen. Außerdem wurden die Befestigungen nach der Bergseite durch massige, den Fortschritten des Geschützkampfes entsprechende Wehrtürme bedeutend verstärkt – ein für diese Zeit unüberwindliches Verteidigungssystem.

Bei allem Formenreichtum wirkt die aus rotem Sandstein geschaffene Schauseite des Ottheinrichsbaus völlig harmonisch. Zwischen den Fenstern erscheinen Standfiguren nach einem vom Bauherrn selbst formulierten Programm, in dem sich die Stärke antiker Helden mit den christlichen Tugenden und dem Wirken der Planetengötter vereinigt. Das Portal nach Art eines römischen Triumphbogens wird zusammen mit dem Bildnis Ottheinrichs über der Wappentafel zum Blickfang.

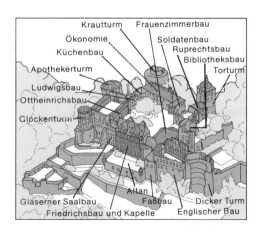

Zum Neckartal bietet sich das Heidelberger Schloß in seiner vollen Schönheit dar. Zwischen den Türmen erscheinen die Ruinen der Saalbauten und die Fassade des Friedrichsbaus.

Die Ostseite des Schlosses gegen den einst berühmten Garten ist mit dem Graben und drei Rundtürmen bewehrt. Die zerstörte Außenwand des wuchtigen Krautturms gibt den Blick in das gewölbte Turminnere frei.

Am reichsten an großen künstlerischen Leistungen war dann die Epoche von Friedrich II. bis zu Friedrich V. (1544–1632), in der nacheinander der Gläserne Saalbau, der Ottheinrichsbau, der Friedrichsbau und weiter westlich der Faßbau sowie der Englische Bau an der Neckarfront errichtet wurden: ein glänzendes Ensemble repräsentativer höfischer Baukunst.

Der Gläserne Saalbau – so nach der ursprünglich vorhandenen Spiegeldekoration im Innern genannt – ist der erste, der mit seinen zum Hof hin geöffneten,

Der Friedrichsbau des Baumeisters Johannes Schoch schließt den Hof gegen die Neckarseite ab. Die strenge, durch kraftvollen Schmuck betonte Fassade endigt oben in Zwerchhäusern.

säulengetragenen Loggien italienische Motive einführt. Dann zieht mit dem Bau des humanistisch gebildeten Kurfürsten Ottheinrich vollends der Geist der Renaissance ein. In der um 1560 vollendeten dreigeschossigen Palastfront, die nun entschieden die Horizontale betont, verschmelzen italienische, niederländische und deutsche Einflüsse zu einer überzeugenden Leistung.

Diese Pracht der Architektur und Skulptur konnte selbst der um 1600 errichtete Friedrichsbau, der auch die Schloßkapelle aufnahm, nicht mehr übertreffen, obwohl er auch der Stadt eine reiche Schauseite zuwendet. Das Figurenprogramm gilt hier den Ahnen der Pfalzgrafen. Im Fassadenbau dominiert die Vertikale mit einer stärker plastisch empfundenen Gliederung.

Der letzte der monumentalen Bauten des Schlosses, der Englische Bau, heißt so nach der Tochter Jakobs I. von England, der Gemahlin des Winterkönigs Friedrich V., der 1620 am Weißen Berg nicht nur das neugewonnene Königreich Böhmen, sondern schließlich auch seine Erblande und die Kurwürde verlor.

Das Ende des Schlosses kam nicht mit dem nun ausgebrochenen 30jährigen Krieg, dessen Schäden behoben werden konnten, sondern mit dem Erbfolgekrieg, den Ludwig XIV. Ende des 17. Jahrhunderts im Namen seiner Schwägerin Elisabeth Charlotte von Orléans – der Liselotte von der Pfalz – führte. Im Verlauf dieser Auseinandersetzung wurde das überragende Kunstwerk 1689 und 1693 ohne erkennbaren Grund gesprengt und damit zum größten Teil zerstört.

Die Ruinen wurden zum Glück nicht abgebrochen, sondern seit dem 19. Jahrhundert sorgfältig konserviert. Sie vermitteln zahllosen Besuchern aus aller Welt bleibende Eindrücke.

Das 1937 in Berlin gegründete Deutsche Apothekenmuseum gelangte 1957 nach Heidelberg und fand im Apothekerturm und im Ottheinrichsbau eine würdige Unterkunft.

97

Heiligenberg

Die imposante Baugruppe des Schlosses erhebt sich hoch über dem Salemer Tal. Der Giebel des Südflügels zeigt stark eingetiefte Rundbogennischen.

An einem sagenumwobenen Ort hoch über dem Bodensee begann Graf Friedrich II. von Fürstenberg 1546 ein neues Schloß zu bauen, das seither im Besitz der Familie geblieben ist.

Oberhalb der Vorburg, eines dreiflügeligen Baus, vorbei an einem Turm aus der Zeit um 1600 mit später aufgesetzter Zwiebelhaube, betritt man die hohe, steinerne Schloßbrücke. Aus dem Schloßgraben ragt der dem Gebäudekomplex vorgelagerte Altan mit einem Eckpavillon auf. Weiter durchschreitet

man den reich verzierten Bogen des Torbaues, der bis in den Giebel ornamentiert ist, und gelangt über einen langen, dunklen Gang in den rechteckigen, auf einer Seite trapezförmig erweiterten Hof. Diesen umstehen mehrgeschossige Gebäudetrakte. Schlicht und nur durch Kreuzstockfenster oder Portale aufgelockert, erscheinen die Putzbauten des 15. Jahrhunderts. Der Nordflügel mit einem mächtigen grünen Sandsteinportal ist zum Hof hin durch Laubengänge gegliedert.

Prunkvoll ist die mit Ornamenten reich verzierte, geschnitzte Kassettendecke des Rittersaales, die Hans Dürner ab 1590 schuf. Die Schmalseiten des Saales nehmen große Kamine aus dem Jahre 1584 ein, die vermutlich von Hans Morinck stammen. Die Wände sind allseits durch Pfeiler und Rundbogen, in denen Fenster liegen, gegliedert.

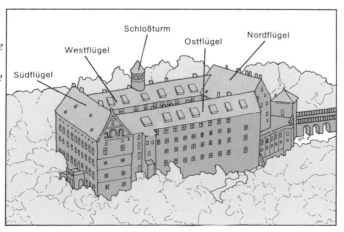

Sehenswürdigkeiten aus der Renaissancezeit sind die Schloßkapelle und der Festsaal, der seit der Romantik auch Rittersaal genannt wird. Über der Familiengruft der Fürsten von Fürstenberg im Westflügel des Schlosses erhebt sich die Kapelle, die drei Geschosse einnimmt und mit Kreuzgewölben überspannt ist. Die hohen Fenster haben im 19. Jahrhundet 15 gotische Glasgemälde aus dem Konstanzer Dominikanerkloster aufgenommen. Eine zweigeschossige Empore bietet unten Raum für die Orgel und diente oben als Herrschaftsempore. Von hier führt eine Galerie, mit Büsten und prachtvollen Renaissanceschnitzereien reich geschmückt, zu den fürstlichen Gemächern.

Im Herbst 1584, bei der Hochzeit des Grafensohnes Friedrich mit Elisabeth Gräfin von Sulz, wurde der Festsaal eingeweiht. Er war nach den Plänen von Jörg Schwartzenberger aus Meßkirch erbaut worden. Besonders prächtig ist die reich geschmückte Kassettendecke aus Lindenholz. Mit seiner gewaltigen Größe gibt der Raum einen Begriff vom Repräsentationsbedürfnis der Erbauer des Schlosses.

Das unvollendete Schloß Herrenchiemsee ist in seiner Gesamtkonzeption eine Huldigung Ludwigs II. von Bayern an den Sonnenkönig. Die Westfassade (oben), die Schauseite der Anlage, ist eine getreue Nachahmung der entsprechenden Fassade des Schlosses von Versailles. Davor erstrecken sich die ebenfalls unvollendeten Gartenanlagen mit ihren Plastiken, Teppichgärtnereien, dem Apollobecken und dem Latonabrunnen (links), dessen Marmorfigur auch nach einem Vorbild in Versailles geschaffen ist.

Herrenchiemsee

Herrenchiemsee mag man zwar zu Recht nur als unvollkommene und unvollendete Kopie des Châteaus von Versailles bezeichnen, doch andererseits hat dieses bayerische Königsschloß dem Original zweifellos die einmalige Insellage und die großartige Schönheit der Chiemseelandschaft voraus. Heute zieht es denn auch beinahe mehr Besucher an als sein Vorbild bei Paris. Und dies nicht etwa nur als Kuriosität; denn die Meinungen über Herrenchiemsee sind ja schon immer so gegensätzlich gewesen wie die über seinen Erbauer, den bayerischen König Ludwig II. Der Schriftsteller Ludwig Thoma, der am Chiemsee gerade seine Lausbubenjahre verbrachte, als das Schloß gebaut wurde, schrieb später einmal, selten sei ein unpassenderer Ort für eine monströse Geschmacklosigkeit gewählt worden als diese Insel.

So schroff wird man heute wohl nicht mehr urteilen; doch eine Seltsamkeit bleibt die Anlage noch immer, ein Phänomen, das nur aus der Persönlichkeit Ludwigs II. zu verstehen ist. Wie auch die anderen Bauwerke des Königs sollte das Schloß die vollkommene Kulisse für seine historischen Tagträumereien, den äußeren Rahmen für die ersehnte Identifikation mit früheren Epochen der Geschichte darstellen. Vor allem hier wollte Ludwig einem Anspruch leben, den er

außerhalb dieser Mauern in seiner Zeit nicht mehr durchsetzen konnte: dem Anspruch auf das absolute, das unantastbare Königtum. Auf ideale Weise sah er diesen Anspruch in Frankreichs Sonnenkönig Ludwig XIV. und seinem Schloß in Versailles verkörpert.

Ursprünglich hätte die Anlage bei Linderhof entstehen sollen, doch erwies sich der Platz als ungeeignet. Für den heutigen Standort entschied sich Ludwig II., als er von Bürgerprotesten gegen die drohende totale Abholzung der ehemaligen Klosterinsel Herrenchiemsee durch Spekulanten hörte. Kurzerhand erwarb er die Insel selbst und ließ die Pläne entsprechend umarbeiten.

Geradezu absurd erscheint es allerdings, daß dem König die Insel eigentlich gar nicht gefiel: Die Berge, in denen er stets Geborgenheit gesucht hatte, waren ihm hier, obwohl kaum zehn Kilometer entfernt, zu weit weg. Die einzigen Vorzüge der Insel schienen ihm darin zu bestehen, daß sie sowohl seinen Wunsch nach Abkapselung förderte als auch die Illusion absoluter Herrschaft verstärken konnte. So war es eine wichtige Aufgabe der für den Bau Verantwortlichen, allen voran Hofbaudirektor Georg von Dollmann, den König die Nachteile des Platzes so wenig wie möglich spüren zu lassen. Dennoch ging Ludwigs Abnei-

gung gegen die Insel so weit, daß er nicht einmal zur Grundsteinlegung am 21. Mai 1878 erschien. Erst als im September 1881 bereits der Rohbau des Haupttraktes stand, konnte man ihn zu einem Besuch bewegen.

War auch der Grundgedanke für den

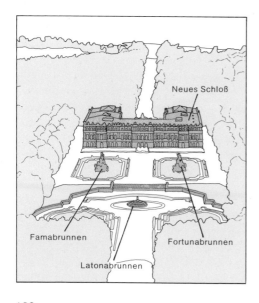

Bau von Herrenchiemsee – wie für alle anderen Projekte Ludwigs II. – ein Produkt aus Traum und Wirklichkeitsflucht, so ging der König bei der Realisierung doch ausgesprochen modern und mit geradezu wissenschaftlicher Gründlichkeit vor. Er wollte nicht nur durch das Studium aller erreichbaren Literatur ein möglichst genaues Bild davon erhalten, wie das Schloß in Versailles zur Zeit Ludwigs XIV. ausgesehen hatte, sondern er schickte auch seinen Hoffotografen Joseph Albert nach Frankreich, damit er jedes Detail ablichte. Dennoch wurde Herrenchiemsee schließlich keine reine Kopie des französischen Vorbilds.

Am wenigsten verändert wurden die äußeren Proportionen des hufeisenförmigen Baus. Schauseite ist die Westfassade, die sich dem Garten zuwendet – eine genaue Nachbildung der berühmten Gartenseite zu Versailles. Die Fassade am nach Osten geöffneten Ehrenhof, die beim Original noch aus der Zeit Ludwigs XIII. stammt, wurde allerdings auf

Herrenchiemsee im Stil Ludwigs XIV. neu gestaltet. Weitaus zahlreicher und bezeichnender sind jedoch die Unterschiede im Innern. Aus der von Licht durchfluteten Heiterkeit von Versailles wurde eine bombastische Schwere. Das entsprach auch eher dem Naturell des Königs, der dunkle Farben bevorzugte. Einzige Ausnahme ist das marmorne Treppenhaus, in dem ein Glasdach im zeitgenössischen Stil fast grelle Farbeffekte hervorruft.

Ähnlich wie Neuschwanstein bezieht auch Herrenchiemsee seinen Sinn aus einem ideellen Mittelpunkt. War es dort der Sängersaal, so ist es auf der Chiemseeinsel das Paradeschlafzimmer. Zur Zeit Ludwigs XIV. spielten sich in einem solchen Gemach mit dem Coucher und Lever zentrale Kulthandlungen des Absolutismus ab. Ludwig II. empfand diesen Ort als beinahe heilig und ließ ihn deshalb in Herrenchiemsee wesentlich größer und aufwendiger gestalten, als das Original je gewesen war. So arbeiteten allein an den Baldachinen des Prunk-

Die Leitung des Schloßbaus, mit der ursprünglich Georg von Dollmann beauftragt worden war, übernahm im Jahre 1884 Julius Hoffmann. Die prunkvolle Innenausstattung, an der der König besonderen Anteil nahm, ist in der Hauptsache sein Werk. Mit der Ausführung wurden vor allem der Maler Franz Widnmann und der Bildhauer Philipp Perron betraut. Zu den Haupträumen des Schlosses gehört, wie auch beim Vorbild in Versailles, die prunkvolle Spiegelgalerie (links). Doch hier, wie auch sonst überall im Schloß, ist der Erbauer der strahlenden Heiterkeit des Originals nicht nahegekommen.

Das Treppenhaus (rechts) mit seinen kräftigen Farben ist ebenfalls eher vom Geist des 19. Jahrhunderts geprägt als vom Grand Siècle. Im Speisesaal (unten) findet man den üppigen Dekorationsstil und die Pracht, die für den Bayernkönig die Idee des Absolutismus verkörperten. Ein skurriles Detail ist der versenkbare Tisch, den man nach Bedarf in die darunterliegende Küche verschwinden läßt, von wo er mit Speisen beladen wieder nach oben geschickt werden kann.

bettes 40 Stickerinnen sieben Jahre lang. Ludwig II. selbst hat dort übrigens nie geschlafen; der Raum diente allein der Verehrung Ludwigs XIV. Für sich selbst ließ er ein kleines Schlafkabinett im Stile Ludwigs XV. einrichten – aber auch dort hat er lediglich zehn Nächte verbracht.

Ein zweiter Zentralpunkt des Schlosses ist die Spiegelgalerie, Symbol unendlichen Glanzes und unendlicher Macht. Wie endlich aber Macht und Vermögen Ludwigs II. in Wirklichkeit waren, zeigt die Tatsache, daß im September 1885 alle Bauarbeiten am Schloß wegen der Zahlungsunfähigkeit der Kabinettskasse eingestellt werden mußten. Zu diesem Zeitpunkt hatte man mit dem Südflügel noch nicht angefangen. Der nördliche war im Rohbau fertig, wurde aber 1907 abgebrochen.

Die Gartenanlagen, ein Werk Karl Effners, sollten ursprünglich die ganze Insel bedecken, doch auch sie blieben unvollendet. Heute liegen Schloß und Gärten mitten in einem Naturpark.

Hohenrechberg

Kaiserberge nennt der Volksmund die drei eindrucksvollen Erhebungen, die auf der Hochfläche zwischen Schwäbisch Gmünd und Göppingen emporragen. Zwei von ihnen, der Hohenstaufen und der Hohenrechberg, haben Burgen getragen, während der Stuifen ohne eine Wehranlage blieb. Die Burg Hohenstaufen wurde 1525 im Bauernkrieg zerstört und anschließend als Steinbruch verwandt; deshalb sind von ihr nur kärgliche Reste erhalten geblieben. So kann man dankbar sein, daß wenigstens die Zwillingsburg Hohenrechberg noch eine Anschauung davon zu geben vermag, wie die Burgen im Stammland der Hohenstaufen aussahen.

Urkundlich erstmals faßbar wird die Burg Hohenrechberg im Jahre 1179 durch den Namen der staufischen Ministerialenfamilie von Rechberg, der bereits 1194 das Ehrenamt des Marschalls im Herzogtum Schwaben übertragen wurde. Das Geschlecht konnte sich durch Besitzerwerb so weit absichern, daß es den Untergang der Staufer nach dem Tode Kaiser Friedrichs II. im Jahre 1250 überstand und, später in mehrere Linien aufgeteilt, eine wichtige Rolle im Herrschaftsgefüge der Gegend spielte. Die Burg ist noch heute im Besitz einer dieser Seitenlinien, die 1607 in den Grafenstand erhoben wurde.

Die Anlage auf dem Hohenrechberg liegt nicht oben auf dem Gipfel des Berges selbst, sondern auf einer Anhöhe davor, dem Rechbergle, das durch einen Sattel vom Hauptberg getrennt ist. Diesen brauchte man beim Bau der Burg einst nur zu vertiefen, um an der gefährdeten Angriffsseite einen Halsgraben zu gewinnen. Man überquert ihn heute auf einer Steinbrücke, die eine ursprüngliche Zugbrücke ersetzt hat, und gelangt in die kleine Vorburg mit einfachen Wirtschaftsgebäuden.

Ein zweiter Halsgraben trennt die Vorburg von der Hauptburg. Diesmal führt eine stilechte Holzbrücke auf einen Torbau zu, dessen unverdorbener Erhaltungszustand die ausgeklügelte Verteidigungstechnik des späten Mittelalters demonstriert. Wie dieser Torbau, so entstand auch der sich unmittelbar anschließende Flankierungsturm im 15. Jahrhundert. Er ist vorbildlich restauriert worden und veranschaulicht die Anlage der Maschikuli, die gegen Feinde am Fuß des Turmes gerichtet waren.

Über dem Burgweg zur Hochburg erhebt sich dann die eindrucksvolle Palaswand, die, gemeinsam mit dem zur Oberburg führenden Torturm und dem großartigen Blick zum Hohenstaufen, den Hohenrechberg weithin bekannt gemacht hat. Ihre sieben Rundbogenfenster verengen sich nach innen. Das Mauerwerk aus Buckelquadern, in dem die Kernteile der Burg damals errichtet wurden, verband in glücklicher Weise Wehrhaftigkeit und Ästhetik.

Am 6. Januar 1865 wurde die Burg Hohenrechberg durch einen Blitzschlag weitgehend zerstört. Noch immer aber ist die Anlage ein eindrucksvolles Beispiel dafür, wie im hohen Mittelalter das Notwendige und das Schöne ihre Gegensätzlichkeit verloren.

Hohenrechberg ist heute eine Ruine. Früher gehörte der Bau zu einem Burgensystem, das die Staufer, die einst die Geschichte des Reiches bestimmten, offenbar planmäßig geschaffen hatten. Den Mittelpunkt bildete der Hohenstaufen, von dem nur noch Grundmauern vorhanden sind. Weitere Anlagen dieses Systems waren Burg Staufeneck über dem Tal der Fils und wohl auch das Wäscherschlößchen bei Wäscherbeuren in der Nähe des Hohenstaufens.

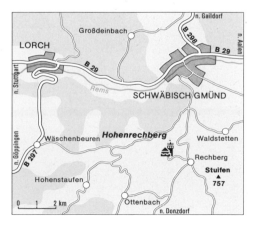

Auf einem Vorberg der Schwäbischen Alb steht die neugotische Burg Hohenzollern, deren Grundriß weitgehend dem der ursprünglichen Anlage entspricht. Links im Bild die spätgotische Michaelskapelle, rechts die neuere Christuskapelle mit den Königssärgen.

Zu den wenigen noch erhaltenen Kostbarkeiten aus dem Mittelalter zählen die hochgotischen Glasmalereien in der Michaelskapelle, die 1825 aus der Gruftkirche der Grafen von Zollern in Stetten bei Hechingen hierhergebracht wurden.

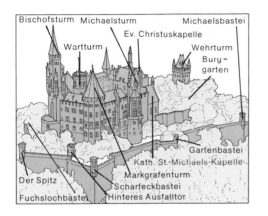

Hohenzollern

Zunächst mag es überraschen, in Württemberg eine Burg zu finden, die den Familiennamen der Könige von Preußen trägt; doch stand tatsächlich hier, auf einem Kegelberg, der die Ebene weithin beherrscht, die Wiege der Hohenzollern.

Die erste schriftliche Erwähnung des Geschlechts der Zollern – so lautete ursprünglich der Name – stammt aus dem Jahre 1061. Um 1200 teilte sich dann die Familie in eine schwäbische und eine fränkische Linie. Die schwäbische lebt in den heutigen Fürsten von Hohenzollern-Sigmaringen fort, die fränkische führte über das Burggrafenamt in Nürnberg zu den Königen von Preußen.

Von der ursprünglichen Stammburg, die vermutlich bis ins 11. Jahrhundert zurückreichte, sind allerdings nur drei Reliefplatten erhalten. Diese wurde 1423 nach einjähriger Belagerung durch die schwäbischen Reichsstädte, die Graf Friedrich befehdete, völlig zerstört, und Kaiser Sigismund verbot darauf für alle Zeiten ihren Wiederaufbau. 1453 hob Kaiser Friedrich III. das Verbot jedoch auf, und es entstand eine zweite Anlage, von der die Michaelskapelle erhalten geblieben ist. Trotzdem verlegten die Grafen von Zollern – oder Hohenzollern, wie sie sich nun nannten – ihre Residenz immer mehr in die Stadt Hechingen unterhalb der Burg, die von da an nur noch zu militärischen Zwecken unterhalten wurde und schließlich verfiel.

Friedrich Wilhelm IV., der Romantiker der preußischen Königsfamilie, besuchte als Kronprinz 1819 die Burgruine und veranlaßte den Fürsten von Hohenzollern-Hechingen, zunächst bescheidene Wiederherstellungsarbeiten vorzunehmen. Nachdem 1850 die Fürstentümer Hohenzollern-Hechingen und Hohenzollern-Sigmaringen an Preußen gefallen waren, ließ der König die Burg im neugotischen Stil durch den Schinkelschüler Friedrich August Stüler und den Festungsbaumeister Oberst von Prittwitz ganz wieder aufbauen. Die Stammburg der Hohenzollern wurde damit ein Denkmal der Burgenromantik des 19. Jahrhunderts und zugleich ein Zeugnis des Selbstverständnisses der preußischen Könige, kurz bevor sie mit der deutschen Kaiserwürde betraut wurden. Friedrich der Große und sein Vater Friedrich Wilhelm I. ruhen seit 1952 in der neugotischen Christuskapelle.

Die ebenfalls neugotischen Gebäude der Hochburg enthalten Prunkräume wie die Stammbaumhalle, den Grafensaal, das Markgrafen- und das Königinzimmer sowie, in der früheren Burgküche, die Schatzkammer.

Hornberg

Kaum eine Burg am Neckar scheint so selbstverständlich aus dem rebenbestandenen Steilhang der Talwand herauszuwachsen wie Hornberg. Der schlanke, hochragende Bergfried, ein unübersehbares Signal aus dem fernen Mittelalter, gemahnt an die Kühnheit der Bauherren wie an das elementare Schutzbedürfnis der Untertanen. Zerstörte Wohnbauten kennzeichnen die Oberburg; Mauerringe umgürten den Burgbering, und überdachte Gebäude der Unterburg verraten, daß noch heute Menschen auf dieser Höhe wohnen.

Die Geschichte weiß von den Herren von Hornberg, die im 12. Jahrhundert als Lehnsleute unter den Grafen von Lauffen standen, nur wenig zu sagen. Ab 1259 besaß das Bistum Speyer die Lehnshoheit und hatte sie – bei wechselnden Lehnsträgern – bis 1803 inne. Urkunden berichten von mancherlei Schicksalen der Burgbewohner, unter anderem auch von der langen Gefangenschaft des Götz von Berlichingen, des Ritters mit der eisernen Hand, auf seiner eigenen Burg, die er samt drei Höfen im Jahre 1517 gekauft hatte. Er mußte nämlich wegen seiner Teilnahme am Bauernkrieg Urfehde schwören: daß er 16 Jahre lang die Markung der Burg nicht verlassen würde. Die Anlage gelangte 1612 an die Herren von Gemmingen, die sie heute noch besitzen. 1634 wurde sie von kaiserlichen Truppen geplündert und 1688 von den Franzosen teilweise zerstört.

Die Lage der Burg auf schmaler, steiler Bergnase könnte Anlaß zu ihrem Namen gegeben haben. Oberburg und Unterburg bilden geländebedingte Schwerpunkte. Ein tiefer Graben trennt den Burgkomplex von dem ansteigenden Hang des Kalksteinrückens ab, und zwei Tore, das Westtor am Burgweg vom Tal, das Nordtor an der Bergseite, erschließen den Zugang. Der Weg windet sich, durch vier Tore gesichert und vom Bergfried überwacht, zur Hauptburg empor. Durch ein spitzbogiges Tor erreicht man schließlich den Burghof.

Verschiedene Burghäuser stehen als Ruinen neben der leidlich erhaltenen Kapelle von 1470 unterhalb des Hauptturms. Dessen Grundriß, ein zur Hofseite abgeplattetes Rund, ist ganz ungewöhnlich. Noch heute steigt man durch einen sechseckigen, 1573 errichteten Treppenturm mit schönem Portal nach oben. Durch ihn gelangt man auch zum Obergeschoß der Kapelle und zum trümmerhaften Rittersaal.

Die tiefer gelegene Unterburg ergänzt das Bild der Gesamtanlage. Außer den Wirtschaftsgebäuden steht hier noch ein bedeutsames Bauwerk: der sogenannte Mantelbau. Als eigenes, starkes Verteidigungswerk riegelt er den Burgbereich an der Südseite ab. An diesem hochhausartigen Palas auf rechteckigem Grundriß hat sich ein Doppelfenster aus staufischer Zeit erhalten.

Das berühmteste Schaustück der Burg ist die Rüstung des Ritters Götz von Berlichingen, der hier im Jahre 1562 starb.

Von der Angriffsseite gesehen, baut sich die Burg in besonders kühner Formation auf. Hoch ragt der Bergfried über den Treppengiebel des anschließenden zerstörten Palas empor, und seine Schutzfunktion für die übrigen Burgbauten wird deutlich. Das Tor zur tiefer liegenden Vorburg ist Teil einer Verteidigungslinie, die sich am Grabenrand schützend vor die Hauptburg legt. Die Rundbogenfriese sind ein beliebtes Schmuckmotiv der Mauerkronen, das in der Spätzeit des Burgenbaus häufig erscheint.

Kasselburg

Weithin sichtbar reckt sich die stattliche Ruine der Kasselburg auf einem Basaltkegel der Eifel empor. Sie ist aufschlußreich für die Geschichte des Burgenbaues. Die Bauteile sind zweckmäßig gestaltet und sichern sich gegenseitig; das Gelände ist gut ausgenutzt. Zu dem romanischen Bergfried gesellte sich in der zweiten Hälfte des 14. Jahrhunderts ein mächtiger Wohndoppelturm, in dem sich die steigende Wohnkultur jener Zeit bekundet. Der Nordturm enthält die Treppe und ist etwas dicker. In der 2. Hälfte des 15. Jahrhunderts traten vorgeschobene starke Türme und erkerartige Mauertürmchen nach französischem Vorbild hinzu. Ähnliche Doppelturmanlagen findet man auf Reichenberg bei St. Goarshausen am Rhein (hier sind die Türme eingestürzt), Ehrenburg bei Brodenbach an der Mosel und Greifenstein bei Wetzlar – alles repräsentative Bauten, die zur Demonstration der Macht dienten.

Nördlich vom Doppelturm der Kasselburg führt ein Tor zum Haupthof. An dessen Umfassungsmauern finden sich Reste von Wohn- und Wirtschaftsgebäuden, unter ihnen ein Wirtshaus für Gäste niederen Standes, die die Burg besuchten. Schließlich betritt man durch ein weiteres Tor den Herrschaftshof, der einen Block für sich bildet. Der Bergfried stand einst frei. Sein unterer Teil ist romanisch, der obere entstand um 1400. Teile eines älteren Palas sind erhalten und westlich davon auch Teile des jüngeren Palas. Dieser hat im Süden einen Kapellenanbau, von dem noch Gewöl-bereste und ein Chorteil mit Altarplatz in einer Wandnische erhalten sind.

Im 13. Jahrhundert gehörte die Burg den Herren von Blankenheim. 1452 ließ der Erzbischof von Trier sie ausbauen. 1674 wurde sie durch den Bischof von Münster besetzt. Gegen Ende des 17. Jahrhunderts wurde die Anlage beschädigt, und um die Mitte des 18. Jahrhunderts war sie verfallen.

In den alten Mauern der Kasselburg sind ein Wolfspark sowie ein Adler- und Falkenhof untergebracht. Wie zur Ritterzeit wirkt hier auch heute noch ein „Falkner" und veranstaltet Flugvorführungen.

Schon im Mittelalter waren diese Vögel kostbar und beliebt. Kaiser Friedrich II. schrieb selbst ein Werk über Jagdfalken: *De arte venandi cum avibus* (Über die Kunst, mit Vögeln zu jagen). Schwierig war die Abrichtung: Zur Zähmung blendete man die Falken vorübergehend, indem man ihnen Fäden durch die Augenlider zog. Um ihnen das Beißen abzugewöhnen, hielt man ihnen eine Scherbe, hartes Holz oder einen Stein vor. War der Falke zahm, so wurden ihm die Augen geöffnet. Man schleuderte das Federspiel, eine Beuteattrappe, in die Luft, und der Falke stieß danach. Eine große Kunst des Falkners bestand darin, dem Tier die Beute abzulisten, ohne ihm die Lust am Schlagen der Beute zu nehmen. Der Falke war sehr beliebt; man nahm ihn auch auf Kriegszügen und bei zärtlichen Begegnungen mit. Oft wurde die oder der Geliebte mit dem Lieblingsfalken verglichen.

Eindrucksvollster Teil der Kasselburg ist der zinnenbekrönte Doppelturm, der eine Verschmelzung von Torbau, Bergfried und Wohnbau darstellt. Auf die Bewohnbarkeit dieses Gebäudes weisen viele Fenster hin, die aus der zweiten Hälfte des 14. Jahrhunderts stammen.

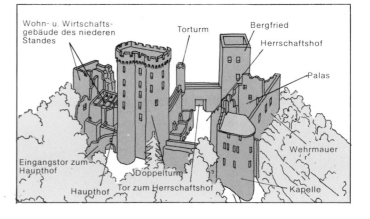

Katzenstein

Wie eine gefährlich lauernde Wildkatze hält sich die Burg in der rauhen, kargen Landschaft des Härtsfeldes zwischen Neresheim und Dischingen versteckt – das Urbild einer mittelalterlichen Burg im deutschen Südwesten.

Der Katzenstein gehört zu den ganz wenigen Burgen, die bis auf den heutigen Tag ohne Unterbrechung bewohnt waren; deshalb ist er auch verhältnismäßig gut erhalten. Seine Anfänge reichen ins späte 11. Jahrhundert zurück. Im 13. Jahrhundert wurde der Urkatzenstein unter den Herren von Hürnheim erheblich vergrößert und in eine starke Wehranlage verwandelt. Damals erhielt die Burg im Norden eine tiefer gelegene Vorburg mit Ringmauer und Zwinger. Nun erst wurde aus dem Fels auch jener breite Halsgraben herausgesprengt, der den Katzenstein heute noch von der angrenzenden Hochfläche im Osten trennt. Eine fast zehn Meter hohe innere Ringmauer sicherte die Kernburg gegen den Hofraum der Vorburg ab. Auf dem Gemäuer oder den Fundamenten der alten Burg wuchsen die bollwerkartig starken Bauten des heutigen Katzensteins auf. Vor allem ist hier der Bergfried zu nennen; er wurde um 1220 auf einen Bau gesetzt, der bis dahin als Torbau gedient hatte. Im ersten Obergeschoß hat sich einer der frühesten offenen Kamine aus romanischer Zeit erhalten.

Wohl gleichzeitig mit dem Bergfried und ebenso wehrhaft wie dieser erstand in schöner Quaderbauweise der dreigeschossige, später noch durch ein viertes Stockwerk erhöhte Palas. Sein ebenerdiges Untergeschoß ist eine tonnengewölbte Halle, die durch eine Rundbogenarkade unterteilt wird. Hier hat der ungefähr 40 Meter tief in den Felsen gemeißelte Burgbrunnen seinen Platz. Der Raum wurde sicher nicht nur als Brunnenstube, sondern wohl auch als Dürnitz genutzt.

Der große Rittersaal über der Dürnitz besaß keine direkte Verbindung zum Untergeschoß, sondern war aus verteidigungstechnischen Gründen, ähnlich wie der Bergfried, nur über einen sechs Meter über dem Erdboden gelegenen Einstieg zu erreichen. Während die Dürnitz jedoch lediglich schmale Licht- und Lüftungsschlitze hatte, erhielt dieser repräsentative Saal eine Reihe von Zwillingsfenstern. Ihre Spitzbogenöffnungen werden durch schlanke romanische Säulchen mit Würfelkapitellen getrennt.

Das kunsthistorisch bedeutendste Gebäude des 13. Jahrhunderts ist die Burgkapelle. In dem doppelgeschossigen Raum, den eine halbrunde Apsis abschließt, fand man 1968 unter den Resten einer barocken Ausmalung und unter Wandmalereien des 15. Jahrhunderts einen großenteils unversehrt gebliebenen romanischen Freskenzyklus aus der Zeit um 1250–80.

Im 30jährigen Krieg wurde die Burg stark beschädigt, doch baute man sie nach 1669 wieder auf. 1798 kam sie in den Besitz der Grafen von Öttingen, später in private Hände.

Das hervorstechende Merkmal der Burg Katzenstein ist der sogenannte Katzenturm, ein machtvoller Bergfried. Über 20 Meter ragt er empor und beherrscht Burg und Umland. Er ruht auf einem älteren Bau des Urkatzensteins. Das Buckelquadergemäuer aus dem 13. Jahrhundert trägt oben einen Konsolenkranz. Er stützte einst einen hölzernen Wehrgang, der die Wehrplatte des Turmes umgürtete. Jetzt krönt ihn ein hausartiger Aufbau mit zwei Zinnengiebeln aus dem 17. Jahrhundert.

Die Residenz Kempten, eine Rechteckanlage mit hübschen Ecktürmchen, besitzt zwei Innenhöfe. Während die Außenseiten recht nüchtern wirken, wird der östliche Innenhof durch Arkaden aufgelokkert. Kunstgeschichtlich bedeutend sind die reich im Rokokostil ausgeschmückten Prunkräume im Innern. Zu den schönsten zählt das Audienzzimmer (links). Die Stukkateure waren Johann Georg Üblherr, Abraham Bader und Johann Schütz.

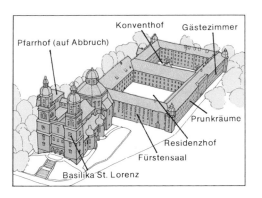

Kempten

Stadtresidenzen haben oft etwas Karges, Abwehrendes. Sie öffnen sich nicht wie Landschlösser nach außen, sondern schirmen ihr lebensvolles Inneres durch eine kühle Fassade ab. Selbst Barockbauten geben sich in Städten zuweilen weniger pompös als vielmehr trutzig. Kemptens ehemalige Fürstäbtliche Residenz ist hierfür ein gutes Beispiel.

Bauherr in Kempten war Roman Giel von Gielsberg, eine Persönlichkeit, wie sie wohl nur die Barockzeit hervorbringen konnte. Der junge Herr aus Schweizer Adel wurde 1639 zum Fürstabt gewählt. 1651 begann er mit dem Bau von Abteigebäuden nebst einer Kirche. Seine eigenwilligen Vorstellungen führten zu manchem Streit mit seinem Baumeister Michael Beer aus Vorarlberg. Mehrmals ließ der hohe Herr bereits fertiggestellte Teile des Baues wieder abreißen. Nach kaum zwei Jahren, als von der Kirche gerade das Langhaus stand und vom Kloster erst der Nordwestflügel, hatte er sich mit seinem Baumeister endgültig überworfen. Auf Beer folgte der Graubündener Johann Serro, der die Pläne

des Vorarlbergers kaum veränderte, sich aber den Wünschen seines Bauherrn williger fügte. Gielsberg erlebte nur noch die Vollendung der Kirche. Ein Jahr ehe auch die Residenz vollendet war, starb er 1673 auf seiner dritten Romreise.

Was er hinterließ, war freilich ein imponierender Komplex: die Kirche St. Lorenz, das erste vollendete Großwerk deutschen Kirchenbarocks überhaupt, ein gewaltiger Bau mit zwei kantigen Türmen und einer schweren Vierungskuppel. Im Innern gliedert sich die dreischiffige Basilika in mehrere Raumgruppen, um gleichzeitig der Gemeinde und dem Konvent dienen zu können. Mit wuchtigen Formen umfaßt einen hier noch die ganze Schwere des oberitalienischen Barocks.

Östlich an die Kirche schließt sich der Residenzbau an. Von außen bietet er sich als langgestrecktes Rechteck dar, gegliedert nur durch die Fenster und ziemlich unscheinbare Einfahrten. Innen ist der Komplex in zwei fast quadratische Höfe geteilt; der westliche ist von den Konventbauten umschlossen, wäh-

rend sich um den östlichen, aufgelockert durch Laubengänge, die Residenzgebäude legen.

Vieles von der kostbaren Ausstattung hat die Säkularisation nicht überstanden; zeitweise ist die Residenz gar als Kaserne genutzt worden. Erhalten geblieben sind aber zum Glück die Prunkräume, die sich der Fürstabt Anselm I. Reichlin Freiherr von Meldegg in den Jahren 1734–42 im zweiten Stock des Südwestflügels ausgestalten ließ. Diese Zimmerparade durchschreiten heißt einen Gang durch eine meisterhaft gestaltete Allegorienwelt tun. Im Thronsaal findet man unter anderm personifizierte Tugenden von Egid Verhelst. Die Raumkunst des Rokokos hat hier einen Höhepunkt erreicht. Besonders prachtvoll ist das Deckengemälde. Reich ornamentierte Stuckarbeiten und Schnitzereien schmücken Decke, Wände und Türen. Fast ebenso prächtig wie der Thronsaal sind das fürstäbtliche Schlafzimmer, das Audienzzimmer und das sogenannte Tagzimmer, das dem Fürstabt als Wohn- und Arbeitszimmer diente.

Königstein

Über dem Städtchen Königstein im Taunus thront noch immer die Festung, der es seine Entstehung und seinen Namen verdankt. Die Franzosen sprengten sie 1796 zum Teil. Später wurde sie als Steinbruch mißbraucht. Und doch wirkt noch immer gewaltig, was von ihr blieb: Rondelle, Bastionen, kahle Mauern und der alles überragende Bergfried.

Von der mächtigen Festung Königstein im Taunus ist ein ausgedehntes Ruinenfeld über der Stadt gleichen Namens erhalten geblieben. Vermutlich war hier schon zur Zeit Friedrichs I. Barbarossa gegen Ende des 12. Jahrhunderts eine Reichsburg erbaut worden, von der aus die Reichsstraße von Frankfurt nach Köln bewacht und gesichert werden sollte. Um 1215 wurde die Burg zum ersten Male erwähnt. Damals amtierte auf ihr Arnoldus de Kunigestein, der als Reichsdienstmann wohl mit der Verwaltung der Burg beauftragt war. Ihm folgten im Besitz des Lehens die Reichsministerialen von Hagen-Münzenberg (1239), dann die Herren von Falkenstein (1255), die von Eppstein (1418) und die Grafen von Stolberg (1535).

Als der letzte Stolberger ohne männlichen Erben starb, gingen Burg und Stadt Königstein mitsamt der Grafschaft am 21. August 1581 in den Besitz des Kurfürstentums Mainz über und verblieben dort mit einer kurzen, kriegsbedingten Unterbrechung (1631–35) bis zum Untergang des Kurfürstentums selbst im Jahre 1803.

Schon während der Stolbergschen Herrschaft wurde die mittelalterliche Burg durch Geschützrondelle und Zwinger wehrhafter gemacht. Von 1581 an baute man sie dann zur kurmainzischen Landesfestung aus. Doch wie bereits den Stolbergischen Verwandten die wehrhafte Burg nichts genutzt hatte, als der Erzbischof mit überlegenen Truppen die Grafschaft besetzte, so hielt auch später die kurmainzische Festung den französischen Revolutionsheeren nicht stand.

Eine Weile diente die Festung übrigens als Staatsgefängnis. Karoline Schlegel war dort 1792 Gefangene, nachdem sie, aus dem damals von den Franzosen besetzten revolutionsfreundlichen Mainz kommend, von preußischen Truppen aufgegriffen worden war. „Ich habe da Tage gelebt", so schrieb sie, „wo die Schrecken und Angst und Beschweren eines einzigen hinreichen würden, ein lebhaftes Gemüth zur Raserey zu bringen." Der König von Preußen verfügte, nachdem er sich von ihrer Unschuld überzeugt hatte, ihre Freilassung mit dem Vermerk: „Es ist ganz und gar nicht mein Wille, daß schuldlose Personen das verdiente Schicksal der Verbrecher theilen sollen, die sich die Gefangenschaft auf dem Königstein zugezogen haben."

In den Revolutionskriegen fiel die Festung Königstein zweimal in französische Hand. Als General Jourdan 1796 bei Amberg geschlagen worden war, ließ er am 10. September die Anlage sprengen. An deren Gestein hielten sich die Bürger der Stadt schadlos, die bereits 1792 in den Kämpfen zwischen der französischen Festungsbesatzung und preußischen Truppen 40 Häuser verloren hatten: Sie benutzten es als Baumaterial. Schon am 26. Juli 1797, nachdem die noch einmal zurückgekehrten Franzosen die Festung endgültig zerstört hatten, begann die Versteigerung der noch erhaltenen Bauten durch einen Kommissar. Die Ausbeutung der Ruinen als Steinbruch hielt bis in die Mitte des 19. Jahrhunderts an; erst dann setzte ein Verbot diesem Unwesen ein Ende.

Was der Zerstörung entging und sich seit 1922 im Besitz der Stadt befindet, ist ein weitläufiges Ruinenfeld, eine der größten Festungsruinen Deutschlands. Ein Lageplan am Ort hilft dem Besucher zu bestimmen, was erhalten blieb, seien es auch teilweise nur Reste von Mauerwerk. Da gibt oder gab es Tore, Türme, Wachstuben, Zwinger, Kasematten, Rondelle, Bastionen, Bogengänge, Höfe. Das älteste Tor trägt noch ein Wappen aus der Zeit der Herren von Münzenberg und Falkenstein, und das barocke Eingangstor aus dem 17. Jahrhundert zeigt das kurmainzische Wappen seines Erbauers, des Erzbischofs Johann Philipp Graf von Schönborn. An den Sandsteinquadern dieses Tores hat einst die Torwache ihre Bajonette und Säbel geschliffen; die Spuren davon sind noch zu erkennen.

Solcherlei Werden und Vergehen hat der alte Bergfried überlebt – ein vierkantiger, 34 Meter hoher Turm, zum Teil die Hinterlassenschaft der einstigen staufischen Burg. Auch die Zerstörung der Festung durch den Menschen hat ihm nichts anhaben können; doch ging 1819 infolge eines Blitzschlags sein Dach in Flammen auf, und er brannte aus. Seit 1859 kann man den Turm über eine Holztreppe im Innern besteigen. Oben hat man eine Aussicht, die ihresgleichen sucht: unten – zu Füßen des Besuchers – liegt die Festungsruine; an sie schließt sich die Stadt Königstein an. Und sieht man in die Runde, blickt man auf den Taunus und in die Rhein-Main-Ebene. Aus der Nähe grüßt noch die verfallene Burg Falkenstein herüber.

Langenburg

Wohnen und Wehren zugleich ist der Zweck mittelalterlicher Burganlagen, dem ihre Architektur Genüge tun muß. Dabei kann sich die Baugestalt unabhängig vom Gelände entfalten, sie kann aber auch mit den natürlichen Formen verschmelzen und sich ihrer sogar bedienen, indem sie die Gegebenheiten als Mauer oder Graben einbezieht.

Auf einem steilen, langgezogenen Bergrücken hoch über der Jagst bauten die Herren von Langenburg im 12. Jahrhundert eine Burg – vielleicht an der Stelle, an der heute die Bastei Lindenstamm steht: am äußeren Ende des Bergsporns. In einer Schenkungsurkunde von 1201 taucht erstmals ein Walther von Langenberc auf. 1234–35 ging Burg Langenburg durch Erbschaft an die Hohenloher über.

Wer vom Städtchen Langenburg auf das Schloß zuschreitet, sieht links, hinter den letzten Häusern, einen Miniaturgarten im französischen Stil, denn Größeres läßt der beschränkte Raum nicht zu.

Über die Brücke eines tiefen Halsgrabens gelangt man dann ans Schloß, dessen Front einer machtvollen Festung mit Eckbastionen gleicht. Die dicken Mauern haben ihren Wert als Schutz längst verloren. Das bekundet auch der mächtige barocke Ostbau zwischen den beiden runden, wohl aus der ehemaligen Schildmauer der alten Burg hervorgegangenen Geschütztürmen.

Graf Wolfgang II. von Hohenlohe, der auch Schloß Weikersheim neu errichtete, ließ die Burg 1575 von dem Mainzer Baumeister Georg Robin in ein Renaissanceschloß umgestalten. Der nahezu vollständige Neubau wurde jedoch erst unter seinem Sohn Philipp Ernst ab 1611 ausgeführt. Jacob Kauffmann leitete die Arbeiten. Um die Mitte des 17. Jahrhunderts veränderte dann Christoph Schwarzwimmer die Residenz nochmals, indem er den Ostflügel vergrößerte und im barocken Stil ausbaute.

Der Innenhof hat etwas Kleinteiliges, sogar Verschachteltes. Alles in allem fand man aber für diesen Hof eine Lösung, die zu den besten der deutschen Spätrenaissance gehört. Beherrschendes Motiv sind die Laubengänge und die umlaufenden Galerien mit ihren durchbrochenen Brüstungen aus steinernem Gitterwerk. Die Kuppel des schlanken, achteckigen Treppenturms, der weit über die Dächer des Schlosses hinausragt, wächst elegant aus den Quadern heraus und trägt eine Laterne. Vom ehemaligen Turmumgang unterhalb des obersten Fensters ragen nur noch die Konsolsteine vor wie abwehrende Stacheln eines Igels.

Seltsam kontrastiert das gotische Mauerwerk der Unterbauten mit den barocken Volutengiebeln des nördlichen Traktes und dem dreigeschossigen Galeriegang. Dahinter liegen gut ausgestattete Innenräume, so der stuckierte Rittersaal und das Schloßmuseum mit den Sammlungen der Fürsten Hohenlohe-Langenburg, die Porzellane, Fayencen, Waffen und Stücke der Familiengeschichte enthalten.

Zwei Tore eröffnen den Zugang zu einem Innenhof, dem alles Martialische abgeht. Überhaupt hat Schloß Langenburg etwas von einem Prunkharnisch, der zwar auch schützt, vor allem aber repräsentieren soll. Die Konsolsteine, die unten am obersten Geschoß des Turmes vorstehen, trugen einst einen Umgang.

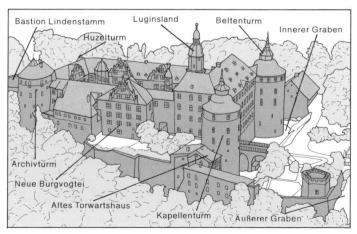

Lauf

Das sogenannte Wenzelsschloß in Lauf liegt auf einer künstlichen Insel in der Pegnitz. Die erste Burg soll bereits im 12. Jahrhundert errichtet worden sein, als Schutz für eine Siedlung, die aus einer Anzahl von Mühlen und Hammerwerken an einer Stromschnelle des Flusses entstanden war. Von der Stromschnelle – im Mittelhochdeutschen „Loufe" – erhielt auch der Ort seinen Namen.

Dank seiner günstigen Lage an der Handelsstraße zwischen Böhmen und Nürnberg wurde ihm bereits in der ersten Hälfte· des 13. Jahrhunderts das Marktrecht verliehen. Seine Bedeutung erhöhte sich gegen Ende des Jahrhunderts, als Geleit- und Zollrechte hinzukamen.

Die Burg hatte ursprünglich den Reichsministerialen von Lauf gehört, doch im Jahre 1268 fiel Lauf an die Wittelsbacher, und 1353 kam es an die Krone Böhmens. Die alte Handelsstraße, an der die Siedlung lag, verband die kaiserliche Residenz in Prag mit der Reichsstadt Nürnberg. Unter Karl IV. erreichte Lauf, das offensichtlich als wesentlicher Stützpunkt für die Reichspolitik vorgesehen war, den Höhepunkt seiner Entwicklung. Der Kaiser errichtete hier eine Münzstätte und ließ auch die heute noch bestehende Burganlage an der Stelle einer alten, 1301 in einer Fehde zerstörten Burg von böhmischen Werkleuten errichten.

Dem heiligen Wenzel, dem der Kaiser besondere Verehrung entgegenbrachte und der dem Schloß seinen Namen gab, ist der Torturm gewidmet. Über dem Relief des böhmischen Löwen ist auch eine Figur des Heiligen zu sehen.

Wichtigstes Zeugnis der kaiserlichen Bautätigkeit ist der als Wappensaal bekannte einstige Wohnraum. Er gehört zu den wenigen Räumen, welche die späteren Veränderungen überstanden. Mit seinem herrlichen Kreuzgewölbe stellt er ein besonders schönes Beispiel der gotischen Profanarchitektur dar. Seinen Namen hat er von den über 100 Wappen erhalten, die in doppelter Reihe die Wände des Saales in Höhe des Türsturzes umlaufen. Sie sind aus dem Stein herausgehauen und farbig bemalt. Dieser Saal, der in Deutschland nicht seinesgleichen hat, ist für die Heraldik des Mittelalters von großer Bedeutung.

Gerade auf dem Gebiet des Wappenwesens, das hier ein so eindrucksvolles Zeugnis hinterließ, gab es unter der Herrschaft des Kaisers grundlegende Veränderungen: Die sogenannte Wappenfähigkeit machte man nicht länger von der Waffenfähigkeit abhängig, sondern vor allem davon, ob derjenige, der ein Wappen tragen wollte, dazu auch berechtigt war.

Im ersten Stock der Burg befindet sich ein weiterer großer Saal, der Kaisersaal, von dem man annimmt, daß er ebenfalls aus der Zeit Karls IV. stammt. Ende des 17. Jahrhunderts wurde die Wohnung im Bergfried durch eine Stuckdecke barockisiert. Auch sonst wurde die Burg mehrfach umgestaltet; vor allem erneu-

erte Paul Behaim wiederholt Teile der Anlage.

Im Jahre 1373 fiel Lauf an die Wittelsbacher zurück, und von da an nahm die Bedeutung der Stadt ab. Sie kam 1504 im Bayerischen Erbfolgekrieg an Nürnberg und gehörte bis 1806 als Sitz eines Pflegeamtes zum Territorium der Reichsstadt. Im Jahre 1806 gelangte der Ort an Bayern. Seit 1814 befindet sich in der Burg ein Amtsgericht. Im Wappensaal werden Gerichtsverhandlungen abgehalten; er ist deshalb nur bedingt zu besichtigen.

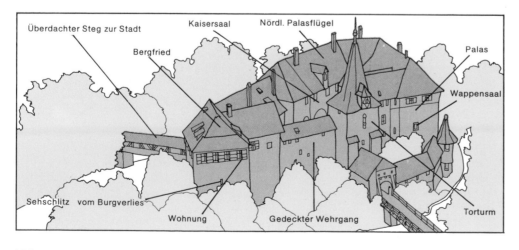

Überdachter Steg zur Stadt — Kaisersaal — Nördl. Palasflügel — Palas — Bergfried — Wappensaal — Sehschlitz vom Burgverlies — Wohnung — Gedeckter Wehrgang — Torturm

Das Wenzelsschloß in Lauf ist eine typisch fränkische Anlage, bei der mehrere verschiedenartige Bauwerke um einen schmalen Hof gruppiert sind. Es wurde von Karl IV. erbaut, um den wichtigen Talübergang an dieser Stelle zu schützen, diente dem Kaiser aber auch als Absteigeresidenz auf dem Weg zwischen Prag und Nürnberg. – Rechts einige der über 100 Wappen, welche die Wände des Wappensaals schmükken. Sie gehörten Mitgliedern des geistlichen und weltlichen Adels, die den Hofstaat Karls IV. bildeten.

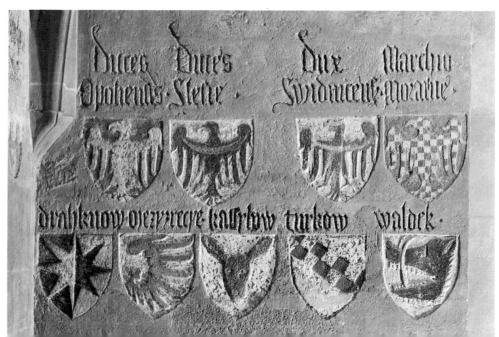

Beschwingt und heiter tanzt der Sanguiniker durchs Leben – eine der vier Allegorien, die in den Eckkartuschen des Festsaals die Temperamente veranschaulichen. Die gekonnt und locker gemalten hellfarbigen Deckenfresken schuf Godefried Bernhard Göz.

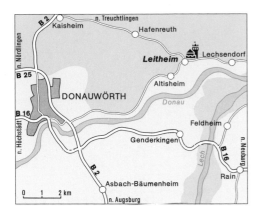

Leitheim

Ein gedeckter Gang auf drei eleganten Bogen hält das bezaubernde Rokokoschlößchen und die Kirche auf Distanz, und zugleich verbindet er beide.

Schöner über der Donau als Schloß Leitheim liegt kein Schloß. Weiß und duftig wächst es aus grünen Wäldern hinter grünen Weinbergen in den blauen Himmel, ein verspieltes Rokokojuwel. Die Sonne über einem bienensummenden Sommertag gaukelt Bilder vor: Kavaliere in Seidenhosen geleiten zu galanter Musik scherzende Reifrockdamen zum Tanz... Doch nichts von alledem war hier je einmal wahr. Denn Leitheim wurde zwar als Lustschloß erbaut, aber als das eines Zisterzienserabtes.

Ursprünglich hatten die Mönche des sechs Kilometer nordwestlich gelegenen Klosters Kaisheim hier nur Weinbau betrieben. 1542 errichtete dann der Abt Johannes Sauer auf der Hanghöhe als erstes großes Gebäude das heute noch vorhandene Weingärtnerhaus, ein anheimelndes Werk der schwäbischen Renaissance – schon fast zu prächtig für strenge Zisterziensermönche. Doch die weltlichen Aufgaben der seit 1656 freien Reichsabtei Kaisersheim brachten auch weltlichen Geist in die Zellen, vor allem aber in die Räume der Äbte.

So entstanden im Jahre 1685 unter Abt Elias Göz das helle Schloß auf der Höhe des Donauufers und daneben die Kirche. Das Schloß diente in erster Linie als nobles Gästehaus bei fürstlichen Besuchen; doch wurden die festlichen Räume auch kulturell vielfältig genutzt.

Die Grundform des Lustschlosses ist einfach: Auf quadratischem Grundriß bauen sich drei Stockwerke auf, deren Bedeutung nach oben zunimmt. Dies wird äußerlich durch die Form und Größe der Fenster angezeigt. Betritt man das Schloß, so wird man mönchisch empfangen: Der schlichte, kreuzgewölbte Flur wirkt kühl. Doch dann schwingt sich eine Treppe, deren Geländer Weinlaubmotive zieren, fröhlich nach oben und gibt bald den Blick auf ein duftiges Deckenfresko des Malers Godefried Bernhard Göz frei: Auf seinem Sonnenwagen prescht Apoll von Osten herauf. Aurora bereitet ihm als Fackelträgerin den Weg und vertreibt die Nacht.

Dies Bild leitet einen lockeren Zyklus von Fresken ein, die den Menschen in seiner Eingebundenheit in die Natur zeigen – ein bei aller verspielten Allegorie doch tiefgründiges Thema. Abgehandelt wird es im obersten Stockwerk, vor allem im Festsaal, dem künstlerischen Höhepunkt des Schlosses. Wer diesen Raum betritt, weiß anfangs kaum, wo sein Auge zunächst verweilen soll. Ein Deckenfresko lenkt die Aufmerksamkeit auf sich, und die großflächigen, hohen Fenster ziehen den Blick auf die Donauebene hinaus. Diese Wirkung ist beabsichtigt; denn die weite, endlose Natur und in ihr der Mensch, der sie mit seinen Sinnen erfaßt und in Besitz nimmt – das ist das Thema des Deckengemäldes, ja eigentlich des gesamten Schlosses. In heiteren Figurengruppen sind die fünf Sinne — Gefühl, Gehör, Geschmack, Gesicht und Geruch – dargestellt. Und da die Sinneswahrnehmungen durch die Temperamente gefiltert werden, blicken diese von den vier Eckkartuschen her in den Saal. Zwischen den Fenstern finden sich die vier Elemente sowie bildhafte Darstellungen des Ernstes und der Freude. Schließlich sind in zwei angrenzenden Räumen Werden und Vergehen durch die Jahreszeiten und die vier Lebensalter symbolisiert. All das umspielt herrlicher Wessobrunner Stuck.

Die Kirche daneben enthält einen schlichten, tonnengewölbten Raum mit dunklen Altären von 1690 – zur ernsten Sammlung nach all der Heiterkeit des Schlosses.

Leitheim ist, als einstiger Klosterbesitz, eins der wenigen Schlösser in Bayern, die 1802 säkularisiert wurden. Heute gehört es der Familie von Tucher.

123

Lichtenberg

Die mächtige, baugeschichtlich interessante Burgruine mit ihrer bizarren Silhouette verdankt ihre gewaltigen Ausmaße dem Zusammenwachsen zweier Burgen. Die ältere ist wohl die westlich gelegene Untere Burg. Mit ihrem rechteckigen Grundriß und einem Bergfried, der das Tor mit darüberliegender St.-Georgs-Kapelle deckte, unterscheidet sie sich deutlich von der Oberen Burg mit zentralem Wohnturm und polygonalem Grundriß.

Die Anlage wird zuerst im Jahre 1214 erwähnt: König Friedrich II. forderte damals die Zerstörung der Burg, da die Grafen von Veldenz, die Schirmvögte der nahe gelegenen Benediktinerpropstei auf dem Remigiusberg, sie ohne Erlaubnis auf dem Territorium der Propstei errichtet hatten. Doch die Zerstörung kann nur unbedeutend gewesen sein, denn fortan diente die Anlage den Burgmannen als Wohnsitz.

Die Obere Burg wurde dann im späteren 13. Jahrhundert von den Grafen von Veldenz angelegt. Um 1400 faßte man beide Festen durch Verbindungsmauern zu einer Gesamtanlage mit einer Länge von über 400 Metern zusammen.

Der Oberen Burg wurde im 14. Jahrhundert ein zweiter Burghof mit dem östlichen Palas angefügt. An der Südwestecke kamen um 1400 ein Rundturm und ein nach Süden gerichtetes Burgtor hinzu – vielleicht im Zusammenhang mit der Verbindung von Oberer Burg und Unterer Burg durch turmbewehrte Schenkelmauern. In diese Zeit gehört auch die Landschreiberei mit ihrem von einer Welschen Haube gedeckten Eck-

türmchen. Der westliche Palas ist wohl erst gegen 1425 entstanden, der zwischen den beiden Palassen errichtete halbrunde Geschützturm etwa um 1480. Der Südostseite der Oberen Burg wurde ein innerer Zwinger vorgelegt, und weiter nach Osten hob man einen großen inneren Halsgraben aus. Dazu gehören die beiden Tore vor und hinter der Brücke über diesen Graben. Die Entwicklung der Feuerwaffen erforderte dann etwa um 1580 an der Ostseite, der Angriffsseite der Burg, einen äußeren Halsgraben, wiederum durch Ringmauer und Torturm geschützt.

Als 1620 die Spanier in die Pfalz eindrangen, wurde eiligst ein mächtiger, hufeisenförmiger Geschützturm, das sogenannte Ostbollwerk, gegen die Angriffsseite vorgeschoben. In zwei Geschossen waren hier einst schwere Geschütze aufgestellt, die durch breite Schießscharten das östliche Vorgelände beherrschten. Das Mauerwerk dieses Geschützturmes ist viereinhalb Meter stark. Ein gedeckter Weg ermöglichte den Zugang von Westen her über den äußeren Halsgraben.

Die Burg Lichtenberg wurde jedoch offensichtlich weder jemals belagert noch durch Feindeinwirkung zerstört. Erst 1799 fielen ihre Gebäude einem Brand zum Opfer, und danach diente sie als Steinbruch. Inzwischen ist sie zum Teil restauriert worden. Von der Unteren Burg sind jedoch nur die Umfassungsmauern und ein Torbogen erhalten. Heute befinden sich auf der Burg das Burgmuseum und die 1755–58 erbaute evangelische Kirche.

Von der älteren Unteren Burg im Westen (rechts oben im Bild) ist nur noch wenig erhalten. Doch die imposante Gesamtanlage – eine der größten dieser Art in Deutschland –, die vom 13. bis zum 17. Jahrhundert immer wieder erweitert wurde, bietet dem Besucher die Möglichkeit, am Beispiel vor allem der Oberen Burg (Mitte und links) sowie der Vorbefestigungen die Wohn- und Burgenbauweise der romanischen und gotischen Epochen zu studieren.

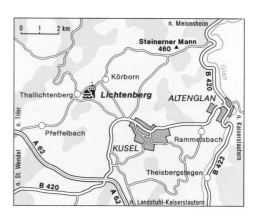

Hoch auf einer Felsklippe am Steilabfall der Schwäbischen Alb oberhalb von Reutlingen ragt die Burg Lichtenstein mit ihrer charakteristischen Silhouette auf – so recht der Prototyp einer deutschen Burg.

Derart vollständig dem Idealbild einer Burg entsprechen kann keine Anlage des Mittelalters. Damals waren die Wehrbauten ja aus bitterer Notwendigkeit geschaffen worden und nicht als ästhetisches Gesamtkunstwerk. So ist denn die heutige Burg Lichtenstein auch kein ori-

ginales mittelalterliches Werk, sondern eine Schöpfung der Burgenromantik des 19. Jahrhunderts.

Eine alte Burg Lichtenstein wurde im Jahre 1310 von den Reutlingern zerstört. In unmittelbarer Nähe entstand dann wenig später eine neue. Nachdem diese im Jahre 1802 abgebrochen worden war, errichtete man an ihrer Stelle ein einfaches Jagdhaus. Die alten Sagen die sich seit langem um die Burg gerankt hatten, regten um 1820 den jungen Wilhelm Hauff zu seinem Roman *Lich-*

Erst im 19. Jahrhundert entstand Burg Lichtenstein (links) auf einem schmalen Felsgrat hoch über dem Echaztal. Natur und Baukunst. haben sich hier zu einem romantischen Gesamtkunstwerk aufs glücklichste vereint.

Die Innenräume der Burg sind in feinsten neugotischen Formen ausgestaltet. Im Erkerzimmer (oben) befinden sich in einer Vitrine Totenmasken von Napoleon I., Moltke, Goethe, Schiller und Ludwig Uhland.

Lichtenstein

tenstein an. Herzog Wilhelm von Urach war von dem Werk so beeindruckt, daß er seinem Vetter, König Wilhelm von Württemberg, 1837 den Felsen mit dem Jagdhaus abkaufte, um auf ihm eine Ritterburg zu errichten.

Mit der Planung beauftragte er 1839 den Architekten Ernst Heideloff. Der entwarf einen Bau im neugotischen Stil und verwendete dafür auch die wenigen Teile, die von der alten Burg noch erhalten waren, insbesondere einige Außenmauern und in den Felsen gehauene

unterirdische Kammern. Mit den Arbeiten begann man 1840, und 1842 war das Bauwerk so weit vollendet, daß es in Anwesenheit des Königs von Württemberg eingeweiht werden konnte.

In seiner äußeren Erscheinung wie auch in der Ausstattung zeigt Lichtenstein wie kaum eine andere Anlage, daß eine Burg aus dem vorigen Jahrhundert keine leblose Imitation zu sein braucht, sondern daß hier Menschen am Werk waren, die sich intensiv darum bemühten, nicht nur die Architektur früherer

Zeiten erstehen zu lassen, sondern auch das Mittelalter nachzuempfinden – aus dem Glauben heraus, alles müsse doch einmal klarer, einfacher und ehrlicher gewesen sein als in der Gegenwart. So mag der Erbauer, Herzog Wilhelm von Urach, gefühlt haben, als er Lichtenstein bis zu seinem Lebensende 1869 bewohnte. Und auch so mancher moderne Mensch verliert sich vielleicht für Augenblicke an diesen Traum, wenn er die Burg erblickt oder durch ihre sorgfältig gestalteten Räume geht.

Ludwigsburg

Die meisten Besucher erblicken vom Ludwigsburger Schloß zuerst die rund 150 Meter breite Gartenfassade des Neuen Corps de logis und die erneuerten barocken Gartenanlagen davor.

„Wen der hertzog von Mumpelgart nicht wehre, so were gewiß der hertzog von Stutgart der groste narr von gantz Schwaben mit seinem seraill...", schrieb die Herzogin von Orléans, Liselotte von der Pfalz, nach ihrer urwüchsigen Weise in einem Brief über Herzog Eberhard Ludwig von Württemberg (1676–1733). Zum einen einer Frau wegen, seiner Mätresse Christiane Wilhelmine von Grävenitz, zum anderen, weil er es seinem Rang als Landesfürst und kaiserlicher Generalfeldmarschall schuldig zu sein glaubte, veranlaßte Eberhard Ludwig den Bau einer Residenz, die zu den ausgedehntesten Schloßanlagen der Barockzeit in Deutschland zählt.

Stellte die Renaissance den Menschen in die Mitte allen Denkens und war damit gewissermaßen auf einen Punkt zentriert, so drängte das Barock in die Weite. In den Bauformen der beiden Stile drücken sich diese gegensätzlichen Auffassungen deutlich aus: In der Renaissance herrscht als Idealform der in sich ruhende Zentralbau vor, bei dem alle Bauteile um einen Mittelpunkt gruppiert sind. Für das Barock wird die geöffnete, axiale Anlage typisch. Als Achse dient oft eine Allee oder ein Kanal im Park oder auch eine sogenannte Enfilade – eine Folge von Räumen, deren Türen in einer Linie aufgereiht sind, so daß ein tiefer Durchblick möglich wird.

Im Zeitalter des Absolutismus, als der Fürst den Staat verkörperte, fiel dem Schloß, in dem er lebte, eine besondere Rolle zu. Je aufwendiger seine Residenz war, um so bedeutender erschienen Ansehen, Macht und Größe des Fürsten und damit seines Landes. Dieser Zusammenhang führte dazu, daß gewaltige Schloßanlagen entstanden.

Mit dem Bau des Schlosses Ludwigsburg, nördlich von Stuttgart, wurde 1704 begonnen. Seit 1709 legte man nach einem Entwurf von Donato Giuseppe Frisoni auch den Ort Ludwigsburg planmäßig an. Als leitende Architekten lösten sich bei der Errichtung des Schlosses nacheinander ab: Philipp Jo-

seph Jenisch, ein einheimischer Theologe, dessen Bau aber so wenig gefiel, daß der Herzog ihn abbrechen ließ. Dann Johann Friedrich Nette, Hauptmann und Festungsbaumeister, der von 1707 an bis zu seinem Tode im Jahre 1714 das Alte Corps de logis errichtete und das Schloß durch zwei Spiegelgalerien mit angeschlossenen Pavillons und den Trakten des Ordens- und Riesenbaues zu einer Dreiflügelanlage erweiterte. Schließlich Frisoni, dem der Ausbau des Schlosses und die weitere Planung der Stadt übertragen wurde. Ihm ist im großen und ganzen das heutige Aussehen von Schloß Ludwigsburg zu verdanken.

Zur qualitätvollen Ausstattung vieler Räume gehören auch französische und flämische Wandteppiche wie dieser im Aurorazimmer des Alten Corps de logis. Der Ausschnitt zeigt eine ländliche Szene. Auf dem Konsoltisch im Vordergrund steht eine chinesische Vase.

Betritt man vom Gardesaal im Neuen Corps de logis aus den Balkon, dann schaut man auf einen prächtigen barocken Platz – denn das ist der mittlere Schloßhof. Ihn begrenzen gegenüber das Alte Corps de logis, rechts der Riesenbau, der östliche Kavaliersbau und die Ahnengalerie und links der Ordensbau, der westliche Kavaliersbau sowie die Bildergalerie. In der Mitte steht der Löwenbrunnen von Nikolaus Friedrich Thouret.

Die Figurengruppe Apoll und Daphne gehört zu den Skulpturen, die Christian W. Beyer für die Hofanfahrt zum Neuen Corps de logis schuf. Die Figuren stellen Szenen aus den Metamorphosen des Ovid dar, in denen sich die Verspieltheit höfischer Rokofeste, antik verwandelt, widerspiegelt. Nach der Sage wird Daphne, von Apoll verfolgt, auf ihr Flehen hin von ihrem Vater, dem Flußgott Ladon, in einen Lorbeerbaum verwandelt.

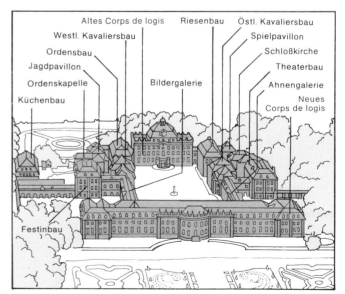

Im Grundriß erscheint die Gesamtanlage als ein tiefes Rechteck. Die nördliche Schmalseite schließt das Alte Corps de logis, die südliche das Neue Corps de logis ab. Vor die Westseite legen sich, locker mit dem übrigen Schloß verbunden, noch der Festinbau und die Ordenskapelle. Vor der Ostseite stehen, mit den gegenüberliegenden Bauten jeweils korrespondierend, der Theaterbau und die Hofkapelle.

Verkörperung absolutistischen Bauwillens sind die Hof- und die Gartenseite des Neuen Corps de logis. Massig und dabei doch elegant, baucht sich die Fassade im mittleren Teil zum Hof vor. Ein ganzer Götterhimmel mythologischer Figuren umspielt sie zu beiden Seiten der Vorhalle, auf der Brüstung des Altans und auf der Höhe der Balustrade, die einem breit vorkragenden Gesimsband aufsitzt. Entsprechende Gestalten stehen auf der Balustrade der Gartenseite.

Frisoni verpflichtete gleichrangige Künstler als Mitarbeiter, etwa die bedeutenden Brüder Diego und Carlo Carlone, der eine Bildhauer, der andere Maler, ferner Pietro Scotti und Luca Antonio Colomba. So erhielt die Hofkirche als einzige Kirche des streng protestantischen Landes eine besonders prachtvolle Ausstattung, wie sie sonst

Aufwendige Treppenhäuser fehlen in repräsentativen Barockschlössern nie. So hat das Neue Corps de logis eine Treppe des Königs und eine korrespondierende Treppe der Königin (oben). Mehrfach geknickt, steigen sie empor, begleitet und geschützt von gedrungenen Balustergeländern. An den Treppenabsätzen halten lustige Puttengruppen kandelaberartige Laternen.

Im Marszimmer – so nach dem Deckengemälde Schlafender Mars von J. J. Stevens von Steinfels genannt – wohnte Friedrich Wilhelm I. von Preußen, der Soldatenkönig, als er Herzog Eberhard Ludwig 1730 besuchte. Ein anderer, sehr wacher Kriegsgott, Napoleon Bonaparte, traf sich in diesem Raum am 2. Oktober 1805 mit dem damaligen württembergischen Kurfürsten Friedrich und zwang ihn zum Bündnis. Der Preis war die Königskrone und beträchtlicher territorialer Zuwachs für Württemberg.

Große Pracht wurde beim Umbau der Ordenskapelle in eine evangelische Hofkapelle (1746–48) entfaltet. Ein Beispiel dafür ist das Deckenfresko von Livio Retti, welches das Jüngste Gericht *darstellt.*

Komplizierte Uhren gehören seit dem Rokoko zur Ausstattung eines gut eingerichteten Schlosses. Diese astronomische Uhr schuf der Stuttgarter Hofmechaniker Philipp Matthäus Hahn im Jahre 1805.

nur katholischen Barockkirchen eigen ist. Im beherrschenden Kuppelfresko verherrlichte Carlo Carlone die Heilige Dreifaltigkeit. Die Halbkuppeln malte Colomba mit Bildern aus, die Jesu Darstellung im Tempel, den zwölfjährigen Jesus vor den Schriftgelehrten und die eherne Schlange zeigen.

In den Deckenfresken der Ahnengalerie von Carlo Carlone und Baroffio huldigen Künste und Wissenschaften dem Herzog Eberhard Ludwig.

Das höfische Leben in Schloß Ludwigsburg wich 1734, als die Residenz wieder nach Stuttgart zurückverlegt wurde, einer großen Stille. Herzog Karl Eugen machte die Anlage aber 1764–75

noch einmal zur ständigen Residenz. Nach ihm entfaltete Herzog Friedrich II. (seit 1797), der spätere König Friedrich I. (1806–16), eine neue Bautätigkeit. Zunächst wurde der Park in einen englischen Landschaftsgarten umgestaltet. Dann riß man das alte Opernhaus, eines der größten Europas, ab. Das Schloß selbst blieb äußerlich unverändert, die Innenausstattung aber wurde durch Nikolaus Friedrich Thouret in klassizistischem Stil weitgehend neu gestaltet.

Im 20. Jahrhundert zog neues Leben in das Ludwigsburger Schloß ein: Es wird nun als Zweigstelle der Staatsgalerie und als Museum sowie für Konzerte genutzt.

*In der Fasanerie nördlich des Ludwigs-
burger Residenzschlosses wurde
1715–23 das Schloß Favorite erbaut.
Die Idee für dieses zierliche Jagd- und
Lustschlößchen stammt noch von
Johann Friedrich Nette; die Pläne
entwarf Frisoni. Um einen hohen,
rechteckigen Saal gruppieren sich vier
niedrigere Eckzimmer. Die Ecken des
Saales sind durch Türmchen betont.*

*Statt der großen Spiegelgalerien wur-
den im 18. Jahrhundert die intimeren
Spiegelkabinette beliebt – wie etwa
dieses reizvolle Gemach im Alten
Corps de logis, das 1713 vollendet
wurde. Die Wände sind hier mit Spiegeln und überdies mit vergoldeten
Stuckornamenten verziert.*

*Ganz im Sinne des Barocks hat man
auf der Planie vor der Nordfront des
Schlosses eine große „Broderie" mit
riesigen farbigen Kiesbeeten angelegt,
die von Blumenrabatten eingefaßt werden. Auf den vier großen Beeten sind
die ornamental gerahmten Nebenwap-
pen Herzog Eberhard Ludwigs zu
sehen: im Süden die Rauten von Teck,
im Osten die Barben von Mömpelgard,
im Norden der Heide von Heidenheim
und im Westen die Reichssturmfahne.
Statt des Hauptwappens – der drei
Hirschstangen – erscheint in der Mitte
eine kreisrunde Wasserfläche.*

Wie die meisten Schlösser, die sich aus einer Burg entwickelt haben, ist auch das Marburger Schloß kein einheitlicher Komplex. Doch liegt gerade in seiner Vielgestaltigkeit ein eigener Reiz, und durch seine Lage auf einem steilen Bergrücken beherrscht der Bau die Stadt.

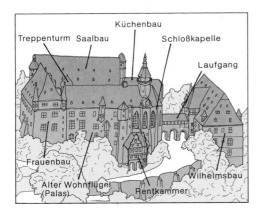

Marburg

Der Marstall (oben) gehört zur westlichen Vorburg. Hinter ihm ragt der Westgiebel des Saalbaus auf. Rechts daneben der Frauenbau.

Schloß Marburg gilt als Wahrzeichen des Landes Hessen, als Sinnbild des Stammes, der es errichtete: der Landgrafen von Thüringen, deren edelster Sproß die heilige Elisabeth war. Ihr Enkel Heinrich wurde hier 1248 von seiner Mutter, Sophie von Brabant, zum Herrn über Hessen ausgerufen. Mehrfach war die Burg danach, bis zum Jahre 1604, Residenz.

Schon 1122 gründeten die Landgrafen von Thüringen auf dem Schloßberg eine Burg. Urkundlich wird „die Mareburg" 1138 oder 1139 erstmals erwähnt.

Am heutigen Schloß beeindruckt zunächst die Südseite, die von den ältesten Bauten gebildet wird. Der östlichste von ihnen ist die 1288 geweihte Schloßkapelle mit ihren hohen Lanzettfenstern. Der schlichte frühgotische Bau wurde von derselben Bauhütte errichtet wie die berühmte, nur fünf Jahre früher geweihte Marburger Elisabethkirche.

Ohne wesentliche Zäsur geht die Kapelle nach Westen in den ehemaligen Palas der Burg, die Alte Residenz, über. Ein stattlicher Abortturm überdeckt die Nahtstelle. Im Untergeschoß des Palas befindet sich das landgräfliche Arbeitszimmer, in dem 1529 das berühmte

Religionsgespräch zwischen Luther, Melanchthon und Zwingli stattfand.

An die Kapelle schmiegt sich nach Süden zu die Rentkammer von 1572 an: Über einer offenen Erdgeschoßhalle mit Arkaden ragen reich gegliederte Renaissancezwerchgiebel bis zur Höhe der Maßwerkfenster des Gotteshauses auf.

Betritt der Besucher den inneren Schloßhof, so überfällt ihn das Gefühl bedrückender Enge. Schluchtartig steigen die Wände der angrenzenden Bauten empor. Nur der polygonale Treppenturm in der Südwestecke und der Grüne Gang unter den Fenstern des Frauenbaus, der den Schloßkomplex nach Westen abschließt, lockern die hofseitigen Fassaden auf. Der Grüne Gang ist eine geschlossene Galerie mit sechs breiten Fenstern. Er wurde schon beim Bau des Frauenhauses angefügt und führt in den Haupttrakt des Schlosses, den Saalbau. Ursprünglich wies seine Schauseite, entsprechend der Anlage der Kaiserpfalzen, zum Hof hin. Am Dachgesims und im Boden findet man noch die Spuren eines einst vorhandenen freitreppenartigen Vorbaus.

Heute liegt der architektonische Schwerpunkt beim Saalbau aus dem 14.

Jahrhundert, an dem der Burgberg, hinter einer breiten Terrasse, steil abfällt. Ein Mittelrisalit, flankiert von zwei schlanken Türmchen mit Welschen Hauben, gibt der nördlichen Schauseite das Gepräge. Das ganze Obergeschoß wird von einem einzigen Raum eingenommen: dem Rittersaal. Er ist verhältnismäßig niedrig, aber wohlproportioniert. Vier achteckige Pfeiler tragen das Rippengewölbe. Besonders schön ist die Holzverkleidung zweier Renaissancetüren von 1573.

Einen auffallenden Akzent setzt etwas abseits der Wilhelmsbau an der Ostseite. Über dem Eingangsportal unter einem gedeckten Bogengang, der dieses Gebäude mit dem eigentlichen Schloß verbindet, ist ein großes Steinrelief eingelassen. Auf einem Spruchband liest man die Jahreszahl des Baubeginns: 1493.

Das Marburger Schloß birgt die religionsgeschichtliche Sammlung der Universität mit umfangreichem Material über außerchristliche Religionen.

Zur Vorburg im Westen gehören der Marstall, die Alte Schmiede, das Zeughaus (1569), der Hexenturm (Ende 15. Jahrhundert) sowie Mauerwerk und ein spätgotisches Burgtor.

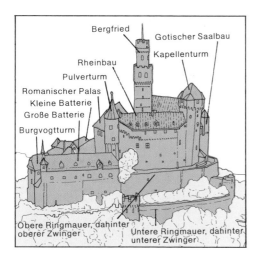

Bergfried
Gotischer Saalbau
Kapellenturm
Rheinbau
Pulverturm
Romanischer Palas
Kleine Batterie
Große Batterie
Burgvogtturm

Obere Ringmauer, dahinter
oberer Zwinger
Untere Ringmauer, dahinter
unterer Zwinger

*Umrahmt von Wald und Reben, krönt
die Marksburg einen steilen Schiefer-
fels, der sich über dem Rhein erhebt.
Weithin sichtbar ragen ihre Türme,
Zinnen und Erker auf. In den alten
Mauern spürt man noch allerorten den
Geist des Mittelalters.*

*In der vollständig eingerichteten Burg-
küche sind Töpfe, Pfannen und Geräte
zur Hand. Wenn sich dort vor dem
gewaltigen Kamin abends Gäste um das
Feuer versammeln, scheint die
Ritterzeit wieder lebendig zu werden.*

Marksburg

Von den in der ganzen Welt bekannten Höhenburgen am Mittelrhein ist die Marksburg die einzige, die durch Jahrhunderte im wesentlichen unversehrt erhalten geblieben ist. Alle anderen sind heute Ruinen, oder sie wurden im vorigen Jahrhundert wieder aufgebaut.

Wann die stolze Burg errichtet wurde, wissen wir nicht; die Überlieferung aus dem Mittelalter ist da sehr unvollständig. Vielleicht entstand hier um 1100 die erste Wehranlage. 1231 war der Bau als pfälzisches Lehen Besitz der Herren von Eppstein, einer mächtigen Familie, die auch Erzbischöfe von Mainz stellte. 1283 kam er an die Grafen von Katzenelnbogen, eines der bedeutendsten Grafengeschlechter im alten Heiligen Römischen Reich, und diente ihnen dann zeitweise als Residenz. 1479 erbten die Landgrafen von Hessen die Marksburg. 1803 fiel sie an Nassau, das dann 1866 mitsamt der Marksburg an Preußen kam.

Im Jahre 1900 erwarb die Vereinigung zur Erhaltung deutscher Burgen (heute: Deutsche Burgenvereinigung) den ehrwürdigen Bau für ganze 1000 Mark, jedoch mit der Verpflichtung, ihn instand zu halten. Die Vereinigung nahm sich der Marksburg sogleich tatkräftig an und richtete sie vorbildlich wieder her, so daß sie heute das Aussehen einer mittelalterlichen Wehranlage veranschaulicht. Darüber hinaus vermittelt sie einen Eindruck vom früheren Alltagsleben in ihren Mauern.

Vom Wehrbau der Herren von Eppstein sind der romanische Palas im Norden und der Kapellenturm im Süden erhalten. Die Grafen von Katzenelnbogen bauten die Anlage im gotischen Stil aus. Insbesondere kam nach der Mitte des 14. Jahrhunderts der gotische Saalbau hinzu, und der Bergfried erhielt mit dem runden Aufsatz seine bezeichnende Form. An dem gotischen Charakter der Burg ändern auch die späteren Zutaten nichts – etwa die Kanonenbatterien, die Bastionen und der Rheinbau.

Wer die Marksburg besucht, kann dort einen Blick ins Ritterleben werfen. Die Wächter scheinen Turm und Tore eben erst verlassen zu haben. Unter der gewaltigen Balkendecke der Küche findet sich alles Notwendige. Im Weinkeller ruhen Fässer, und im Rittersaal scheint gleich die Tafel gedeckt zu werden. Wohin führt die schöne, von Renaissanceornamenten umrahmte Tür?

Hier war einst der Abtritt, das kleine, unten offene Häuschen außen an der Wand. Der Regen ersetzte die Wasserspülung. In der Kemenate, die wieder in altem Stil mit Holz vertäfelt ist, steht ein Bett bereit, und auf den breiten Fensterbänken glaubt man die Burgfräulein sitzen zu sehen – ebenso auf der alten Bildern nachgestalteten entzückenden Rasenbank im liebevoll gepflegten Burggärtlein. Dort blühen Blumen und gedeihen Pflanzen, die im Mittelalter gezogen oder gesammelt wurden, in bunter Pracht – eine botanische Lehrschau in seltener Vollständigkeit. „Hexen- und Zauberpflanzen", mit denen sich einst abergläubische Vorstellungen verbanden, Heilkräuter, Würzpflanzen, Farbpflanzen und Pflanzen der Landwirtschaft wachsen hier beieinander.

Das Bild der ritterlichen Zeit vervollständigt eine Sammlung von Waffen und Rüstungen, in der man anhand von beispielhaften Stücken die Entwicklung des Wehrwesens vom Altertum bis zu Beginn der Neuzeit verfolgen kann.

Auch die nachmittelalterliche Zeit hat ihre Zeugnisse auf der Marksburg hinterlassen: eine um 1450 entstandene Kammerbüchse (ein Hinterlader mit Schießkammer) und mächtige Sechs- und Zwölfpfünderkanonen aus der Zeit des 30jährigen Krieges. Im früheren Pferdestall lehrt eine Sammlung von Straf- und Foltergeräten den Besucher das Gruseln.

Die Marksburg hat auch manchen unfreiwilligen Gast beherbergt. In hessischer und nassauischer Zeit diente sie als Staatsgefängnis – aber auch als Wohnsitz für Invaliden. 1778/79 lebte hier Cheirouze, die Mätresse des Landgrafen Ludwig IX., als Gefangene, doch konnte sie schließlich entfliehen. 1854 schrieb der *Rheinische Antiquarius*: „Dem Kommandanten ... ist ein Lieutenant samt seiner Besatzung von Invaliden beigegeben. Diese Besatzung könnte im Notfall sich selbst rekrutieren, denn reich ... sind die Mannen der Burg an Weibern und Kindern."

Noch immer ist die Marksburg Eigentum und Sitz der Deutschen Burgenvereinigung, die sich um die Erhaltung der deutschen Burgen und Schlösser bemüht. Der Burgenforscher findet hier reiches Material: die größte burgenkundliche Fachbibliothek Europas sowie ein Archiv mit Bildern, Plänen und Zeitungsausschnitten.

Meersburg

Das Alte Schloß in Meersburg erhebt sich in großartiger Lage auf einem Felsen, der gegen den Bodensee vorspringt. Selbstbewußt überragt es die Oberstadt. Aus dem Block späterer

*Wohnbauten steigt das mit Staffelgie-
beln besetzte Haupt des gewaltigen
Dagobertsturmes auf, dessen Unterbau
aus der Zeit der Burggründung
stammt.*

Schon der merowingische König Dago-
bert I. soll im 7. Jahrhundert die Meersburg gegründet und Karl Martell soll
später in ihrem Turm gewohnt haben.
Wenn diese Überlieferung auch nicht
belegt ist, so zählt die Burg doch zu den
frühesten Gründungen in weitem Um-
kreis. Von 730 bis 911 war sie karolingi-
sche Pfalz. Im Jahre 1268 kam sie endgültig zum Bistum Konstanz, dessen
Verwaltungszentrum sie dann bis 1803
blieb. In diesem Jahre fiel die Meersburg
an das Land Baden, und 1838 gelangte
sie in Privatbesitz. Dazwischen liegen
viele Jahrhunderte baulicher Entwicklung, die denkwürdige Spuren hinterlassen haben.

Um den kraftvollen, viereckigen Dago-
bertsturm, den Schwerpunkt der ausgedehnten Anlage, drängen sich ein recht-
eckiges Burghaus nebst einer Schildmauer sowie weitere Wohnbauten und zwei
der äußeren Rundtürme zusammen.
Dem Hauptturm gibt die charaktervolle
Bekrönung durch allseitige Staffelgiebel
von 1509 eine verbindliche Note; weiter
unten aber weisen die urtümlich großen
und rauhen Buckelsteine auf das Mittelalter hin – wohl in das staufische
12. Jahrhundert.

Dem Bischof Hugo von Hohenlan-
denberg verdankt die Burg ihren Ausbau
um 1520. Damals entstanden die reprä-

*In diesem Zimmer des Alten Schlosses
starb 1848 die Dichterin Annette von
Droste-Hülshoff. Sie war die Schwägerin des Freiherrn von Laßberg und
weilte oft auf der Burg, wo viele ihrer
Gedichte entstanden.*

sentativen Wohnbauten, das Torhaus
und die vier Rundtürme für die Außen-
verteidigung. Im Barock erhielt die
Meersburg ein schönes, lichtes Treppenhaus, und viele Räume wurden mit
Stuckornamenten geschmückt.

Joseph Freiherr von Laßberg, ein Ge-
lehrter und Sammler, erwarb schließlich
das vom Abbruch bedrohte Baudenk-
mal, bereicherte es um wertvolles Inventar und pflegte dort, wie auch seine
Nachfolger, auf verschiedene Weise
Kunst und Literatur.

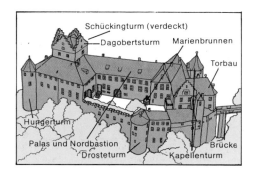

*Das romantische Wasserschloß
Mespelbrunn wurde im 15. Jahrhundert von Hamann Echter erbaut, aber
später verändert. Der Erker des Südflügels und der Schwibbogen stammen
aus dem Jahre 1840.*

*Über dem Eingang zum Treppenturm
sieht man die Porträts von Peter Echter
und seiner Gemahlin. Ab 1551 baute
Peter, der Vater des berühmten Fürstbischofs Julius Echter, die alte Wasserburg in ein Renaissanceschloß um.*

Mespelbrunn

Es gibt einen Ort, wo sich so ziemlich alles findet, was Einheimische und Fremde mit Romantik in deutschen Landen verbinden: Waldeinsamkeit, ein verschwiegener Weiher und mittendrin der Inbegriff eines romantischen Schlosses. Mespelbrunn heißt es, und es liegt im Märchenwald des Spessarts.

Im Wasser des stillen Waldsees spiegelt sich malerisch die Schauseite des Bauwerks. In der Mitte reckt sich stattlich der runde Bergfried auf, dessen Gemäuer unten noch aus dem 15. Jahrhundert stammt. Ganz links steht, von einer phantasievollen Doppelhaube bedeckt, ein weiterer, jedoch wesentlich niedrigerer Rundturm, der die Schloßkapelle birgt. Beide Bauten rahmen die Westseite des Haupthauses mit seinem hübschen Staffelgiebel. Der Schwibbogen rechts vom Bergfried und der Erker am alten Torhaus daneben sind reizende Zutaten der Romantik. Den Hof hinter dem Bergfried umgibt eine Dreiflügelanlage mit Laubengängen.

Im Jahre 1412 schenkte Erzbischof Johann von Mainz seinem Forstmeister Hamann Echter den Platz *Zum Espelborn*. Hamanns Sohn baute dort eine Wasserburg, die zum Sitz der Herren Echter von Mespelbrunn wurde. Der bedeutendste Sproß des Geschlechts, Ju-

lius Echter von Mespelbrunn, herrschte von 1573 bis 1617 als Fürstbischof von Würzburg. Wichtiger für Mespelbrunn ist aber sein Vater Peter Echter, denn der baute die Wasserburg in das Renaissanceschloß um, das uns – mit manchen Änderungen – noch immer entzückt.

Als 1665 das Geschlecht derer von Echter ausstarb, traten die damaligen Pfalzgrafen von Ingelheim die Nachfolge an. Sie öffneten Mespelbrunn schon zu Anfang unseres Jahrhunderts der Öffentlichkeit. Die sehenswerten Räume vermitteln einen lebendigen Eindruck von einem bewohnten Schloß und von den vielfältigen familiären und kulturellen Beziehungen beider Familien in Süddeutschland und darüber hinaus.

München: Residenz

Mitten in München steht, etwas bedrängt, die Residenz. Diese Bedrängtheit zieht sich fast wie ein Leitmotiv durch die Geschichte der beiden Residenzen der Wittelsbacher in der heutigen bayerischen Landeshauptstadt. Schon die erste feste Bleibe, die die Herzöge sich in der recht selbstbewußten Ortschaft bauten – der nach 1255 entstandene heutige Alte Hof –, erschien bald nicht mehr geeignet, weil die Bürgerhäuser sich über die Stadtmauer hinaus vorschoben und die Burg einzuschließen drohten. Dies aber war untragbar in einer Zeit, in der Adel und Bürgertum sich oft genug feindselig gegenüberstanden und nicht selten Städte ihre Herren verjagten. So zogen die Wittelsbacher um 1385 von hier fort, nordwärts auf das freie Feld. Zur Sicherheit legte man die „neue Veste" gleich als wehrhafte Wasserburg an.

Als München nach 1503, nach dem Ende des Landshuter Erbfolgekriegs, endgültig Hauptstadt der wiedervereinigten Herzogtümer Ober- und Niederbayern wurde, begann man dieses Wasserschloß, das ein ziemlich finsteres Gemäuer gewesen sein muß, zur Residenz auszubauen. Die Umgestaltung vollzog sich parallel zur Rangerhöhung Bayerns vom Herzogtum über das Kurfürstentum zum Königreich. Die Herzöge Albrecht IV. und Wilhelm IV., genugsam damit beschäftigt, das neue Staatsgebilde organisatorisch in den Griff zu bekommen, begnügten sich noch mit kleineren Veränderungen; doch mit Albrecht V. kam 1550 ein Mann auf den Thron, dessen Bauten noch heute wesentliche Elemente der Residenz sind. Die Anlage wurde erweitert, und zugleich entstand einer der bedeutendsten

Räume, die dieses Stadtschloß aufzuweisen hat: das Antiquarium. Nach italienischen Vorbildern bauten Jacopo Strada und Wilhelm Egkl eine 66 Meter lange Renaissancehalle, die einem für damalige Zeiten ungewöhnlichen Zweck dienen sollte: Sie wurde Ausstellungsraum für die herzogliche Antikensammlung und damit nicht nur die erste Kunstausstellungshalle nördlich der Alpen, sondern auch der bedeutendste profane Renaissanceraum des 16. Jahrhunderts in diesen Breiten.

Noch ehe Bayern 1623 zum Kurfürstentum aufstieg, setzte eine neue Bauphase ein. Schon 1601 begann der neue Herzog und spätere Kurfürst Maximilian I., die Residenz zum repräsentativen Renaissanceschloß auszubauen. Er faßte die sehr verschiedenen bestehenden Baukomplexe in einem Gesamtkonzept zu-

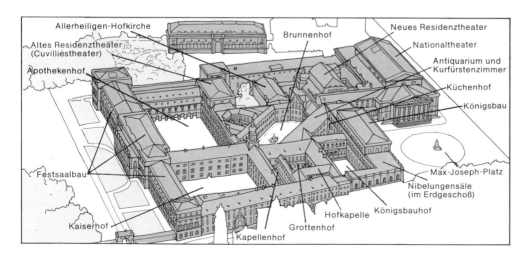

Mit Geschmack und Geschick, mit Glück und Geld verstanden es die Wittelsbacher, sich eine der hervorragendsten Kunstsammlungen Europas zuzulegen. Die besten Werke der Goldschmiedekunst und des Kunsthandwerks sind in der Schatzkammer der Residenz im Königsbau (oben) zu bewundern, dessen Vorbild der Palazzo Pitti in Florenz ist. Zu den wertvollsten Stücken der Goldschmiedekunst zählt die in Kalzit geschnittene Statuette des heiligen Georg (rechts). Sie entstand um 1590 nach einem Entwurf von Friedrich Sustris.

sammen und ließ nicht nur die Schauseite an der heutigen Residenzstraße gestalten, sondern er baute auch die neue
Hofkapelle sowie die Reiche Kapelle
und ließ die Kaiserhoftrakte mit Kaiser-
treppe und Kaisersaal entstehen. 1619
war alles vollendet.

Nach Norden zu wurde auf Maximi-
lians Geheiß schließlich auch noch ein
Hofgarten angelegt. Dies war die einzige
Seite, nach der man sich den wenn auch
bescheidenen Luxus einer Platzver-
schwendung überhaupt leisten konnte.
Denn inzwischen hatte sich die einst
vom Hof befürchtete Bedrängung durch
die Bürgerstadt in eine Bedrängung
durch die Palais führender Adeliger im
Hof- und Staatsdienst gewandelt, denen
es als Auszeichnung galt, ihre Behausun-
gen möglichst nahe am Kurfürstlichen
Hof bauen zu dürfen. Und da der Rat
der Stadt sich beharrlich weigerte, die
Stadtmauer zu erweitern, wurde es um
die Residenz wieder einmal drangvoll
eng.

Erstaunlich bleibt, daß das baufreu-
digste Jahrhundert in Bayern, das 18.,
zur Münchner Residenz nur wenig beigetragen hat. Doch der Mangel an Menge wird aufgewogen durch erlesene
Qualität. In den Jahren 1730–37 richtete der geniale François de Cuvilliés die
Reichen Zimmer ein, Gebilde von zarte-
stem Rokokoschmelz. Und 1751–53
baute er ein neues Theater, das heute

An der Ostseite des Grottenhofes
befindet dich unter offenen Arkaden
die Grottenhalle, eine fremdartig
wirkende Schöpfung aus Muscheln,
Kristallen und Tuffstein.

Die Münchner Residenz hat nicht we-
niger als sieben Innenhöfe: den Kaiser-
hof, Apothekenhof, Kapellenhof,
Grottenhof, Brunnenhof, Königsbau-
hof und den Küchenhof. Unter ihnen
ist der Grottenhof aus der Zeit der
Renaissance (1581–86) wegen der
– oben dargestellten – Grottenhalle
wohl der eigenartigste. In der Mitte
steht der Perseusbrunnen, der um 1590
nach einem Entwurf von Friedrich
Sustris geschaffen wurde. Einst
umgaben diesen Hof auf allen Seiten
Arkaden, die jedoch zum Teil nur
gemalt waren. Im Jahre 1730 wurden
sie großenteils beseitigt.

seinen Namen trägt und als das schönste Rokokotheater der Welt gilt.

Der dritte große Bauherr, der dieser Anlage und darüber hinaus auch weiten Teilen der Stadt seinen prägenden Stempel aufdrückte, war – von 1825 bis 1848 – König Ludwig I. Auch er ließ sich von italienischen Vorbildern leiten, von den Palastbauten der frühen Renaissance. Die Residenz bekam nun an ihrer Nord- und Südflanke die endgültige Form. Im Süden entstand der Königsbau, der dem Palazzo Pitti in Florenz nachempfunden ist, und übereck dazu das klassizistische Hoftheater, das heutige Nationaltheater. Im Norden wurde der Festsaalbau errichtet, in dem sich jetzt der neue Herkulessaal befindet. Durch den Abbruch zweier Klöster war, vor dem Königsbau, ein einigermaßen respektabler Platz entstanden: der Max-Josephs-Platz. Im übrigen aber blieb es eng um die Residenz.

Diese äußerliche Beschränkung zwang zur Entfaltung von Weite im Innern – ein Baugedanke, der schon die Anfänge der Residenz bestimmt hatte und der sich schließlich in sieben reizvollen, jeweils grundverschiedenen Innenhöfen ausdrückte. Der bekannteste und vielleicht auch schönste ist der Brunnenhof, ausgezeichnet schon durch seine langgestreckte, achtwinklige Form und beherrscht vom zentralen Wittelsbacher Brunnen.

Ebenso der Selbstdarstellung des adeligen Publikums wie dem Genuß einer Opernvorstellung auf der Bühne diente die Architektur des Alten Residenztheaters von François de Cuvilliés, das wegen seiner unübertroffenen Rokokoausstattung als eines der schönsten Theater der Welt gilt. Bevor der Raum im Zweiten Weltkrieg den Bomben zum Opfer fiel, waren die wichtigsten Ausstattungsstücke ausgelagert worden. So konnte man das Theater, wenn auch an etwas anderer Stelle, fast originalgetreu wiederherstellen.

Im Grottenhofbau befindet sich die barock ausgestaltete Ahnengalerie von 1731. Die reich geschmückten Wandvertäfelungen stammen von Wenceslaus Miroffski; die beschwingten Deckenstukkaturen schuf Johann Baptist Zimmermann.

145

Münzenberg

Noch die Ruine der Burg Münzenberg
zeugt von dem Glanz, den einst, im
12. Jahrhundert, die Urheber diesem
Wehrbau zugedacht hatten. Er sollte
nicht nur eine Burg zum Schutz sein,
sondern darüber hinaus ein Wahrzeichen der Verwaltung des bedeutenden
staufischen Reiches.

Der Volksmund nennt die Burg Münzenberg ihrer charakteristischen Silhouette wegen „das Wetterauer Tintenfaß". Der historisch Denkende sieht in ihr ein Zeugnis der Blütezeit des mittelalterlichen Reiches, das unter den Hohenstaufen mit Pfalzen, Reichsburgen und Ministerialenburgen – wie Burg Münzenberg – überzogen war und von diesen aus verwaltet wurde.

Wie ehemals der unzerstörte Bau Münzenberg ragt auch die heutige Ruine noch immer stattlich über der Ebene der Wetterau bei Butzbach auf. Zwei Rundtürme markieren im Osten und Westen die Anlage. Zwischen ihnen erheben sich noch hohe Mauern, von denen ein Teil zum romanischen Palas gehört, der aus Buckelquadern besteht und den im zweiten Obergeschoß eine Reihe von acht künstlerisch gestalteten Fensterarkaden schmückt.

Ihre Entstehung verdankt die Burg Münzenberg im Grunde Kaiser Friedrich Barbarossa, denn dieser veranlaßte den Abt der Reichsabtei Fulda, seinem Ministerialen Konrad von Hagen-Arnsberg die Basaltkuppe Minzenberg zu überlassen. Auf ihr errichtete Konrads Sohn Kuno, seit 1162 Reichskämmerer, dann die Burg Münzenberg. Der Bau begann 1153. Wohl vor 1200 war er abgeschlossen; das heißt, es standen Palas, Kapelle, der östliche Turm und einige Fachwerkhäuser. Verbaut wurde buntes Gestein, das man auf Ochsenkarren heranfuhr: Basalt vom Burgberg, gelber Sandstein aus Rockenberg und roter Tuffstein aus Michelnau. Die Steinmetzen gaben den Arkaden, Säulen und Kapitellen einen Schmuck, der heute zu den schönsten Zierstücken an weltlichen Bauwerken der Romanik zählt.

Die Herren von Münzenberg starben schon 1255 mit Kunos Enkel Ulrich II. aus. Über dessen verheiratete Schwestern kamen im Erbgang mehrere Familien in den Besitz der Burg, vor allem die Herren von Falkenstein, die auch die Anteile ihrer Schwäger erwarben. Die Falkensteiner erweiterten die Burg gegen Ende des 13. Jahrhunderts nach Norden hin: Sie bauten gegenüber dem romanischen Palas einen zweiten, gotischen aus Säulenbasalt mit anschließenden Wirtschaftsgebäuden. Überdies erhöhten sie den östlichen, romanischen Bergfried und vergrößerten den westlichen durch einen Aufsatz. Man nennt heute ihren Anteil den Falkensteiner Bau.

Nach dem Aussterben der Grafen von Falkenstein im Jahre 1418 kam die Burg Münzenberg durch Erbteilungen in den Besitz der Familien Isenburg, Solms, Stolberg und Eppstein. Im 30jährigen Krieg wurde die Burg zerstört.

Seit eh und je gibt es als einzigen Zugang nur den alten Burgweg, der im Ort Münzenberg zu Füßen der Burg beginnt und sich um das Bergmassiv herum zum Burgtor hinaufwindet. Man passiert vor dem Haupttor zwei äußere Tore und zwei Zwinger und erreicht durch einen gewölbten Torgang, über dem sich einst die romanische Kapelle befand, den weiträumigen inneren Hof.

Der östliche Bergfried, der auf diesem Hof steht, stammt bis zu den rundbogigen Fenstern aus der ersten Bauzeit und ist soweit romanisch. Das Geschoß darüber mit seinen vier Fenstern wurde von den Falkensteinern daraufgesetzt. Dieser Bergfried dient, seit man 1847 eine Eichentreppe eingebaut hat, als Aussichtsturm. Von seiner Plattform aus überblickt man, 30 Meter über dem Hof, die ganze Burganlage. Man sieht, wie die Ringmauer der Kernburg sich dem Basaltfelsen anpaßt, der die Anlage trägt, wie im Süden und Osten eine zweite, höhere Ringmauer die erste übersteigt, man sieht Wehrgänge und den Palas und erblickt über Zwinger und Vorburg hinweg die noch ländliche Stadt Münzenberg. Ihre Gründung folgte dem Bau der Burg, und sie war einst an diese durch einen Mauerring angeschlossen.

Mehrere Jahrhunderte lang wurde an der Burg gebaut. So gibt es noch das mittlere Burgtor und den Batterieturm aus dem 15. Jahrhundert, ferner einen Küchenbau von 1500 mit einem hohen Kamin über einem Kellergewölbe. Die Ausgräber fanden hier noch Küchengeräte und Aschenreste des letzten Feuers.

Neuleiningen

Was diese Anlage aus der Menge der einst mehr als 350 Burgen der Pfalz heraushebt, ist die Tatsache, daß Neuleiningen um die Mitte des 13. Jahrhunderts in einer hier ganz fremd anmutenden Bauweise errichtet wurde. Das annähernd rechteckige Kastell (etwa 45 mal 48 Meter) mit Türmen, die an den vier Ecken dreiviertelrund vorspringen, bietet das Bild französischer oder englischer Burgen der Zeit. Im Grunde handelte es sich um eine Wiederaufnahme römischer und byzantinischer Wehrbauformen, die durch die arabische Befestigungstechnik während der Kreuzzüge Westeuropa vermittelt wurden. Man kann vermuten, daß Graf Friedrich III. von Leiningen in Frankreich geschulte Steinmetzen und Maurer beschäftigte, die 1238–41 unter Leitung eines ebenfalls in Frankreich ausgebildeten Architekten diese in ihrer Art durchaus fortschrittliche Burg erbauten.

Was dort auf dem Burghügel von Neuleiningen entstand, ähnelt keiner je zuvor oder später in der Pfalz gebauten Burg. Man verwendete keine Buckelquader mehr, sondern kleine, glatte Quader, die in regelmäßigen Schichten über einem Sockel aufsteigen. Schmale und hohe schlitzförmige Schießscharten sind auf drei Seiten der Ringmauer in ganz regelmäßigen Abständen eingefügt.

Die Türme verstärken die Ecken des Kastells und flankieren die Ringmauern. Von weitem sieht die Burg ganz einheitlich aus; doch jeder der vier Türme unterscheidet sich etwas von den anderen. Auf der Hofseite sind sie alle abgeplattet, denn die Ringmauer führt stumpfwinklig gebrochen innen an ihnen vorbei. Vom Hof aus waren die Türme früher nicht zu betreten. Vielmehr gelangte man vom Wehrgang aus durch eine Tür ins obere Geschoß und konnte von dort in die unteren Stockwerke hinabsteigen. Außen in den Winkeln zwischen den Türmen und der Ringmauer saßen Aborterker. (Heute sind nur noch die Türöffnungen da.) Der Nordwestturm überragte einst die drei anderen Türme. Auch sein überkuppeltes Untergeschoß beweist, daß er als Bergfried der Burg gedient hat.

Von den alten Wohngebäuden blieb nach der Zerstörung der Burg durch die Franzosen (1690) nur wenig – unter anderem ein Kaminrest in der Nordostecke und Konsolen von einer Geschoßdecke an der östlichen Mauer. Ein zweiter Wohnbau stand an der Südseite; von ihm ist lediglich ein großer Keller erhalten. Von einem dritten Wohnbau an der westlichen Mauer steht noch die Nordwand mit Staffelgiebel, Fenstern und einem Abortzugang aufrecht. Dies sind die Reste eines gotischen Palas, der im 14. Jahrhundert auf und in die Mauern des 13. Jahrhunderts gesetzt wurde.

Das Tor befindet sich an der Ostseite: ein einfacher Durchgang durch die Ringmauer, mit Torangeln und Löchern für Verriegelungsbalken. Die Burgkapelle steht vor dem Tor in der Vorburg. Sie wurde später mehrfach verändert und vergrößert und dient heute dem Ort Neuleiningen, der sich, stark ummauert, im Süden und Westen um die Burg entwickelte, als Pfarrkirche St. Nikolaus.

Auf einem Ausläufer des nördlichen Pfälzerwaldes liegt, am Rande einer mauerumgürteten Ortschaft und beherrschend über dem Rheintal, eine bemerkenswerte Ruine: Neuleiningen. Es handelt sich um die noch immer beachtlichen Reste einer Burg, welche die Grafen von Leiningen, einst das mächtigste Adelsgeschlecht in diesem Raum, als Ersatz für ihre Stammburg Altleiningen 1238–41 erbauten und Neuleiningen nannten.

Neuschwanstein

Die Szene könnte von Shakespeare stammen: In einer türmereichen Burg auf ragendem Fels herrscht nächtlicher Friede. Der Mond leuchtet; der König ruht. Doch der Friede trügt. Gegen ein Uhr huschen Gestalten durch die Gänge; sie besetzen Treppen, Türen, Fenster. Der Kammerdiener stürzt ins königliche Schlafgemach. Kurz darauf erscheint unsicheren Ganges der Monarch, bleich im Schein der Kerzen. Einige korrekt gekleidete Herren umringen ihn und eröffnen dem Fassungslosen, er sei für geisteskrank erkannt worden und sei abgesetzt. Der Wagen, der ihn nach Schloß Berg am Starnberger See in Gewahrsam bringen solle, warte schon; Widerstand sei zwecklos.

Bei Shakespeare erhöbe sich jetzt Kampfgetümmel, doch in unserer Szene bleibt alles ruhig. Kriegsvolk gibt es nicht auf dieser Burg, nur ein paar Gendarmen, die nun, innerlich gewiß widerstrebend, von Zweifeln erfüllt, den König zur Kutsche führen. Denn dieser Vorgang ist nicht Teil eines berühmten Dramas, sondern historische Wirklichkeit. Er hat sich 270 Jahre nach dem Tode des großen Dramatikers abgespielt: am 12. Juni 1886 auf dem bayerischen Königsschloß in Schwaben, das damals noch nicht seinen heute weltberühmten Namen Neuschwanstein trug. Den erfand erst vier Jahre später ein königlich-bayerischer Beamter. Der abgesetzte König aber war Ludwig II. von Bayern. 36 Stunden später war er tot, unter ungeklärten Umständen ertrunken.

So ist diese Szene also doch Auftakt zu einem Drama. Sie ist wirklich und erscheint zugleich wie unwirkliches Theater in einer als Traumkulisse erbauten

pseudomittelalterlichen Burg, deren Grundstein 17 Jahre früher in den Kalkfelsen oberhalb der wildromantischen Pöllatschlucht gelegt worden war. Ludwig hatte sich Neuschwanstein als ideale Gegenwelt gegen den schlotrauchenden, eisenbahndampfenden, diesseitsorientierten Materialismus der Gründerjahre des Deutschen Reiches erdacht.

Dabei hatte er selbst dieses Deutsche Reich 1871 mit aus der Taufe gehoben, und er war es gewesen, der dem Preußenkönig die deutsche Kaiserkrone angetragen hatte. Doch das neue staatliche Gebilde hatte mit Ludwigs Vorstellungen von Reich und Herrschaft, vor allem mit seiner hehren Auffassung vom Königtum, kaum etwas gemein. Für den Bayern hieß Königsein: in einer Art Schwebezustand leben, entrückt vom Alltäglichen, nur mit der Kunst und der eigenen Seele befaßt. So träumte er sich in Epochen zurück, die ihm das ideale Königtum verwirklicht zu haben schienen, etwa in die Zeit der französischen Könige Ludwig XIV. und Ludwig XVI. In den Schlössern Herrenchiemsee und Linderhof sind diese Traumspiele steinerne Realität geworden.

Die Lieblingsepoche Ludwigs II. aber war das hohe deutsche Mittelalter. In diese Zeit wollte er, der seit 1864 als König herrschte, mit dem Bau von

Das spätromantisch-spätromanische Schloß Neuschwanstein entstand in der zweiten Hälfte des 19. Jahrhunderts im Stil einer mittelalterlichen Märchenburg. Zuweilen ein wenig belächelt, besitzt es doch einen eigenen, anrührenden Reiz; und inzwischen hat es auch eine gewisse historische Patina bekommen.

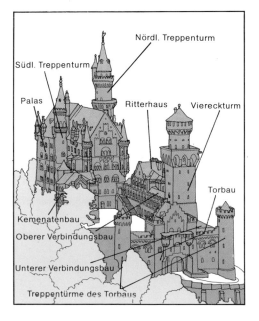

GAWAN
VERWUNDETEN

*Alle Räume von Neuschwanstein sind
überreich ausgestattet. Das gilt auch
für den Sängersaal mit seinen Kron-
leuchtern, der hölzernen Kassettendecke und den Wandgemälden zur
Parzivalsage (links ein Blick von der
Kemenate aus). Manche Zimmer führen ein bestimmtes Thema vor Augen:
Die Wände des Vorplatzes zu den
Räumen des Königs sind mit Szenen
aus der Siegfried- und der Sigurdsage
bedeckt. Im Arbeitszimmer findet man
Darstellungen aus der Tannhäuser-
sage, im Wohnzimmer Lohengrins
Erlebnisse. Das Ankleidezimmer ist
Walther von der Vogelweide gewidmet, das neugotische Schlafzimmer
Tristan und Isolde.*

*Der Thronsaal (rechts) im Westteil des
Palas geht durch zwei Geschosse. Die
Säulen der Galerien bestehen aus
Stuckmarmor; den Fußboden schmük-
ken Mosaiken mit Darstellungen von
Pflanzen und Tieren. Zur Apsis führen
Stufen aus Carraramarmor empor. Der
Radleuchter besteht, ebenso wie die
Kandelaber, aus vergoldetem Messing;
er wiegt 18 Zentner und trägt 96 Ker-
zen. Die Wandmalereien verraten by-
zantinischen Einfluß; sie stellen Chri-
stus, sechs Könige und die Apostel dar.*

Schloß Neuschwanstein eintauchen. Wie
die Szenerie dieses gespielten Mittelalters aussehen sollte, das wußte Ludwig,
seit er am 16. Juni 1861 als knapp
15jähriger Kronprinz zum ersten Male
Richard Wagners *Lohengrin* gesehen
hatte: Hier stand die Idealwelt vor ihm.
Und als er dann im Mai 1867 die
Wartburg besuchte, hatte er auch das
Modell für die dazu passende architektonische Kulisse gefunden.

Im folgenden Jahr entstanden die ersten Pläne für seinen Bau. Bezeichnend,
daß ein Theatermaler, Christian Jank,
sie schuf – nach Bühnenbildern zu Insze-
nierungen von Wagneropern. Und Richard Wagner wurde auch zum wichtigsten Gesprächspartner des Königs bei
den weiteren Entwürfen und beim Fort-
gang des Baues. Betreten hat der Kom-
ponist das Traumschloß freilich nie. Er
habe sich, so sagt man, im Laufe der
Jahre über den König und seine Bau-
manie mehr und mehr lustig gemacht.

Der Platz für diese Opernburg hatte
schon lange festgestanden. Auf einem
Felssporn nahe dem eher bescheidenen
Schloß Hohenschwangau, in dem Ludwig II. einen wesentlichen Teil seiner
Kindheit verbracht hatte, dämmerte eine
mittelalterliche Ruine. Ursprünglich hatte Ludwig sie wieder aufbauen wollen;
dann aber ließ er sie doch abtragen und
hier am 5. September 1869 den Grundstein für die neue Burg legen. Damals
trug sie noch den vorläufigen Namen
Vorderhohenschwangau.

„Ich habe die Absicht", hatte Ludwig
am 13. Mai 1868 an Richard Wagner
geschrieben, „die alte Burgruine Hohenschwangau bei der Pöllatschlucht neu
aufbauen zu lassen im echten Styl der
alten deutschen Ritterburgen ... Auch
Reminiscenzen aus *Tannhäuser* (Sängersaal mit Aussicht auf die Burg im Hin-
tergrunde) und *Lohengrin* (Burghof, offener Gang, Weg zur Kapelle) werden
Sie dort finden."

Ideelles Zentrum der Opernburg sol-
te der Sängersaal werden, ein Treffpunkt
für Geist, Kunst und Tugend, wichtiger
noch als der Thronsaal, der erst später in
die Planung aufgenommen wurde. Dritter wesentlicher Raum war das Schlafgemach des Königs. (Nur ironische Leute
fragen gelegentlich nach den Schlaf-
räumen der Königin.) Die Ausstattung
aller Räume ist äußerst üppig. Schnitz-
werk, Marmor, Gold, Bilder aus deutscher Sage und Geschichte – eine
unwirkliche Umwelt, in der sich insze-
niertes Leben abzuspielen hatte.

Wirklich fertig geworden ist Neuschwanstein sowenig wie alle anderen
Bauten Ludwigs II. Nach seinem Tode
wurden nur die notwendigsten Arbeiten
zum Abschluß gebracht. Die Millionen-
schulden, die der Herrscher mit seinem
Schloß hinterlassen hat, sind inzwischen
aber längst getilgt. Heute zählt Neuschwanstein zu den meistbesuchten Sehenswürdigkeiten Deutschlands.

Stolz erhebt sich die langgestreckte Burgruine Nideggen (rechts) über dem Tal der Rur. Vom Palas (14. Jh.) sind im wesentlichen noch die Außenmauern mit zwei Ecktürmen, der Damenerker und ein Mittelturm erhalten. Der mächtige Wohnturm (links) stammt aus dem 12. Jahrhundert. 1979 setzte man ihm wieder ein Dach auf und fügte einen Wehrgang an, wobei man sich auf alte Vorlagen stützte. Sehr hübsch ist die Pförtnerwohnung, ein wiederaufgebauter Fachwerkbau des 18. Jahrhunderts.

Nideggen

Eine der eindrucksvollsten Burgruinen im Rheinland ist Nideggen in der Eifel, cinst die Residenz der mächtigen Grafen und späteren Herzöge von Jülich. Nachdem der Graf Wilhelm II. von Jülich im Jahre 1177 ein großes Gebiet, die Waldgrafschaft, erworben hatte, errichtete er dort die Burg auf einem steilen Felsen über dem Rurtal. Sein Nachfolger, Wilhelm III., führte den Bau weiter. Im Schutz der gewaltigen Wehranlage konnte sich das fruchtbare Land ringsum ungestört entwickeln. Der kleine Burgflecken wurde mit einer Mauer umgeben, und man errichtete eine schöne Kirche.

Wilhelm III. fiel auf einem Kreuzzug in Ägypten. Auf ihn folgte Wilhelm IV. Er kämpfte gegen die Macht der Erzbischöfe von Köln. Erzbischof Konrad von Hochstaden, der Gründer des gotischen Kölner Domes, mußte nach einer verlorenen Schlacht (1241) neun Monate im Gefängnis der Burg Nideggen verbringen. Auch Erzbischof Engelbert, Konrads Nachfolger, wurde nach der Schlacht am Marienholz bei Zülpich (1267) dreieinhalb Jahre auf Nideggen in Haft gehalten.

Unter Graf Gerhard von Jülich (1297–1328) wurde östlich des alten Burgfleckens planmäßig eine Stadt angelegt. 1423 fiel Jülich durch Erbschaft an die Grafschaft Berg, deren Herrscher Nideggen sehr schätzten. Erst als später die Hofhaltung nach Jülich und Düsseldorf verlegt wurde, nachdem das Land 1511 an den Herzog von Kleve gefallen war, setzte der Niedergang ein. In der Jülicher Fehde, in der Kaiser Karl V. dem Herzog den Besitz von Geldern streitig machte, wurde die Burg eingeäschert (1542). Noch als Ruine aber kündet der stolze Bau von der früheren Größe und Pracht.

Im Gegensatz zu kleineren Burgen, in denen man einfach und bescheiden lebte, konnte sich auf Nideggen ein prunkvolles höfisches Treiben entfalten. Damen und Herren in farbenprächtigen Gewändern bevölkerten die Gemächer. Hier war auch genügend Raum für glanzvolle Feste, wie sie in ritterlichen Heldenliedern geschildert werden. Am Beispiel von Nideggen kann man ermessen, daß diese Berichte nicht etwa maßlos übertrieben oder gar frei erfunden sind.

So prunkvoll, wie es auf den großen Burgen zuging, so ärmlich lebten die Bewohner auf den kleinen. Während man in Nideggen festlich tafelte und hier die verschiedensten feingewürzten Fleischsorten, Fische, Geflügelarten und Köstlichkeiten aller Art auf den Tisch kamen, gab es auf den kleinen Adelssitzen oft nur Hülsenfrüchte, Kraut und Rauchfleisch. Aufwendige Jagdgesellschaften zogen von Nideggen in die Wälder, während sich in den ärmeren Adelshäusern die wenigen Bediensteten freuten, wenn der Schloßherr im Winter etwas frisches Fleisch als Jagdbeute mitbrachte.

Dort ließ man nur wenige Haustiere überwintern; die übrigen schlachtete man, und das Fleisch wurde zu Beginn der kalten Jahreszeit geräuchert oder eingesalzen.

Burg Nideggen ist eine rechteckige Anlage von 49 mal 95 Metern. Sie hat einen kleineren unteren und einen größeren oberen Hof. Ältester Teil ist der mächtige Wohnturm oder Bergfried aus dem 12. Jahrhundert. In seinem Erdgeschoß befindet sich eine gewölbte Kapelle mit fünf halbrunden Nischen; daneben liegt das einstige Gefängnis. Die Obergeschosse enthalten je zwei Wohnräume.

Der Turm wurde um 1350 erhöht. Seit 1979 ist er wieder von einem Dach bedeckt und als Museum eingerichtet. Der turmbewehrte Palas, der einst zusammen mit dem Kaisersaal des Aachener Rathauses und dem Kölner Gürzenich zu den größten und bedeutendsten mittelalterlichen Saalbauten Deutschlands gehörte (17 mal 52 m), entstand im 14. Jahrhundert.

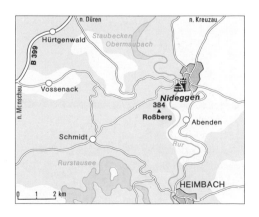

Nordkirchen

Das „westfälische Versailles" wird es oft genannt, das größte Wasserschloß Westfalens bei Nordkirchen. Und in der Tat atmet die großzügige Anlage etwas von der Grandeur des riesigen Schlosses Ludwigs XIV. Der Repräsentationsstil des Sonnenkönigs hat sicherlich seinen Einfluß wie auf alle Fürsten seiner Zeit, so auch auf den Münsterer Fürstbischof Friedrich Christian von Plettenberg nicht verfehlt, der sich nach dem Erwerb Nordkirchens 1694 entschloß, die bestehende alte Wasserburg abzureißen und durch einen Neubau im Stile der Zeit zu ersetzen.

Ein Schloß im Münsterland konnte aber natürlich nicht zur Kopie von Versailles werden, sondern es mußte seinen eigenen Charakter gewinnen. Eben das macht den Reiz von Schloß Nordkirchen aus: daß es die jahrhundertealte Tradition des Baues von Wasserburgen und Wasserschlössern in Westfalen – die aus dem Bedürfnis der Bauherren entstanden, sich auf kleinen Inseln inmitten möglichst großer Wasserflächen gegen Feinde verteidigen zu können – verbindet mit dem französischen Schloßbau des Barocks, der Wasserflächen nur noch als ästhetisches Element verwandte. So ist Nordkirchen noch an allen vier Ecken der Hauptinsel durch Türmchen bewehrt, doch würden diese keinem Eindringling mehr Furcht einjagen.

Architekt Nordkirchens war der münsterische Hofbaumeister Gottfried Laurenz Pictorius. Durch Zuschütten der Innengräfte und Anschüttungen ließ er die ursprünglich zwei Schloßinseln zu einer großen, quadratischen Zentralinsel umgestalten. Hier entstand das Corps de logis. Seine beherrschende Stellung wurde dem schönen, ausgewogenen Baukörper in den Jahren 1903–10 leider dadurch genommen, daß man seine beiden vorspringenden, quadratischen Seitenpavillons durch gleich hohe Zwischenbauten mit den winkelförmigen, ursprünglich freistehenden Kapellen- und Dienertrakten verband. Auch die langgestreckten Reit- und Stallgebäude davor wurden damals neu gebaut.

1723 übernahm der bekannteste Barockarchitekt Westfalens, Johann Conrad Schlaun, die Vollendung der Schloßanlage. Sie verdankt ihm insbesondere die Einrichtung der Repräsentationsräume im Hauptbau und den großen Park westlich der Schloßinsel, einst einer der berühmtesten Gärten Europas.

Fürstbischof Friedrich Christian von Plettenberg war bereits drei Jahre nach der Grundsteinlegung, im Jahre 1706, gestorben. Den Bau führte zunächst sein Bruder, dann sein Neffe weiter. Das Schloß blieb bis 1833 im Besitz der Familie von Plettenberg und gelangte dann durch Heirat an die ungarischen Grafen Esterházy-Galántha. 1903 erwarb es Herzog Engelbert von Arenberg, und 1958 kaufte es das Land Nordrhein-Westfalen. Der prächtige Jupitersaal, die sich beiderseits symmetrisch anschließenden Salons und Kabinette sowie die bedeutende Schloßkapelle können besichtigt werden.

Das prächtige barocke Wasserschloß Nordkirchen, das größte Westfalens, liegt fast genau in der Mitte zwischen Dortmund und Münster in einem weiten Park- und Waldgelände. Von den einstigen Parkbauten sind die Oranienburg und die von Johann Conrad Schlaun erbaute schlichte neue Orangerie erhalten.

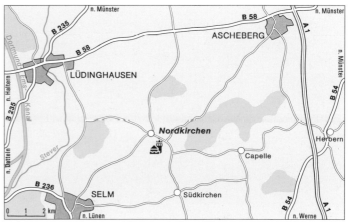

Nürnberg

Der Besucher der Nürnberger Burg betritt eine weitläufige Anlage, die in starkem Maße mit der mittelalterlichen deutschen Reichsgeschichte verbunden ist. Ihr heutiges Aussehen wurde im 15. Jahrhundert entscheidend geprägt. Allerdings erlitt die Burg im Zweiten Weltkrieg starke Zerstörungen. Ein umfangreicher Wiederaufbau stellte jedoch den Vorkriegsbestand soweit wie möglich wieder her, so daß man an diesem gewaltigen Komplex, der die Altstadt von Nürnberg überragt, seine lange Entwicklungsgeschichte genau ablesen kann.

Drei wesentliche Bauphasen sind bis zum 15. Jahrhundert zu verzeichnen: Die erste fand unter den salischen Kaisern in der ersten Hälfte des 11. Jahrhunderts statt, die zweite unter den Staufern in der zweiten Hälfte des 12. Jahrhunderts und die dritte im 15. Jahrhundert. Von der salischen Anlage sind nur noch der Fünfeckturm, das Burgamtmannshaus und die Walpurgiskapelle erhalten.

Ab 1138 war die Burg in der Hand der Staufer. Unter ihnen entwickelte sich auf dem Burgfelsen ein merkwürdiger baulicher Dualismus, der nicht nur für Nürnberg und Franken große geschichtliche Bedeutung hatte: Die bereits vorhandene salische Königsburg auf der Osthälfte des Felsens, nun den Burggra-

fen überlassen, wurde Ausgangspunkt der territorialen Politik der Zollern (oder Hohenzollern, wie sie sich später nannten), die seit 1192 Inhaber des kaiserlichen Lehens waren. Und westlich davon entstand eine neue Kaiserburg, die den Angelpunkt der kaiserlichen Politik bildete.

Vom damaligen Aussehen der Anlage weiß man wenig. Die mittelalterliche Kaiserburg, die heute wieder aufgebaut vor uns steht, wurde unter Kaiser Friedrich Barbarossa (1152–90) begonnen und von seinen Nachfolgern zur Reichsburg ausgebaut. In ihr vereinigte sich die Bauform der Pfalz aus karolingischer Zeit mit derjenigen einer Wehrburg.

Solche Reichsburgen wurden allgemein Mittelpunkte des höfisch-ritterlichen Lebens, das unter den staufischen Kaisern seinen glanzvollen Höhepunkt

Die weitläufige Burganlage steht auf einem Sandsteinfelsen, der aus der Nürnberger Altstadt emporsteigt. Das Bild zeigt die Kaiserburg mit dem viereckigen Heidenturm sowie der anschließenden Doppelkapelle, dem Palas und der Kemenate (hinten, rechts). Weiter vorn der Sinwellturm, vor dem sich der Heimliche Wächtergang hinzieht. Daran schließt sich rechts die Burgamtmannswohnung an.

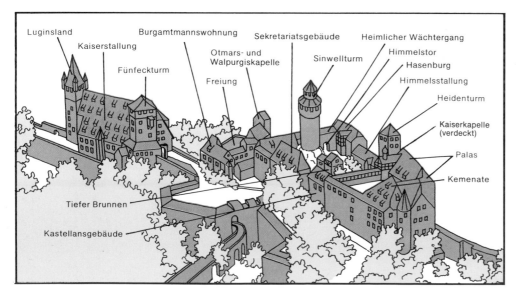

Luginsland — Kaiserstallung — Fünfeckturm — Burgamtmannswohnung — Otmars- und Walpurgiskapelle — Freiung — Sekretariatsgebäude — Sinwellturm — Heimlicher Wächtergang — Himmelstor — Hasenburg — Himmelsstallung — Heidenturm — Kaiserkapelle (verdeckt) — Palas — Kemenate — Tiefer Brunnen — Kastellansgebäude

Die Kaiserstallung (links) wurde 1494 als Korn- und Schütthaus errichtet. Sie steht zwischen dem Fünfeckturm (rechts im Bild), der die burggräfliche Anlage abschließt, und dem 1377 erbauten, als Luginsland bekannten Turm. Unterhalb des Fünfeckturms kann man noch einen Hufabdruck betrachten; er soll vom Pferd des Raubritters Eppelein von Gailingen stammen, der durch einen waghalsigen Sprung von hier aus über den breiten Burggraben den Nürnbergern entkam.

Das Obergeschoß der um 1170 entstandenen Doppelkapelle (rechts) mit der Kaiserempore. Die Kapelle erlaubte eine dreifache Verwendung: als kaiserliche Privatkapelle, als Hofkapelle und als allgemeine Burgkapelle.

erlebte. Jeweils den örtlichen Gegebenheiten und dem Gelände angepaßt, waren sie im gesamten Reichsgebiet vertreten. Einheitliches Merkmal ist unter anderem das monumental wirkende Buckelquaderwerk, ein Mauertyp, der sich im Fränkischen noch einige Jahrhunderte lang hielt und eine Besonderheit dieser Landschaft darstellt.

Eindrucksvollster Teil der Nürnberger Anlage ist die Doppelkapelle, eine typisch staufische Einrichtung, die es auch in anderen Kaiserburgen dieser Zeit gibt. Fast symbolisch ist die Gegensätzlichkeit der beiden sakralen Räume. Schwer und gedrungen wirken die Formen der unteren Margaretenkapelle; leicht, hell und hoch die der Kaiserkapelle darüber. Durch die quadratische Öffnung im mittleren Joch, die beide verbindet, fällt ein wenig Licht nach unten und erhellt den düsteren Raum. Der plastische Schmuck an Kapitellen und Konsolen ist von vorzüglicher Qualität.

Der Palas, der im 15. Jahrhundert abgebrochen und unter Verwendung alter Teile wieder aufgebaut wurde, war damals vermutlich doppelgeschossig und besaß Galerien – eine für jene Zeit wegweisende Neuerung, die in der später entstandenen Wartburg ebenfalls zu finden ist.

Friedrich Barbarossa und seine Nachfolger hielten sich häufig hier auf, und auch nach dem Ende der staufischen Dynastie kamen die Herrscher des Heiligen Römischen Reiches wegen der großen Bedeutung Nürnbergs als Zentrum der Kunst und des Handels oft auf die Kaiserburg.

Die Sorge für diese Burg fiel 1313 an die Stadt, die sie unmittelbar als kaiserliches Gut verwaltete. Auf der einstigen salischen Königsburg hingegen saßen, wie gesagt, die Zollern. Durch eine geschickte Politik erwarben sie weitläufige Ländereien, die sie bis Anfang des 19. Jahrhunderts auch behielten. Kaum verwunderlich, daß dieses Erwerbungsstreben mit den Interessen der freien Reichsstadt, die ebenfalls bemüht war, ein großes Territorium um sich zu sammeln, kollidierte. Die Rivalität zwischen den Zollernschen Burggrafen und der Stadt führte zu einem regelrechten Kleinkrieg, bei dem die burggräfliche Burg zur Stadtseite hin abgeriegelt wurde. Die Stadt errichtete 1377 sogar den Luginsland, einen Turm, der eine Überwachung der burggräflichen Anlage bis in die Höfe hinein ermöglichte.

Die andauernden Streitigkeiten veranlaßten 1427 den Burggrafen – seit 1415 war er Markgraf von Brandenburg –, die Anlage, die überdies sieben Jahre früher in einer Fehde mit Bayern niedergebrannt worden war, an die Stadt zu verkaufen. Zu Beginn des 15. Jahrhunderts bezog man die Burg in die Stadtbefestigung ein und ließ diese durch den Italiener Antonio Fazuni Maltese zu einer der modernsten Anlagen jener Zeit ausbauen.

Auch an der Reichsburg selber wurden Veränderungen vorgenommen. Dabei nahm der Wehrbau, vor allem im Palas und in der Kemenate, immer mehr Wohncharakter an. Überdies legte man auch Gärten an.

1483 kamen die Reichskleinodien auf die Burg. Sie hatten damals nicht nur eine politische und zeremonielle, sondern auch eine religiöse Bedeutung. Das galt für die Reliquien, die einen Teil dieser Kleinodien ausmachten, wie auch für die reinen Zeichen der kaiserlichen Herrscherwürde.

Unter Kaiser Maximilian I. (1493 bis 1519), dem „letzten Ritter", erlebte die Burg Nürnberg noch eine weitere, kurze Glanzzeit. Baulich aber geschah nichts Wesentliches mehr. Den letzten bedeutenden Akzent hatte 1494/95 Hans Behaim d. Ä. mit dem Kornhaus, der sogenannten Kaiserstallung, gesetzt. Nürnberg war nun nicht mehr Stadt der Reichstage. Mit dem Ende des 30jährigen Krieges übernahm Regensburg endgültig diese Rolle; Nürnberg erholte sich nicht mehr von den finanziellen Belastungen des langen Krieges.

1806 kam die Burg nach einem kurzen preußischen Zwischenspiel an Bayern. 1811 wurden Teile städtisch, und 1855 fiel die Anlage insgesamt an den bayerischen Staat. Eine romantische Renovierung in den Jahren 1834/35 veränderte sie nicht gerade zum Vorteil. 1934 gab man ihr jedoch das ursprüngliche Aussehen zurück.

Pfalzgrafenstein

Die Pfalz – wie der Pfalzgrafenstein auch genannt wird – vor Kaub im Rhein war eine Zollsperre wie etwa der Mäuseturm bei Bingen, der deshalb ursprünglich richtiger Mautturm hieß. Den sehr einträglichen Rheinzoll bei Kaub erhoben die Pfalzgrafen, und es war der damalige Inhaber der rheinischen Pfalzgrafenschaft, der deutsche König Ludwig der Bayer, der in den Jahren 1326 und 1327 auf der Felsinsel Falkenau einen Zollturm errichten ließ.

Ludwig der Bayer (1314–47) war im Laufe des letzten großen Streites zwischen Kaiser und Papst von Johannes XXII. gebannt worden, und der Papst kommt schon 1327 in einem Rundschreiben an die Erzbischöfe von Mainz, Köln und Trier auf diesen Zollturm zu sprechen. Er führt darin unter anderem an, der König habe seinen früheren Verbrechen noch das hinzugefügt, daß er einen überaus festen Turm auf der Rheininsel bei Burg Gutenfels zu erbauen begonnen habe, um die mit Fluch belegten Steuern und Zölle in Zukunft noch härter eintreiben und besser verteidigen zu können.

Dieser „überaus feste Turm" stand zunächst allein. Um 1340 wurde die Wehrmauer gebaut, die den Turm von allen Seiten umgibt, und 1607 entstand die Bastion an der Südspitze. Die militärische Bedeutung der Burg war gering: 1381 bezogen nur „ein Zollknecht und ein Trumper uff Pfaltzgravenstein" Sold; 1509 waren es ein Wächter und ein „Buwmeister uff der Pfaltz".

Noch einmal geriet der Pfalzgrafenstein ins Rampenlicht der Weltgeschichte, als nämlich preußische und russische Truppen unter Blücher in der Neujahrsnacht 1814 an dieser Stelle den Rhein überschritten und damit zu jener Zeit französischen Boden betraten.

Die Pfalz hat den Grundriß eines Brückenpfeilers: ein Rechteck mit einem nach Süden vorspringenden spitzen Dreieck als Eisbrecher und mit einem nach Norden weisenden stumpfen Dreieck. Nur mit einem Schiff erreicht man die nie zerstörte Burg im Strom, deren Gemäuer seit 1971 wieder in der nach alten Spuren erneuerten rotweißen Bemalung der gotischen Zeit erglänzen. Über dem Tor, zu dem man auf einer Holztreppe gelangt, hängt noch das alte Fallgitter. Die zwölf Meter hohe, sechsseitige Ringmauer umschließt einen kleinen Hof mit Arkaden. Darüber liegen zwei Wehrgänge aus dem 14. und 17. Jahrhundert. In fünf der sechs Ecken wachsen in der Ringmauer Rundtürme empor, deren polygonale Obergeschosse malerisch über den Wehrgängen aufragen. An vier von ihnen kleben außen Holzerker. Im Südkopf ist der Wohnbau untergebracht. In den fünfeckigen Hauptturm, dessen Spitze ebenfalls nach Süden weist, gelangt man über eine Brücke vom Wehrgang aus. Eine Wendeltreppe verbindet die Geschosse.

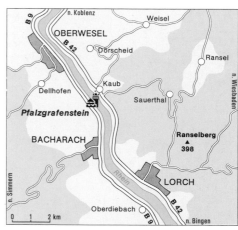

Wie ein gewaltiges Schiff wirkt der trutzige Pfalzgrafenstein, der sich malerisch auf einer Felsklippe mitten im Rhein erhebt. Über der bugartigen Südspitze kragt wie ein Doppelerker der Geschützstand der Bastion hervor.

Der einzige Zugang zur Burg führt von der Südostseite auf den malerischen Hof (links). Auf den niedrigen Steinarkaden ruht der untere Wehrgang.

Eine doppelte Arkadenreihe über dem hohen, schmucklosen Erdgeschoß umgibt auf drei Seiten den Schönen Hof. Ausführender Bildhauer war vermutlich der in Italien geschulte Daniel Engelhard. Die plastische Dekoration erinnert an ostdeutsche und schlesische Vorbilder.

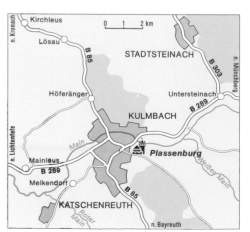

Plassenburg

große, festliche Aufzüge und Veranstaltungen. Dafür hatte ihn der Bauherr, Markgraf Friedrich von Brandenburg-Kulmbach, wohl auch entwerfen lassen.

Mit dem imposanten Werk, das sein Hofarchitekt Caspar Vischer geplant und durchgeführt hat, ist der letzte große bauliche Akzent der Residenzstadt Kulmbach gesetzt worden. Nur wenige Jahrzehnte nach der Vollendung siedelte Markgraf Christian im Jahre 1604 nach Bayreuth über. Damit endete im wesentlichen die lange, bedeutende Geschichte Kulmbachs als Residenz. Von nun an war es zwar noch die wichtigste Festung des Fürstentums; der einstige Glanz aber ging mit der Hofhaltung für 200 Jahre auf Bayreuth über.

Vermutlich stand bereits 1135 an der Stelle der Plassenburg eine Anlage der Grafen von Andechs-Dießen. Dieses mächtige Geschlecht, dem bald die Würde der Herzöge von Meranien verliehen wurde, erlosch bereits 1248. Im Jahre 1340 gelangten die Besitzungen an die hohenzollernschen Burggrafen von Nürnberg, die hier bis 1791 die Landesherren blieben. Ihnen ist die heutige Gestalt der Plassenburg zu verdanken, die auf einem Felsrücken oberhalb von Kulmbach liegt.

Wie die ersten Anlagen an dieser Stelle ausgesehen haben, zeigen alte Abbildungen. Als 1397 die burggräfliche Hofhaltung in die Plassenburg verlegt wurde, war die Anlage schon stark befestigt. Den Höhepunkt ihrer Wehrhaftigkeit erreichte sie unter dem Markgrafen Albrecht Alcibiades von Brandenburg-Kulmbach, der sie ab 1541 zu einer außerordentlich starken Festung aus-

Im Gegensatz zum Schönen Hof wirkt die Außenseite dieser bedeutendsten befestigten Renaissanceresidenz Frankens schlicht und abweisend.

bauen ließ. Er hatte gute Gründe dafür.

Dieser Fürst war ein Kind seiner unruhigen Zeit. Vaterlos aufgewachsen, trat er mit 19 Jahren die Herrschaft in Kulmbach und Bayreuth an. In den nachreformatorischen Wirren versuchte er dann, sich durch Raub und Erpressung in Franken ein großes Fürstentum zusammenzuraffen. Im sogenannten 2. Markgräflerkrieg (1552–54) verheerte er die Territorien der Bischöfe von Würzburg und Bamberg sowie der Reichsstadt Nürnberg.

Eine Koalition legte schließlich dem Abenteurer das Handwerk. Am 21. Oktober 1554 wurde seine große Veste zerstört. Damit fand die Politik dieses fürstlichen Raubritters ihr Ende.

Sein Nachfolger, Markgraf Georg Friedrich, ein äußerst kultivierter Herrscher, sorgte für den Wiederaufbau. Er berief Caspar Vischer und andere bedeutende Baumeister und Architekten in seine Dienste, und so nahm die Plassenburg nach und nach ihre heutige Gestalt an. Die enormen Kosten von 237 114 Gulden bestritt der Bauherr unter anderem aus Kriegsentschädigungen.

Damit war das Hohe Schloß vollendet. Bastei, Arsenalbau und Kasernenhof sind spätere Zutaten. Heute sind in der Plassenburg mehrere Sammlungen untergebracht, so das Deutsche Zinnfigurenmuseum mit rund 300 000 Figuren.

Wenn man die strengen, festungsartigen Außenwände der Plassenburg betrachtet, vermutet man kaum, daß sie einen der interessantesten Innenhöfe der deutschen Renaissance umschließen. Der Schöne Hof, gleichsam ein Turnierhof, bildet ein unregelmäßiges Viereck. Offene Arkadengänge begrenzen die West-, Ost- und Südseite. Die Pfeiler, Bogen und Brüstungen der Arkaden sind mit Flachreliefs überzogen. Medaillons zeigen die Bildnisse der Hohenzollern, deren Ahnenreihe bis in die Antike reicht. Dieser Hof war so die ideale Kulisse für

Gegenüber dem Schloß liegt der geschwungene Bau des Marstalls, der den
weiten Innenhof abschließt. Wirtschaftsgebäude runden den Komplex ab.

Das Treppenhaus besitzt eine prachtvolle Stiege und in den Obergeschossen
offene Galerien. Die Decke wurde von
Johann Rudolf Byss ausgemalt.

Pommersfelden

Unter den süddeutschen Schlössern nimmt Weißenstein, auch Pommersfelden genannt, eine Sonderstellung ein. Nur zu oft wird diese großartige Anlage fälschlich in die Gruppe der Residenzen und damit öffentlichen oder staatlichen Häuser vergangener Jahrhunderte eingereiht. Tatsächlich handelt es sich hier aber um das grandiose Privatschloß eines der einflußreichsten geistlichen Fürsten des frühen 18. Jahrhunderts.

Lothar Franz von Schönborn, Kurfürst von Mainz, Erzkanzler des Reiches und Fürstbischof von Bamberg, der zweite Schönborn auf dem Mainzer Stuhl innerhalb weniger Jahrzehnte, war der Bauherr im weitesten Sinne: Die gesamte Planung wurde von ihm wesentlich beeinflußt. Vor allem das große Treppenhaus, eines der festlichsten des europäischen Barocks, ist auf seine eigene – wie er es selbst nannte – Invention zurückzuführen.

Johann Dientzenhofer, der Bamberger Hofbaumeister, koordinierte die Vorbereitungen zu dieser Anlage. Die Verwandten des Bauherrn – er nannte sie

seine Baudirigierungsgötter – nahmen daran regen Anteil. Der Wiener Johann Lukas von Hildebrandt sowie Maximilian von Welsch waren die Mitwirkenden in diesem Konsortium.

Als Ergebnis ihrer Arbeit sehen wir heute einen weitläufigen Komplex vor uns, der unvermittelt aus der sanft gewellten Landschaft aufsteigt. Ursprünglich war er von einem prachtvollen Barockgarten umgeben, von dem auch noch Spuren vorhanden sind; doch wurde das Schloß erstaunlich wenig zu seiner Umgebung in Beziehung gesetzt. Nähert man sich der Anlage von Westen oder Osten, so steht man unvermittelt in einem Hof, der vom Schloßbau und vom Marstall eingefaßt ist.

Schritt für Schritt erlebt man dann die festliche Folge von Treppenhaus, Vestibül und Marmorsaal, die in ihren Dimensionen fürstlichen Charakter besitzen. Das Treppenhaus erstrahlt seit seiner Restaurierung in den Jahren 1976/77 in der alten Farbgebung. Der Marmorsaal prunkt mit Doppelsäulen an den Wänden und einem Deckenfresko von

Johann Michael Rottmayr. Die anschließenden, in verschwenderischer Pracht ausgestatteten Räume beherbergen hervorragende Sammlungen. Gemälde, die im wesentlichen vom Bauherrn zusammengetragen wurden, beeindrucken ebenso wie kostbare Möbel, Gläser, Porzellan und die mit reichen Stukkaturen, intarsierten Fußböden und Täfelungen ausgestatteten Appartements. Unter dem Marmorsaal liegt die ovale Sala Terrena, ein Gartensaal, der mit seiner grottenartigen Ausgestaltung in den Park überleitet.

Dem Besucher erscheint es beinahe unfaßbar, daß diese große Bauleistung in der kurzen Zeit von 1711 bis 1718 vollbracht worden ist. In den folgenden Jahren entstand noch der Marstall, und hier und da wurden gewisse Veränderungen vorgenommen. Das Gesamtkunstwerk Pommersfelden, sowohl die Gebäude als auch die Ausstattung, die Sammlungen und der Garten, zieht viele Besucher an, die bewundernd vor diesem Zeugnis Schönbornschen Wirkens im süddeutschen Barock stehen.

Raesfeld

Die künstlerischen Errungenschaften der Renaissance und des Barocks, deren Ursprungsland Italien ist, erhielt Westfalen aus zweiter Hand: Die Formen der Renaissance und die kühle Strenge und Zurückhaltung des französischen Barocks kamen auf dem Weg über die Niederlande; das wogende Spiel von Licht und Schatten, gepaart mit der überquellenden Lebensfreude des römischen Barocks, gelangte über Süddeutschland in den Norden Deutschlands. Dennoch entstanden damals auch hier so eindrucksvolle Bauten wie das Wasserschloß Raesfeld.

Gegründet wurde Raesfeld um 1170 von Rabodo von dem Berge. Dessen Familie verkaufte das Gut 1259 dem Ritter Simon von Gemen, der eine Burg bauen ließ. Nach 1559 kam Raesfeld an die Herren von Velen, unter denen es einen glänzenden Aufstieg erlebte.

Kern der heute vorhandenen Schloßanlage ist der Nordflügel, ein mächtiges, zweigeschossiges Giebelhaus, das als Herrenhaus münsterländischer Art nach einem Brand an der Stelle eines älteren Baus errichtet wurde. 1606 hatte sich Graf Alexander I. von Velen dafür den Baumeister Heinrich von Borken geholt.

Dem kraftvollen, unternehmenden Reichsgrafen und Generalfeldmarschall Alexander II. (gestorben 1675) genügte die Anlage seines Vaters nicht mehr. Dieser im Kriege in kaiserlichen Diensten reich gewordene „westfälische Wallenstein" ließ in den 40er Jahren des 17. Jahrhunderts – noch tobte der 30jährige Krieg – von dem Kapuzinermönch Michael von Gent den eigenartigsten Bau

dieses Jahrhunderts in Westfalen errichten. Auf einer Insel entstand das machtvolle Hauptschloß in Form einer Vierflügelanlage; eine andere Insel trägt die Vorburg mit Wirtschaftsgebäuden und einer seltsam anmutenden Kapelle mit zweiteiliger Portalloggia. Beide Inseln sind durch eine Brücke verbunden.

Schon 1658 war die gewaltige Anlage vollendet. Nachdem ein Nachkomme Alexanders II. den Besitz in wenigen Jahren verjubelt hatte, erbten 1733 die Grafen von Limburg-Styrum zu Gemen das Schloß. Es blieb aber unbewohnt und verkam mehr und mehr. So wurden an der Nordost- und an der Südostseite Tor- und Galerieflügel im 19. Jahrhundert abgebrochen. Der damals bis auf Reste des Sockels ebenfalls abgebrochene Rundturm an der Nordecke wurde erst 1959/60 wieder aufgebaut.

Vor allem in zwei architektonischen Gegebenheiten äußert sich bei Schloß Raesfeld das Barock: zum einen in der Ausrichtung des Parks, eines Tiergartens und eines Kanals auf die Schloßbauten hin; zum andern in der Bekrönung des Eckturmes der Vorburg, in dem sich ein Observatorium befand.

Diesen massigen, vierkantigen Turm, Raesfelds Wahrzeichen, gliedern Gesimsbänder unterhalb jedes Geschosses. Helle Haussteine festigen zahnschnittartig die vier Ecken; sie verstärken auch den zum Wirtschaftsgebäude hin liegenden polygonalen, schlanken Treppenturm. Das angeschlossene Wirtschaftsgebäude bildet, vor allem farblich, eine Einheit mit dem Eckturm, dessen Schieferdach dreifach gestuft ist.

Das Münsterland ist ein beschauliches Land, von ruhigen Leuten bewohnt. Diese Stille atmet auch die Abgeschiedenheit von Schloß Raesfeld. Heller Sandstein umrahmt die Fenster und betont die Kanten. Er kontrastiert wirkungsvoll zu dem weichen Ziegelrot der Gebäude, das seinerseits schön mit den verschiedenen Blautönen der Schieferdächer, der Wasserfläche und des Himmels sowie mit dem Grün der Umgebung harmoniert.

Rastatt

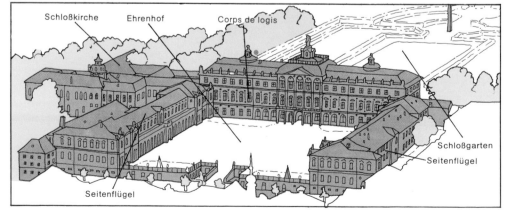

Schloßkirche Ehrenhof Corps de logis

Schloßgarten
Seitenflügel

Seitenflügel

Um die Wende vom 17. zum 18. Jahrhundert begannen, dem Zeitgeschmack folgend, eine Reihe deutscher Fürsten, ihre angestammten Sitze aufzugeben und der Enge ihrer oft kleinen, in Jahrhunderten gewachsenen Residenzstädte zu entfliehen. Auf weiten Ebenen, wo es sich großzügig planen ließ, entstanden auf ihr Geheiß repräsentative Schlösser und damit verbundene Städte nach dem Vorbild von Versailles.

Als erster dieser Fürsten entschloß sich Markgraf Ludwig Wilhelm – der sich als kaiserlicher Feldherr durch seine Siege über die Türken den volkstümli-

chen Beinamen Türkenlouis erwarb –, sein Schloß im bergigen Baden-Baden zu verlassen und eine neue Residenz in der Rheinebene zu gründen. Er wählte als Standort den 1689 im Pfälzischen Erbfolgekrieg zerstörten Marktflecken Rastatt, wo bereits ein kleines Jagdschloß in seinem Besitz war.

Als Architekten für den Schloßbau berief er 1697 den Italiener Domenico Egidio Rossi aus Wien. Dieser gehörte einer Baumeisterfamilie an, die auch in Versailles tätig war; infolge seiner Familienverbindungen erschien er als der geeignete Mann für das große Vorhaben.

Mit Skulpturen geschmückte Balustraden rahmen auf ansteigendem Gelände den Zugang zum Ehrenhof des Schlosses ein, der zu beiden Seiten von zweigeschossigen Trakten mit vorgebauten, schattigen Kolonnaden begrenzt wird. Der Hof liegt an der Stadtseite des Residenzschlosses: vor der harmonisch gestalteten, vorwiegend die Waagrechte betonenden Front. Der festliche Mittelpavillon mit seinen fünf Achsen wird durch einen langen, auf Säulen ruhenden Balkon hervorgehoben (rechts).

Das oberste Stockwerk leitet mit Rundfenstern und dem wappengeschmückten Giebelfeld zu dem geschweiften Dach und seiner turmartigen Laterne über. Den krönenden Abschluß bildet eine Jupiterfigur, der Goldene Mann genannt, eine Treibarbeit des Augsburgers Johann Jacob Vogelhund von 1723. Heute ersetzt eine Kopie das im Schloß aufbewahrte Original. Die ursprünglich flacheren Dächer des Mittelbaus beiderseits des Hauptpavillons wurden später erhöht,

so daß sich die Figuren auf der Dachbalustrade nicht mehr so wirkungsvoll vom Himmel abheben. In der Architektur und der Dekoration des Außenbaus spürt man die italienische Herkunft des Baumeisters. Pilaster zwischen den Fenstern tragen die reichen Gesimse. Über dem Erdgeschoß zieht sich eine Balustrade hin, von der hohe Fenster aufsteigen (links). Sie werden durch Dreiecksgiebel betont, unter denen Masken erscheinen. Große Kugeln bilden den Abschluß.

171

Im reich dekorierten Treppenhaus des Rastatter Schlosses erscheinen barocke Figuren. In den Kehlen des Deckengewölbes treiben rundplastisch ausgearbeitete Putten ihr Spiel. Ein Deckendurchbruch gibt den Blick frei in eine weitere überhöhte Architekturzone mit reichem Stuck und Zierat.

Gerade in Rastatt verleugnet denn auch der Grundriß des Schlosses nicht das französische Vorbild. Die Fassadenarchitektur und der Schmuck des Baues dagegen folgen italienischen Anregungen.

Innerhalb weniger Jahre wuchs nach Rossis Plänen in Rastatt eine große Schloß- und Stadtanlage im barocken Zeitgeschmack auf. Der Hauptbau wurde 1705 vom Fürsten und seiner Familie bezogen und blieb bis zum Aussterben des Geschlechtes 1771 die Residenz der Markgrafen von Baden-Baden.

Schon 1707 verstarb im Rastatter Schloß, kaum 52 Jahre alt, der allseits geachtete und ruhmreiche Bauherr. Seine Frau Augusta Sybilla, eine Tochter des Herzogs von Sachsen-Lauenburg, übernahm für ihren unmündigen Sohn die Regentschaft. Sie ließ den Schloßbau vollenden und verlieh besonders der Schloßkirche zum Heiligen Kreuz das eigentümliche, von ihrer Frömmigkeit und ihrer Herkunft bestimmte Gepräge. Hier fand sie später auch ihre letzte Ruhestätte. Baumeister der Kirche war Johann Michael Ludwig Rohrer, der von 1707 bis 1721 den Schloßbau weiterführte. Den Anbau der Südflügel übernahm 1762 schließlich Franz Ignaz Krohmer.

Nach der Stadt zu öffnet sich das Schloßgebäude mit einem mehr tiefen als breiten Ehrenhof. Abgesetzte, zweigeschossige Flankenbauten mit Kolonnaden führen zum Corps de logis, dem dreigeschossigen, giebelgekrönten Hauptbau. Im Gegensatz zur verhältnismäßig schmalen Stadtfront hat er auf der Gartenseite eine stattliche, rund 250 Meter lange Fassade. An der ganzen Baugruppe fallen besonders die zahlreichen Sandsteinskulpturen auf, die die Balustrade des Mittelbaus, die Eckpavillons und die Terrasse am Eingang schmücken und die teils mythologische Figuren, teils Heldengestalten darstellen.

Im Innern des Schlosses folgt auf ein geräumiges Vestibül ein — jetzt in eine

Durchfahrt umgewandelter – Gartensaal im Erdgeschoß. Seitlich davon führt eine zweiläufige repräsentative Treppe in das erste Obergeschoß hinauf. Sie mündet auf ein Podest, von dem der Besucher in den zwei Stockwerke hohen Festsaal oder Ahnensaal gelangt. Sein Deckenfresko stellt die Aufnahme des Herkules im Olymp dar, wobei es auf die kriegerischen Heldentaten des Bauherrn anspielt.

An den zentralen Festsaal schließen sich gegen Norden und Süden Fluchten prächtiger Wohnräume an. Herrliche Stukkaturen und Freskomalereien überwiegend italienischer Künstler schmükken diese Gemächer. Die übrigen Trakte des Schlosses beherbergten die Unterkünfte der Dienerschaft und die Wirtschaftsräume. Von dem Mobiliar ist bis auf einige Majolikaöfen nichts mehr vorhanden.

Die stimmungsvolle Schloßkirche wurde 1719–21 am Wohntrakt der Markgräfin errichtet. Österreichische und böhmische Vorbilder bestimmen die prunkvolle Ausstattung des Innenraumes, der sich mit seinen Einbauten der Form eines Zentralbaues nähert. Der stark erhöhte Chor wird durch einen theatralisch aufstrebenden, über zwei Treppen zugänglichen Hochaltar optisch erweitert.

Im großen Schloßgarten sind die ursprünglichen Anlagen des 18. Jahrhunderts zerstört, doch hat man ab 1952 begonnen, sie nach dem originalen Plan wiederherzustellen. Zwei Bauten waren ursprünglich dem Park eingefügt: die Einsiedelnkapelle und die Pagodenburg, beide von Johann Michael Ludwig Rohrer erbaut. Die Markgräfin stiftete die Kapelle als Dank für den Friedensschluß von 1714, mit dem Österreich und Frankreich den Spanischen Erbfolgekrieg beendeten. Die Bedingungen hatten Prinz Eugen und der französische Marschall Villars im Rastatter Schloß ausgehandelt. Die Fassade der Kapelle ist mit Reliefbildern geziert. Sie wird von einem gesprengten Giebel bekrönt, der mit Statuen besetzt wurde.

Vorbild der Pagodenburg war das gleichnamige Schlößchen im Nymphenburger Park, das Joseph Effner 1722 errichtete. In Rastatt diente die Pagodenburg allerdings nur als Spielhaus für die Kinder des Markgrafen.

Rheinfels

Die Burgen der Pfalz und des Hunsrücks hatte Ludwig XIV. bereits zerstören lassen; vor der Burg Rheinfels aber wurde sein Marsch zum Stehen gebracht: 1692/93 belagerten die Franzosen diese Feste vergeblich. Am zweiten Tag der Kämpfe, am 17. Dezember 1692, begab sich der französische Oberbefehlshaber, Graf Tallard, an eine Stelle, von der aus er das Gelände gut überblicken konnte. Hier wurde er, inmitten seiner Adjutanten, in die linke Schulter getroffen, so daß er das Kommando abgeben mußte. Den Schuß hatte ein Bürger von St. Goar, der den Grafen an seinem großen Federhut erkannt hatte, vom Kirchturm aus abgegeben. Die tapfere Verteidigung der Burg Rheinfels unter Generalmajor Sittich von Schlitz, genannt von Görtz, setzte dem französischen Angriff auf den Mittelrhein ein Ende. Die Niederlage war für die Franzosen um so schmerzlicher, als Tallard dem König versprochen hatte, ihm den Schlüssel der Festung Rheinfels am 1. Januar 1693 als Neujahrspräsent zu bringen.

Die Burg hatte damals schon eine wechselvolle Geschichte hinter sich: 1245 ließen die Grafen von Katzenelnbogen sie zum Schutz des St. Goarer Zolles errichten, und schon 1255/56 belagerte der Rheinische Städtebund sie ein Jahr und 14 Wochen. 26 Städte hatten 8000 Fußsoldaten und 1000 Reiter ausgerüstet, die von 50 bewaffneten Schiffen unterstützt wurden, dann aber „mit Schimpf und Spott" abziehen mußten. Die Burg wurde Residenz der Grafen von Katzenelnbogen, und ein reiches Kulturleben blühte hier.

So wird von einem Fest im Jahre 1432 berichtet, bei dem zur Unterhaltung der Gäste folgende Künstler mitwirkten: vier Pfeifer Landgraf Ludwigs von Hessen, zwei Pfeifer der Gräfin von Nassau, die Posaunenbläser der Falkengesellschaft, zwei fahrende Sänger und zwei blinde Lautenschläger. Dazu kamen die Musiker des Katzenelnbogener Hofes: Saitenspieler, Pfeifer, Posaunenbläser sowie Sänger und vielleicht noch fahrendes Volk, das hier seine Künste darbot.

Die Katzenelnbogen, ein edelfreies Geschlecht, das um 1095 die Burg Katzenelnbogen errichtete und sich seit 1102 nach ihr nannte, erhoben sich zu einem der mächtigsten deutschen Grafengeschlechter: Die Reichsmatrikel von 1422 nennt sie unter den Grafen an dritter Stelle.

Der Reichtum und der kulturelle Rang des Hauses waren überragend. Man unternahm Badereisen, veranstaltete Jagden und Turniere. Der Bestand an Silber und anderen Schätzen konnte sich sehen lassen, ebenso die Bibliothek.

Als das Grafenhaus Katzenelnbogen 1479 erlosch, kam Rheinfels durch Erbschaft an die Landgrafen von Hessen. 1497 wurde Wilhelm III. von Hessen-Kassel Augenzeuge der Belagerung von Boppard mit neuen Geschützen und ließ daraufhin 1497–1527 Rheinfels durch Außenwerke verstärken und zur Festung ausbauen. Philipp II. von Hessen-Rheinfels (1567–83) gestaltete die Anlage zu einer prächtigen Residenz um. Weitere Teile, so die große Ernstschanze, kamen in der zweiten Hälfte des 17. Jahrhunderts hinzu. Im Gegensatz zu den Jahren 1692/93 konnten die Franzosen die Festung 1794, im Ersten Koalitionskrieg, fast kampflos einnehmen. 1796 zerstörten sie das Bauwerk.

Rheinfels ist eine der umfangreichsten und bedeutendsten Ruinen am Rhein, lehrreich für die Burgenbaukunst des Mittelalters sowie für den Schloßbau und das Befestigungswesen der Renaissance. Zwei gekennzeichnete Rundgänge führen durch die immer noch sehenswerten Anlagen: zunächst durch die mittelalterliche Burg mit ansehnlichen Gebäudeteilen und einem kleinen Museum. Hier ist auch ein Modell der Festung vor der Zerstörung vorhanden. Es zeigt den riesigen Umfang der einstigen Anlage, von der heute nur noch ein kleiner Teil vorhanden ist. Vom Uhrturm überblickt man die gesamte Burg und hat eine herrliche Aussicht auf den Rhein.

Ein zweiter Rundgang führt durch die Festung der Renaissancezeit. Man durchschreitet einen gewaltigen Keller, der im 15. Jahrhundert an der Stelle des alten Burggrabens angelegt wurde, und wird auch durch Stollen und Minengänge geleitet.

Katz In enger Verbindung mit Burg Rheinfels stand seit jeher die Burg Katz, eigentlich Neukatzenelnbogen. Sie liegt herrlich auf einer vorgeschobenen Felskuppe und ist zum Hang hin durch einen Graben geschützt. Der Bergfried, heute eine Ruine, tritt etwas vor die Ringmauer vor. Zum Rhein hin, also an der geschützten Seite, liegt der Palas. Wie auch die Ringmauer, ist er gegen den Fluß durch Rundtürmchen gedeckt.

Die Anlage wurde vor 1371 durch die Grafen von Katzenelnbogen errichtet. 1479 kam sie an Hessen. 1626 belagerte sie Erzbischof Ferdinand von Köln. Die

Besatzung verteidigte sie tapfer; erst auf Befehl des Landgrafen von Hessen-Kassel kapitulierte sie. Hessen-Darmstadt setzte die Burg instand. 1647 nahm Hessen-Kassel sie wieder ein. Dieser Streit zwischen den hessischen Häusern dauerte längere Zeit an.

Als im Siebenjährigen Krieg die Franzosen Burg Rheinfels erobert hatten, bezogen sie in die Kapitulationsbedingungen auch Burg Katz mit ein. 1763 gaben sie die Anlage an Hessen-Kassel zurück. 1794 wurde die Burg, wie auch Rheinfels, von ihrer Besatzung aufgegeben, und 1806 wurde sie von den Franzosen gesprengt. 1896–98 baute man sie wieder auf und stellte dabei den früheren Zustand ungefähr wieder her.

Rheinfels ist eine der bedeutendsten und umfangreichsten Burgruinen am Rhein, lehrreich für die Burgenbaukunst des Mittelalters, insbesondere die der Grafen von Katzenelnbogen, ferner auch für den Schloßbau und das Befestigungswesen der Renaissance. 1245 erbaute Graf Diether von Katzenelnbogen die Burg, um mit ihrer Hilfe die Stadt St. Goar sowie ein Zollrecht zu schützen, das er besaß. Später gehörte die Anlage zusammen mit den Burgen Katz, Reichenberg, Marksburg und Philippsburg zum sogenannten hessischen Rheinriegel. Die Katz, oberhalb von St. Goarshausen gelegen, befindet sich auf dem Bild links am Hang auf der anderen Rheinseite.

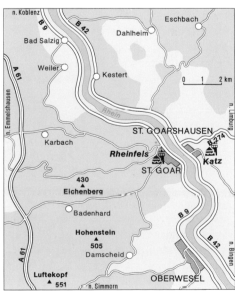

175

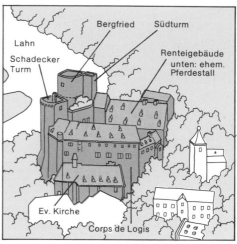

Die Burg Runkel gehört zu den imposantesten Wehranlagen Deutschlands. Sie besitzt eine weitläufige Wohnburg aus dem späten Mittelalter und der frühen Neuzeit und ist heute noch der Sitz des angestammten Fürstengeschlechtes. Zu ihren Füßen breitet sich ein hübsches kleines Städtchen mit historischem Ortskern aus.

Über der gotischen Durchfahrt zum inneren Burghof sieht man die Wappen der Grafen von Wied-Runkel und der Grafen von Eberstein Naugard aus dem Jahre 1652.

Runkel

In düsterer Abwehrbereitschaft erhebt sich die Burg Runkel über dem gleichnamigen Ort und der Lahn. Aus dem zerklüfteten, nicht allzu hohen Felsen wachsen drei mächtige Türme empor; der mittlere ist der Bergfried aus der ersten Hälfte des 13. Jahrhunderts.

Nördlich schließt sich an den Bergfried der Palas an. Er besitzt nur wenige kleine Fenster; dies deutet darauf hin, daß er mehr für die Verteidigung als für Wohnzwecke entworfen worden ist. An die nördliche Schmalseite des Gebäudes, die noch der alte Staffelgiebel ziert, wurde im 14. Jahrhundert ein fünfeckiger Wehrturm angebaut – wahrscheinlich, um Runkel besser vor Angriffen von Burg Schadeck schützen zu können, die wohl 1288 als Trutzburg Runkel gegenüber errichtet worden war. Auf der anderen Seite des Bergfrieds erstreckt sich ein kleines Plateau, das von einem quadratischen Turm aus dem 15. Jahrhundert begrenzt wird. Eine mächtige Schildmauer schützte diese Kernburg ursprünglich auf der Bergseite im Westen.

Burg Runkel ist – vor 1159 – in erster Linie zur Sicherung des Übergangs über die Lahn errichtet worden. Die Herkunft der Herren von Runkel ist unbekannt; vermutlich sind sie jedoch als Vögte des Reiches in der Herrschaft zum Westerwald aufgestiegen. Als Siegfried von Runkel eine Gräfin von Leiningen heiratete, konnte er um 1200 seinen Besitz wesentlich vergrößern. Seine wichtigste Erwerbung war die Herrschaft Westerburg. Bereits unter seinen Enkeln führten jedoch Familienstreitigkeiten zu einer Spaltung in die Linien Westerburg und Runkel, wobei die Westerburger Linie die bereits erwähnte Burg Schadeck als Trutzburg gegen die Stammburg Runkel erbaute.

Im 14. Jahrhundert konnte die Runkeler Linie erneut durch eine Heirat ihren Herrschaftsbereich erweitern; dementsprechend vergrößerte sie ihre Burg von nun an erheblich. Auf der Bergseite der Kernburg entstanden senkrecht zu dieser drei Flügel. Aus der nüchternen Verteidigungsanlage wurde eine wohnliche Burg. Der Ausbau Runkels dauerte bis in das 18. Jahrhundert hinein an. Heute bewohnen die Prinzen zu Wied, Nachfahren der Herren von Runkel, die Burg. Die interessantesten Teile der Anlage können besichtigt werden.

178

Schelenburg

Die Schelenburg ist in ihrer baulichen Geschlossenheit eine der schönsten Anlagen des an Burgen und Schlössern reichen Osnabrücker Landes. Sie liegt zwischen bewaldeten, flachen Berghängen an dem kleinen Fluß Wierau und bietet mit ihren Außenmauern, die bis an den breiten Wassergraben reichen, ein malerisches Bild.

Schon im Mittelalter (1160) wurde die Wasserburg – die sich noch heute im Familienbesitz befindet – urkundlich erwähnt. In den folgenden Jahrhunderten baute man sie zum Schloß aus.

Im Jahre 1396 übernahm das Geschlecht der Freiherren von Schele, das durch den Bischof von seinem Stammsitz vertrieben worden war, von dem Letzten der Familie von Sledesen die Burg Sledesen, nach 1477 Schelenburg genannt.

Bis auf den gotischen Wohnturm brannten 1490 alle Gebäude ab. 1490–1532 ließen die Herren von Schele, neuer Kunst und Kultur gegenüber aufgeschlossen, ihren Stammsitz zu einem wohnlichen Schloß erweitern. Mit dem Wiederaufbau beauftragte Jasper von Schele den schwäbischen Steinmetzen Jörg Unkair, dem später die Planung und Erweiterung noch anderer Schloßanlagen im Wesergebiet übertragen wurden. Seine Bauweise, die schon bald von einheimischen Baumeistern übernommen wurde, hat den Stil der frühen Weserrenaissance geprägt.

Der auf rechteckigem Grundriß errichtete Wohnturm mit seinen runden Ecktürmchen, die in Traufhöhe des hohen Daches ansetzen, ist also das älteste Gebäude der Anlage. Seine Pfahlgründung im feuchten Untergrund wurde so sorgfältig ausgeführt, daß in den dicken Bruchsteinmauern bisher keine Risse aufgetreten sind. Während der Fehden im Mittelalter war dieser Turm für die Bewohner der Burg die letzte Zufluchtsstätte. Sein wehrhafter Charakter ist noch gut an den Schießscharten dicht über dem Wasserspiegel zu erkennen. Eine etwa vier Meter hoch liegende Tür auf der östlichen Schmalseite war damals der einzige Zugang zu den Wohn- und Speichergeschossen, die eine Treppe im nördlichen Außenmauerwerk miteinander verband. Als im Westfälischen Frieden 1648 der Pfarrbezirk für katholisch erklärt wurde, stellten die Freiherren von Schele der Gemeinde zwei große Räume in diesem Bau für den lutherischen Gottesdienst zur Verfügung.

Neben den Wohnturm setzte Jörg Unkair den repräsentativen dreigeschossigen Wohnflügel. Sein Giebel und je zwei hohe Zwerchhäuser auf beiden Seiten des Gebäudes sind durch halbkreisförmige Bogen abgeschlossen, die den frühen Stil der Weserrenaissance kennzeichnen („Welsche Giebel"). Eine steinerne Wendeltreppe erschloß den Turm und den Wohnflügel; überdies verband Unkair die beiden Bauwerke durch einen erkerartig vor die Fassade vorspringenden Zwischentrakt.

Im 18. und 19. Jahrhundert wurden im Innern des Schlosses Umbauten vorgenommen. Man wünschte sich hellere Räume und vergrößerte deshalb einige der Fenster, die damals noch steinmetzmäßig bearbeitete profilierte Rahmen hatten, ohne daß aber durch diese Veränderung der Gesamteindruck gestört würde. Die Grüne Stube ist mit schönen Biedermeiermöbeln ausgestattet.

1523–32 verband Jörg Unkair den Wohnturm aus dem 12. Jahrhundert mit einem Schloßneubau für die Familie von Schele. Wohnturm, Wohnflügel und die westlich und östlich anschließenden niedrigen Gebäude umfassen einen Innenhof, der erst im 18. Jahrhundert geschaffen wurde, indem man die inneren Wassergräben der alten Burganlage auffüllte.

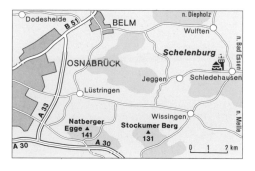

Schleißheim

Die Landschaft ist fast ohne Reiz; flaches, trockengelegtes Moor, ein paar Hecken, hier und da gerade Kanälchen, am Rande karge Kiefernwälder. Mittendrin, vom Dorf und von der Bahn bedrängt, liegt das Schloß, langgestreckt, strahlend, mit einem mächtigen Mittelbau – das Urbild einer prunkvollen Barockresidenz.

Dennoch ist dies alles, wie alte Entwürfe beweisen, nur ein Torso; denn wie bei so vielen hochfliegenden Plänen seines Erbauers, des bayerischen Kurfürsten Maximilian II. Emanuel (1662 bis 1726), scheiterte die Ausführung auch dieses ehrgeizigen Vorhabens. So mag es als Symbol für die Tragik eines Mannes dienen, den die Fortüne nach glanzvollem Anfang in der europäischen Machtpolitik rasch verließ und dessen privates Glück ebenfalls sehr bald zerbrach.

Zunächst erscheint dieser Max Emanuel als prunkumgebener Herrscher, als Inbegriff der barocken Lust am Leben, die sich in Festen, galanten Abenteuern und Jagdgesellschaften äußerte. Er ist der strahlende „Blaue Kurfürst", der als Mitverteidiger Wiens gegen die Türken und Eroberer Belgrads in ganz Europa als genialer Feldherr gefeiert wurde – der dann aber doch die wichtigsten Schlachten seines Lebens verlor.

Bereits in sehr jungen Jahren war Max Emanuel auf dem Höhepunkt seines Ruhmes angekommen. 1685 heiratete er die Tochter Kaiser Leopolds I., Maria Antonie von Österreich. Durch den Sohn Joseph Ferdinand, der sieben Jahre später geboren wurde, winkte endlich auch das spanische Erbe der Habsburger, und in der Ferne leuchtete verlockend gar der Glanz der Kaiserkrone.

Als angemessene Residenz für den künftigen Kaiser plante der Kurfürst also dieses Schloß im Moos zu Schleißheim. Und auch als sein Sohn im Alter von nur sechs Jahren starb – es war der einzige Sohn, und die Mutter war schon tot –, beharrte Max Emanuel auf seinen ehrgeizigen Plänen. Er ließ sich in den Spanischen Erbfolgekrieg ein – und mußte für mehr als zehn Jahre außer Landes gehen. Nach seiner Rückkehr baute er weiter am unvollendeten Schleißheim, denn er hatte nun die Hoffnung, seinem Sohn Karl Albrecht – der aus seiner zweiten Ehe stammte – zur Kaiserkrone zu verhelfen, indem er ihn mit einer Tochter des Kaisers Joseph I. vermählte, der ohne männliche Erben geblieben war. Der Kurfürst starb 1726, nachdem er wie kaum ein zweiter bayerischer Herrscher sein Land durch maßloses Bauen und glücklose Schlachten ruiniert hatte.

An den Residenzen des Kaisers zu Wien und des Sonnenkönigs zu Paris hatte Max Emanuel Maß nehmen lassen, als er 1692 den Hofbaumeister Enrico Zuccalli mit der Planung von Schloß Schleißheim beauftragte. Unberührt war zu diesem Zeitpunkt der weite, ebene Moosboden eine halbe Reitstunde nördlich von München allerdings nicht mehr. Der Urgroßvater des Kurfürsten, Herzog Wilhelm V., ein scheuer, weltflüchtiger Mann, hatte bereits um 1595 hier etliche Moosbauernhöfe aufgekauft und auf dem Areal einen kleinen, schlichten Sommersitz errichten lassen. Sein Nachfolger, der Kurfürst Ferdinand Maria, baute ihn dann zu

Das Neue Schloß liegt inmitten ausgedehnter Gartenanlagen, die bis Lustheim reichen. Obwohl von der geplanten Vierflügelanlage nur ein Flügel vollendet wurde, gehört Schleißheim zu den eindrucksvollsten Barockschlössern Bayerns.

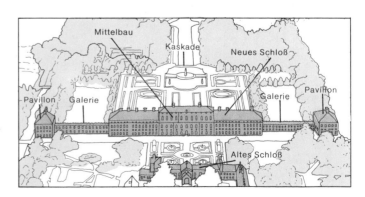

einem respektablen Landschlößchen aus, und Max Emanuel ließ sich schließlich 1684 etwas weiter östlich ein Jagdschloß erbauen, das den bezeichnenden Namen Lustheim erhielt.

So bestand bereits eine architektonische Achse, an der man den Neubau ausrichten konnte. Ursprünglich war eine Vierflügelanlage geplant gewesen, in die das Alte Schloß als westlicher Flügel einbezogen werden sollte. Türkische Gefangene, die Max Emanuel von seinen Feldzügen mitgebracht hatte, legten die Moore trocken, und 1701 begann der Schloßbau mit dem Ostteil. Dieser Flügel war im Rohbau fast fertig, als Max Emanuel 1704 die Schlacht bei Höchstädt, die Schlacht um das spanische Erbe der Habsburger, gegen die Österreicher und den Herzog von Marlborough verlor und zunächst in die Niederlande, dann von dort nach Frankreich

Das linke Bild zeigt den mächtigen Mittelbau von der Eingangsseite her, wie er sich nach der Umarbeitung durch Klenze im klassizistischen Stil präsentiert. Die geschnitzten Türfüllungen der Portale sind Werke Ignaz Günthers von 1763; die Schnitzereien des Portals an der Gartenseite (Bild ganz unten) stellen links Diana und rechts Flora dar. Das Schleißheimer Schloß hat eine prachtvolle Innenausstattung. Dazu gehören zahlreiche Gemälde und Fresken (links unten ein Ausschnitt aus einem Deckenbild von Christian Winck im Speisesaal) sowie herrliche Wandtäfelungen (unten ein Detail). Die kostbaren Wirkteppiche in den Vorzimmern des Kurfürsten sind Brüsseler Arbeit; sie stellen Feldzugszenen dar (rechts ein Feldlager).

fliehen mußte. Als er zehn Jahre später in sein Land zurückkehrte, aller realen Hoffnungen beraubt, aber noch immer voller Illusionen, ließ er von Joseph Effner ab 1719 wenigstens diesen einen Schloßflügel zu Ende führen.

Nach dem Tode Max Emanuels wurde die Bautätigkeit eingestellt. Später ergänzte man die Ausstattung, und unter König Ludwig I. fanden die Arbeiten einen Abschluß. Dabei wurde die Fassade vom Hofarchitekten Leo von Klenze im klassizistischen Stil umgearbeitet.

Imponierend sind die Ausmaße selbst noch dieses Teilstücks: Die Fassade ist 330 Meter lang; der dreigliedrige Hauptbau läuft beiderseits über flache, statuenbestückte Galerien in zwei reizvollen Eckpavillons aus. Eine große Helligkeit geht von der Fassade aus. Diese Wirkung wird durch die ungewöhnlich zahlreichen, dichtgesetzten, großen Fenster verstärkt, die dem gewaltigen Baukörper eine erstaunliche Leichtigkeit verleihen.

Im Innern, das von berühmten Künstlern wie Jacopo Amigoni, Christian Winck und Cosmas Damian Asam ausgestattet wurde, ist der Repräsentationscharakter des Schlosses noch stärker betont. Durch ein weites Treppenhaus im Barockstil typisch deutscher Prägung kommt man in die Prunkräume des ersten Stockes mit ihrer blendendweißen Stuckdekoration, herrlichen Fresken, Tapisserien und Holzschnitzereien. Im lichtdurchfluteten Festsaal und im Viktoriensaal feiern monumentale Schlachtenbilder den Blauen Kurfüsten als Sieger über die Türken, als Retter Europas. Doch schon als sie hier aufgehängt wurden, war dies alles nur noch Erinnerung an den glanzvollen Auftakt eines verspielten Lebenstraumes.

Schwanenburg

Die weithin bekannte Sage vom Schwanenritter berichtet, ein Herr von Kleve habe eine schöne Tochter hinterlassen, die von Heiratswilligen bedrängt worden sei. Da habe sie eines Tages einen Schwan erblickt, der auf dem Rhein ein Schifflein zog, und in diesem Schiff einen stattlichen jungen Mann. Der sei vom Gral hergekommen; er habe sie geheiratet und drei Kinder mit ihr gehabt. Schließlich habe sie ihn entgegen seiner Weisung nach seiner Herkunft befragt, woraufhin er verschwunden sei. Ein Karfunkel im Wappen derer von Kleve soll, so heißt es, die Abkunft dieses Geschlechts vom Schwanenritter bezeugen.

Über dem Ort Kleve, nahe der niederländischen Grenze, erhebt sich auf einem Hügel die Schwanenburg. Im 17. und 18. Jahrhundert wurde sie von zahlreichen holländischen Malern dargestellt. Der Hügel war wohl schon in spätkarolingischer Zeit befestigt und gab dann dem bekannten Geschlecht der Grafen von Kleve den Namen. Die Familie bewohnte die Burg etwa seit der Mitte des 11. Jahrhunderts.

Die eindrucksvolle Anlage paßt sich dem halbkreisförmig gebogenen Höhenrücken an. Der Grundriß und die Zweiteilung des Hofes gehen auf das 11./12. Jahrhundert zurück. Im Norden erhebt sich der beherrschende Schwanenturm, der ab 1440 durch den Baumeister Johann Wyrenbergh errichtet wurde. Im Süden steht neben dem Eingang der Spiegelturm; er hat einen romanischen Kern und wurde 1429 vollendet. Ein Palas vom Anfang des 13. Jahrhunderts,

der zu den bedeutendsten Beispielen stauferzeitlicher Profanarchitektur zählte, wurde 1771 abgebrochen. Erhalten sind aber Teile seiner Prunkpforte, die an zwei Türen des inneren Hofes wieder verwendet wurden – vorzügliche Arbeiten aus dem Kreis des Samsonmeisters vom Kloster Maria Laach. Der Zwischenbau, der die zwei Höfe trennt, weist eine gewölbte Durchfahrt aus dem 17. Jahrhundert und ein Portal von 1664 auf. Über diesem Portal befindet sich ein neuer Karfunkelschild des Schwanenritters.

Als das Geschlecht der Grafen von Kleve erlosch, fiel das Gebiet 1368 an die Grafen von der Mark (ab 1417 waren sie Herzöge). 1609 kam Kleve an Brandenburg. 1663–66 ließ der Statthalter des Großen Kurfürsten, Fürst Johann Moritz von Nassau-Siegen, die Burg durch den Baumeister Pieter Post umgestalten: Die Lücke zwischen Schwanenturm und Spiegelturm wurde geschlossen, und zwischen Vorburg und Hauptschloß wurde ein neuer Querflügel errichtet. Die Höfe erhielten nun umlaufende Arkaden.

Südlich der Burg stehen ein Zwingertor von 1664 sowie der Marstall, den man 1457 an die Stadtmauer anbaute.

Seit 1771 wurden verschiedene Teile der Anlage abgebrochen, und ab 1828 führte die preußische Justizverwaltung Umbauten durch. 1944/45 erlitt die Burg schwere Kriegsschäden, die aber inzwischen beseitigt worden sind. Heute dient die Schwanenburg als Landgericht und birgt überdies eine sehenswerte geologische Sammlung.

Der Burghügel über Kleve gab dem Ort und später der Grafschaft und dem Herzogtum den Namen, denn Clive heißt Kliff. Ihn krönt die Schwanenburg, die letzte Höhenburg am Niederrhein, überragt vom mächtigen Schwanenturm. Dieser nimmt seit etwa 1450 die Stelle des einstigen romanischen Bergfrieds ein, der zusammengestürzt war. Der vielfach veränderte Schloßkomplex ist jetzt nur noch halb so groß wie die mittelalterliche Burg.

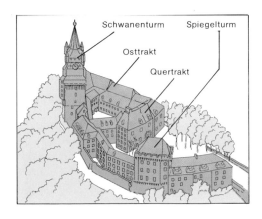

Das Kreisparterre des Parks wird von den Zirkelhäusern und von Laubengängen begrenzt. Durch die Wasserspiele erhält das Zentrum einen besonderen Akzent. Den Abschluß und zugleich die Überleitung in die Längsachse des Gartens bilden zwei Hirschgruppen von Peter Anton von Verschaffelt, deren eine hier zu sehen ist. Der Künstler hat seine Ausbildung als Bildhauer und Architekt in Gent und Brüssel erhalten. Er ging dann nach Paris, Rom und London und arbeitete seit 1752 für Carl Theodor von der Pfalz.

Schwetzingen

Schloß Schwetzingen, inmitten der flachen Landschaft der Rheinebene gelegen, ist durch seinen großen, prachtvoll angelegten Park berühmt geworden, der ein Gebiet von 72 Hektar einnimmt. Ab 1753 entstand hier nach Plänen von Johann Ludwig Petri unter der Leitung von Nicolas de Pigage eine im französischen Stil gestaltete Anlage. Dabei wurde nicht nur der alte Garten vergrößert, sondern auch eine neue Beziehung zum erweiterten Schloß geschaffen.

Ursprünglich stand hier eine mittelalterliche Wasserburg, deren Kern im Hauptbau des Schlosses noch erhalten ist. Unter Kurfürst Karl Ludwig von der Pfalz wurde sie im 17. Jahrhundert in ein Jagd- und Lustschloß umgewandelt.

Das Schloß, so wie es sich dem Besucher heute darbietet, geht auf die Initiative des kunstbeflissenen Kurfürsten Jo-

hann Wilhelm zurück. Durch den Baumeister Johann Adam Breunig wurde das alte Gebäude in den Jahren 1695–1716 zur barocken Sommerresidenz ausgebaut. Der Garten ist das Werk des Kurfürsten Carl Theodor, der bis 1778, bis zu seiner Thronbesteigung in Bayern, hier den Glanz der höfischen Kultur des 18. Jahrhunderts entfaltete.

Das Hauptgebäude, dessen Grundriß die Form eines Hufeisens besitzt, umschließt mit zwei Flügeln einen von französischen Vorbildern übernommenen Ehrenhof. Parallel zum südlichen Flügel wurde im späten 18. Jahrhundert der Küchenbau hinzugefügt. Der nördliche Ehrenhofflügel nahm in seinen beiden Geschossen die einfache Schloßkapelle auf. Zwei Wachthäuser von Nicolas de Pigage schließen den Ehrenhof ab.

Eher bescheiden wirkt die vierstöckige, von zwei Eckpavillons flankierte Gartenseite. Hinsichtlich der kunstgeschichtlichen Bedeutung tritt das Schloß, dessen wertvollere Ausstattungsstücke mit der Übersiedlung des kurpfälzischen Hofes nach München kamen, hinter den Zirkelbauten zurück, die sich halbkreisförmig in den Garten erstrecken.

Die im französischen Stil begonnene Gartenanlage ist geometrisch auf den Schloßbau bezogen: Mit ihren Laubengängen ergänzt sie die Zirkelbauten zu einem Kreisparterre, in dessen Mitte sich die beiden Hauptalleen kreuzen. Den Schnittpunkt akzentuiert die Arionfontäne mit Figuren von Barthélemy Guibal (um 1750).

Zu Beginn der 70er Jahre des 18. Jahrhunderts wurde der englische Landschaftsgarten zum Vorbild für Parks. So

formte der neue Planer, Friedrich Ludwig von Sckell, das große barocke Wasserbecken des Schwetzinger Gartens zu einem natürlichen See um. Damals bereicherte man die Anlagen auch durch malerische Architekturen, die zum Teil als Ruinen entworfen wurden. Der Schwetzinger Schloßpark hatte 17 derartige Bauten. Zudem schmücken ihn annähernd 200 Skulpturen, die überraschend aus dem Gebüsch auftauchen oder sich im Wasser der künstlich geschaffenen Kanäle und Seen spiegeln. Schöpfer dieser Figuren waren bekannte

Die Moschee wurde im Jahre 1778 von Nicolas de Pigage begonnen und um 1795 fertiggestellt. Nach zeitgenössischen Berichten sollen für den Bau 120 000 Gulden aufgewendet worden sein.

Das 1752 in zehn Wochen erbaute und 1762 erweiterte Theater des Schlosses Schwetzingen, eines der wenigen aus dem 18. Jahrhundert, die fast vollständig erhalten sind, lädt mit seiner tiefen Bühne zu reizvollen Darbietungen ein.

Im Park von Schwetzingen befindet sich die Gruppe von Bacchantenputten (oben), die 1775 von Konrad Linck geschaffen wurde, sowie die vergoldete Jägerin aus dem Gefolge der Diana (rechts), die Heinrich Charasky 1707 gestaltete.

Bildhauer wie Peter Anton von Verschaffelt und der Hofbildhauer Konrad Linck. Zu den bekanntesten Gartenskulpturen zählen die Hirschgruppen von Verschaffelt und die Allegorien des Rheins und der Donau im großen See, vom selben Künstler gestaltet, sowie Lincks Bacchantenputten mit einem Ziegenbock. Einen besonderen Blickfang hinter dem nordwestlichen Laubengang bildet die Gruppe Skylla und Glaukos von Gabriel de Grupello.

In die Gartenarchitektur fügen sich harmonisch die Tempel der Minerva, des Apollo, des Merkur sowie der Tempel der Botanik ein – alle von Nicolas de Pigage errichtet. Diesem französischen Baumeister ist auch das Badehaus des Kurfürsten Carl Theodor zu danken. Erwähnt seien noch das Spiel der wasserspeienden Vögel sowie das rhythmisch bewegte Vogelbad.

Die im 18. Jahrhundert erwachte Vorliebe für das Exotische findet ihren Ausdruck in der chinesischen Brücke und in der Moschee, die spielerisch verschiedene Stilelemente in sich vereint.

Das einstige fürstbischöfliche Lust-schloß Seehof bei Bamberg ist eine imposante Vierflügelanlage mit massigen, von Kuppeldachhauben gekrönten Ecktürmen.

Die wenigen noch vorhandenen Plastiken und die Reste der Gartenanlagen (rechts) sind eine wehmütig stimmende Erinnerung an die einstige Pracht des Parks.

Seehof

Die Geschichte von Schloß Seehof, das ursprünglich als prachtvolles Sommer-schloß der Bamberger Fürstbischöfe erbaut wurde, ist zugleich die Chronik vom Verfall einer der interessantesten Residenzen des Barocks.

Der Bauherr, Marquard Sebastian Schenk von Stauffenberg, der die Anlage ab 1686 von dem Italiener Antonio Petrini errichten ließ, erlebte die Fertigstellung nicht mehr. Unter seinen Nachfolgern wurde das Innere ausgestattet und die Residenz um zahlreiche Neu- und Anbauten erweitert. So kann man sagen, daß nahezu alle Bamberger Bischöfe des 18. Jahrhunderts sowie ihre Architekten und Hofkünstler hier ihre Spuren hinterlassen haben. Die Orangerie entwarf beispielsweise Balthasar Neumann, von dem auch Pläne für einen Umbau des Hauptgeschosses stammten. Das Westtor ist ein Werk des Hofbaumeisters Johann Michael Küchel, der neben Justus Heinrich Dientzenhofer wesentliche bauliche Veränderungen durchführte, und die Schweizerei baute Lorenz Fink.

Am reizvollsten war wohl der weitläufige Park, von dem alte Pläne und Stiche noch einen Eindruck vermitteln und der als eine der schönsten Anlagen des deutschen Rokokos galt. Wie auch die Gebäude wurde er im Laufe des 18. Jahr-

hunderts mehrfach umgestaltet. Seinen Höhepunkt erlebte Seehof unter dem Fürstbischof Adam Friedrich von Seinsheim (1762–71), der die großartigen Wasserspiele anlegen ließ. Ihren Mittelpunkt bildete eine Kaskade, deren Lauf von zahlreichen Figuren begleitet war. Schöpfer dieser Plastiken wie auch des etwa 400köpfigen Heeres von Göttern, Putten, allegorischen Gestalten und Tieren, das die Anlagen bevölkerte, war der geniale Ferdinand Dietz.

Nach der Säkularisierung 1803 verfiel die Anlage allmählich. Schließlich erwarb sie der Freistaat Bayern. Restaurierungsarbeiten lassen hoffen, daß Schloß Seehof eines Tages wieder im alten Glanz erstrahlen wird.

Solitude

Der von einer Kuppel bekrönte Zentralbau der Solitude wird von zwei niedrigen Seitenarmen umschlossen. Das eingeschossige, graziöse Rokokoschloß ist auf ein Terrassenpodest mit kraftvollen Arkaden gestellt. Dadurch erhält es eine Monumentalität, die viele größere Bauwerke nicht erreichen.

und Philippe de la Guêpière das Lustschloß errichtet.

Originell ist der Grundriß des Bauwerks. Auf einem von Arkaden getrage-
nen, terrassenartigen Podest, das an den
Schmalseiten apsidenartig ausgebaucht
ist, erhebt sich ein länglicher Flachbau
mit Eckrisaliten. Aus der Mitte des
Haupttraktes springt ein ovaler Kuppel-
raum vor. Voller Anmut schwingen auf
beiden Längsseiten des Schlosses ausla-
dende Freitreppen zum überhöhten Erdgeschoß empor.

Im Schmuck der Fassade, die durch
Pilaster gegliedert ist, klingt deutlich der
schon beginnende Klassizismus an. Die
ovalen Fenster des Mittelpavillons sind
von Girlanden eingefaßt; in den lünet-
tenartigen Halbkreisen über den Fenstern der Flügelbauten erkennt man in
Medaillons gefaßte Porträts. Ein Fries
von Metopenfeldern und Triglyphen
zieht sich unterhalb der Dachkante hin.

Fast schon rein klassizistisch ist der
Festsaal des Schlosses. Philippe de la
Guêpière stellte hier kannelierte Säulen-
paare und Drillingssäulen mit korinthi-
schen Kapitellen auf hohe Sockel. Nur
die Stukkaturen von Johann Valentin
Sonnenschein atmen noch den beschwingten Geist einer vergangenen
Epoche, die das Schloß mit Lustbarkei-
ten, Jagdhorngeschmetter und Schäfer-
szenen erfüllte. Das Deckenfresko von
Nicolas Guibal, die *Huldigung der Künste*, unterstreicht die Heiterkeit des Rokokos.

In einem Nebengebäude des Schlosses
richtete Herzog Carl Eugen 1771 die
Hohe Carlsschule ein, die Schiller bis zu
seiner Flucht im Jahre 1773 nach Mannheim besuchte. Die gut erhaltenen Kava-
liersbauten, die das Schloß im Halbkreis
umgeben, und andere Nebengebäude
runden das Bild einer absolutistischen
Schloßanlage einprägsam ab.

Abseits vom Lärm der Großstadt Stuttgart liegt das Rokokoschloß Solitude. Es
blickt von der Schillerhöhe hinab ins
Neckartal, auf die schnurgerade Straße,
die es mit dem Schloß Ludwigsburg
verbindet. Den Standort hatte Herzog
Carl Eugen von Württemberg selbst ausgewählt, „wo er, von dem Getümmel

und den Täuschungen der Welt sich
erholend, Stunden der Muße und Zu-
rückgezogenheit verleben zu können er-
hoffte".

Nach Ideen des Herzogs und vielleicht
sogar nach seinen eigenhändigen Skiz-
zen wurde 1763–67 unter Leitung der
Baumeister Johann Friedrich Weyhing

Stolzenfels

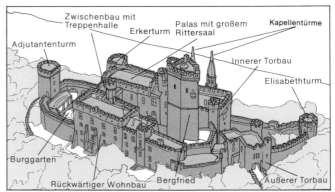

Zwischenbau mit Treppenhalle
Palas mit großem Rittersaal
Kapellentürme
Erkerturm
Adjutantenturm
Innerer Torbau
Elisabethturm
Burggarten
Rückwärtiger Wohnbau
Bergfried
Äußerer Torbau

Stolzenfels verdankt seine Entstehung der Tatkraft des Erzbischofs Arnold II. von Trier (1242–59). Dieser erhob hier widerrechtlich Zölle und sicherte sie durch die Burg. Verwerflich? Man muß die damalige Zeit mit ihren eigenen Maßstäben messen. Der Erzbischof erhob die Zölle nicht für sich selbst, sondern für sein Gebiet, denn er war ja auch Landesherr und, wenn nötig, Kriegsherr.

1688/89 zerstörten die Franzosen die Burg Stolzenfels. 1802 kam die Ruine an die Stadt Koblenz, die sie 1823 dem Kronprinzen von Preußen schenkte, dem späteren König Friedrich Wilhelm IV. Dieser „Romantiker auf dem Königsthron" ließ Stolzenfels durch Karl Friedrich Schinkel wieder aufbauen, der sich auf Pläne von Johann Claudius von Lassaulx stützen konnte. Nach Schinkels Tod wurde Friedrich August Stüler beteiligt. 1825 begann man mit der Anlage des Burgwegs; 1836–45 entstand das Schloß, und 1842 zog der König in altdeutscher Tracht mit Gefolge hier ein.

Beim Bau des Schlosses trachtete man, die Reste der Burg zu erhalten. Alte Bilder und Pläne sowie ein Modell im Schloß zeigen den ursprünglichen Zustand. Herzstück der ältesten, von einer Wehrmauer umschlossenen Anlage war der fünfeckige Bergfried. An der Nordseite standen Wohnbauten, und bald kamen Tortürme, ein Wachthaus und ein quadratischer Wohnturm mit vier Dacherkern hinzu. Beim Ausbau wurden unter anderem die rheinseitigen Bauteile zu einem Ganzen verbunden und die Kapelle neu errichtet.

Trotz aller Schonung der frühen Teile ist Schloß Stolzenfels ein Werk von

Der Erbauer von Schloß Stolzenfels, König Friedrich Wilhelm IV., war mit einer bayerischen Prinzessin vermählt; deshalb ist die Halle im Erdgeschoß des Rheinflügels mit bayerisch blau-weißen Wandkacheln ausgestattet. Links oben die Gemächer der Königin.

Schloß Stolzenfels (rechtes Bild) gilt als „das romantische Idealbild eines Königsschlosses und einer Ritterburg am Rhein". König Friedrich Wilhelm IV. hielt hier mehrfach hof.

eigener Prägung geworden, eine der bedeutendsten Schöpfungen der Neugotik. Auch spanisch-maurische Einflüsse sind erkennbar. Die Hauptfront an Rhein und Lahn ist mit einem gewissen Sinn für Symmetrie gestaltet: Vor dem Mittelturm steht die Kapelle; der südliche Turm wird durch die nördliche Vorburg „ausgeglichen". An den Fassaden kontrastieren die großen Mauerflächen zu dem Maßwerk der Einzelteile. Der obere Hof erhielt eine regelmäßige Gestalt. Die zierliche gewölbte Treppenhalle zum Burggarten hin ist ein Meisterwerk Friedrich August Stülers. Es öffnet sich

ein herrlicher Durchblick: Garten – Treppenhalle – Bergfried.

Auch das Innere ist eindrucksvoll gestaltet. Die Halle im Erdgeschoß des Rheinflügels weist Rippengewölbe auf. Der Rittersaal mit seinen flachen Gewölben auf schwarzen Säulen ist, wie auch die Halle, von Schinkel gestaltet.

Das Schloß birgt wertvolle Schätze, so einen Schreibschrank von 1700 aus Antwerpen, einen Kamin vom Anfang des 17. Jahrhunderts, ferner kostbare Gemälde, Reliefs, Waffen und Gläser.

Die Aussicht von der Schloßterrasse auf Rhein und Lahn ist einzigartig.

Trausnitz

Mit dieser Burg hoch über dem Isartal sind in besonderem Maße wechselvolle Schicksale verknüpft. Ein dreiviertel Jahrhundert lang war sie ein bedeutender Fürstensitz, kultureller Mittelpunkt und ein Hort des Reichtums. Als aber ihr letzter fürstlicher Bewohner, Kronprinz Wilhelm, der Sohn Herzog Albrechts V., 1575 schwer erkrankte und in Melancholie versank, wich ihr Glanz, und ihre Bedeutung verfiel.

Begonnen wurde der Bau dieses ältesten noch bestehenden Stammsitzes der Wittelsbacher im Jahre 1204 von Ludwig dem Kelheimer, dem zweiten bayeri-

schen Herzog aus diesem Geschlecht. Unbegreifliches Schicksal schon hier: 1231 wurde der Herzog auf der Donaubrücke zu Kelheim hinterrücks erstochen. Da das umstehende Volk den Mörder sogleich ergriff und niedermachte, weiß man bis heute nichts über seine Motive. Vier Jahre nach der Mordtat stand die Landeshuet, wie sie damals noch hieß, bereits so ansehnlich da, daß der neue bayerische Herzog Otto II. dort den deutschen Kaiser Friedrich II. standesgemäß empfangen konnte. Minnesänger wie Neidhart von Reuenthal und Tannhäuser gehörten zu den Gästen.

Im Westen ist die Burg durch das zur Isar abfallende Steilufer, im Osten durch starke Mauern geschützt. Zugang gewährt allein ein kräftiger Torbau. Um den Hof gruppierten sich einst alle jene Bauten, die zu einer derartigen Burg im hohen Mittelalter gehörten. Unter einem Dach vereint waren der Palas, die Kapelle und die Dürnitz – der heizbare Aufenthaltsraum für Burgmannschaft und Gesinde. Dazu gesellten sich Kemenate, Bergfried und verschiedene Wirtschaftsgebäude. Später kam noch der schon etwas komfortablere Fürstenbau hinzu.

Dann brach das 15. Jahrhundert an,

Schier unüberwindlich waren die Befestigungsanlagen der Burg Trausnitz. Gelang es jedoch einmal einem Feind, die Umfassungsmauer zu übersteigen, so fand er sich bald auf dem Zwingerweg am Wehrgang (links) wieder, wo er wie in einer Falle saß.

Mehr als sechseinhalb Jahrhunderte Wittelsbacher Herrschaft spiegeln sich in der alle Stilrichtungen einschließenden Burgkapelle wider. Zu den Stiftungen der ersten Wittelsbacher Herren in Landshut gehört die Brüstungsgalerie aus dem 13. Jahrhundert (rechts). Sie zeigt Gottvater, umgeben von Aposteln und Heiligen. Aus derselben Zeit stammt auch das frei im Raum hängende Triumphkreuz.

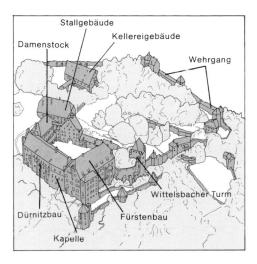

die glanzvolle Zeit in der Landshuter Geschichte. 1393 wurde Heinrich XVI. hier Herzog. Durch äußerste Sparsamkeit und eine gewisse Skrupellosigkeit füllte er seine Truhen mit Gold, so daß man von ihm bald nur noch als „dem Reichen" sprach. Er, sein Sohn Ludwig und sein Enkel Georg gaben der Burg eine veränderte Gestalt.

Die Kapelle und der Palas wurden aufgestockt; eine neue Kemenate, eine größere Dürnitz und ein reizvoller, von offenen Rundbogen eingefaßter Söller entstanden. Und schließlich wurde das ganze Wehrwerk rundherum erweitert und verstärkt. Die Burg sah nun im wesentlichen so aus, wie sie sich heute noch den Blicken darbietet.

Das Leben der Reichen Herzöge spielte sich zwischen dem üppigen Dasein am Hofe und verschiedenen Schlachtfeldern

ab. Immer wieder gab es irgendwo irgend etwas zu erstreiten, wodurch der ohnehin beachtliche Besitz noch abgerundet werden konnte. Und was man nicht erstritt, das konnte man sich kaufen. Ludwig der Reiche erwarb für seinen Sohn Georg gar die Tochter des polnischen Königs. Aus diesem Anlaß wurde 1475 das größte Fest des deutschen Spätmittelalters gefeiert: die berühmte Landshuter Fürstenhochzeit. Fürst und Volk feierten wochenlang in Burg und Stadt. Daß die Braut nach drei Jahren nicht mehr genehm war und nach Burghausen verbannt wurde, ist allerdings ein nachträglicher Schönheitsfehler. Diese Hochzeit war wie ein Schlußpunkt. Das Mittelalter neigte seinem Ende zu und mit ihm die Macht der Reichen Herzöge. Georg starb ohne männlichen Erben; das selbständige

Herzogtum Landshut fiel an die Münchner Hauptlinie der Wittelsbacher zurück. 1503 hörte die Burg auf, Residenz zu sein; von nun an regierten hier Statthalter aus der Münchner herzoglichen Familie.

Mit ihnen begann die neue Zeit, die Renaissance. 1516 zog Ludwig X., ein lebensvoller, vielseitig interessierter Renaissancefürst, auf der Burg ein. Er machte sich sogleich an einen Umbau; doch hat ihn wohl das Ergebnis nicht so recht befriedigt, denn ab 1536 ließ er sich unten, mitten in der spätgotischen Altstadt, einen italienischen Palazzo bauen – den ersten und auch einzigen seiner Art nördlich der Alpen. Dorthin verlegte er 1542 seine Hofhaltung.

Nur einmal noch blinkte für kurze Zeit helles Leben in der Burg auf, die nun einen neuen Namen bekommen

Zwei recht gegensätzliche Komplexe der Trausnitz – Fürstenbau und Dürnitztrakt – wurden im 16. Jahrhundert durch großzügige Arkaden zu einem einheitlichen Ganzen verbunden.

Als Prinz Wilhelm im Jahre 1568 Renate von Lothringen heiratete, traten während der Festlichkeiten auch italienische Schauspieler auf. Die Commedia dell'arte gefiel Wilhelm so, daß er den Figuren dieser Stegreifspiele mit der Narrentreppe (1578) ein einzigartiges Denkmal setzte. Hauptakteure der Malereien sind der Kaufmann Pantalone und sein Diener Zanni. Links: Die beiden rücken einem Liebhaber zu Leibe; Mitte: Zanni musiziert für seinen Herrn; rechts: Der kranke Pantalone reitet auf einem Esel.

hatte: Trausnitz. Der eingangs erwähnte Wilhelm V. verbrachte hier seine Kronprinzenjahre. Ein Renaissancefürst auch er, der einen ganzen Troß von Künstlern und Gelehrten mit sich zog. Wieder wurde auf der Burg gebaut. Italienische und flämische Meister fügten an den Fürstenbau den sogenannten Italienischen Bau: eine Reihe kleiner, in heiteren Farben und mit viel Stuck ausgestatteter Kabinette. Jetzt entstand auch die Narrentreppe. Die Wände entlang, über mehrere Stockwerke, verfolgen, necken und lieben sich gemalte Gestalten in Lebensgröße, Sinnbilder menschlicher Schwächen und Narreteien. Die Figuren entstammen der italienischen Commedia dell'arte.

1579 kehrte Wilhelm, krank und in sich gekehrt, nach München zurück. Bald darauf wurden alle Bauarbeiten

An der Südwestecke der Burg steht der sogenannte Wittelsbacher Turm. Er stammt noch aus der Zeit des Baubeginns um 1204. Im 15. Jahrhundert erhielt er sein hohes Steildach.

eingestellt. Die Bewohner verließen die Burg; nur noch ein paar Wachsoldaten hielten sich dort auf. In unserem Jahrhundert übernahm und renovierte der Staat die Anlage.

Mit menschlicher Schwäche ist auch die größte Zerstörung verknüpft, die die Burg je erlitt. Am Abend des 20. Oktober 1961 vergaß eine Putzfrau, einen Tauchsieder auszuschalten. Über Nacht entstand ein Großfeuer, dem fast der gesamte Fürstenbau zum Opfer fiel. Dennoch konnte erstaunlich viel gerettet und restauriert werden.

Trifels

„Ihr Turm mit der Kapelle Erker,
der einst die Reichskleinodien barg,
des Löwenherzen Richard Kerker
wächst mächtig aus des Felsens Mark."

So bedichtete 1886 Victor von Scheffel die geschichtlich bedeutsame Burgruine Trifels über Annweiler. Nach allen Seiten ist sie weithin sichtbar. Rot leuchtet ihr Gemäuer aus Sandsteinquadern im Sonnenlicht. Dieser sagenumwobene Platz auf hoch aufragendem Felsgipfel war vom 11. bis zum 13. Jahrhundert eines der wichtigsten Zentren kaiserlicher Macht in Deutschland, eine Feste, die ebenso geeignet erschien, hochgestellte Gefangene zu beherbergen wie die Reichskleinodien in ihren Mauern aufzunehmen.

So haben denn in dieser Felsenburg 1113 Erzbischof Adalbert von Mainz und der sächsische Graf Wiprecht von Groitzsch in ritterlicher Haft gesessen, ebenso 1206 Erzbischof Bruno von Köln. Wichtigster Gefangener aber war 1193/94 der englische König Richard Löwenherz, den seine Eitelkeit und Anmaßung auf dem Dritten Kreuzzug in diese mißliche Lage gebracht hatten. Der Monarch hatte sich mit seinen Gefährten, König Philipp II. August von Frankreich und Herzog Leopold V. von Österreich, dessen Standarten er im eroberten Akko niederreißen ließ, zerstritten. Deshalb geriet er bei der Rückkehr vom Kreuzzug zunächst in österreichische, danach in kaiserliche Gefangenschaft. Mit dem Geld, das die Engländer dann zahlten, um ihren Kreuzfahrerkönig auszulösen, und mit englischer Flottenhilfe eroberte Kaiser Heinrich VI. – ein Sohn Barbarossas und mächtigster, wenn auch nicht sympathischster Staufer – das Normannenreich in Unteritalien und Sizilien, auf das er durch seine Gemahlin Konstanze ein Anrecht zu haben glaubte.

Die Reichskleinodien, höchste Insignien des Heiligen Römischen Reiches Deutscher Nation bis zum Jahre 1806,

Die hoch gelegene Burg Trifels in der Pfalz ist durch eine reiche historische Vergangenheit geadelt. Eine Zeitlang barg sie auch die Reichskleinodien.

wurden mit Unterbrechungen 75 Jahre lang, zwischen 1125 und 1298, auf dem Trifels aufbewahrt und schließlich noch um den Normannenschatz bereichert, den man 1195 auf den Trifels brachte.

Glanz und Macht des Alten Reiches endeten auf dem Trifels mit dem Interregnum (1256–73), recht eigentlich aber erst gegen 1330, als die Reichsburg zunächst in den Besitz der Pfalzgrafen bei Rhein und schließlich, 1410, an die Zweibrücker Linie dieser Grafen überging. Im 17. Jahrhundert wurde die Burg verlassen und verfiel.

Heute bietet sich die Burg in landschaftlich schöner Lage dem Besucher in einem Zustand dar, der geschichtlich Überkommenes mit Neuhinzugebautem vereinigt. Bemerkenswert sind die Teile des Mittelalters, insbesondere die der Stauferzeit. Aus einer salischen Burg des 11. Jahrhunderts hatte Barbarossas zweiter Sohn, Philipp von Schwaben, um 1200 eine staufische Burganlage geschaffen, die spätromanisch-rheinische Bauformen mit normannischen vereinigte.

Die Ringmauern, der Brunnenturm, der über eine Brücke zu erreichen ist (Brunnentiefe 79 Meter), und der sogenannte Kapellenturm des Trifels verdienen besondere Aufmerksamkeit. Der zuletzt genannte Turm diente als Torturm mit Zugang zum dahinter anschließenden Palas. Zudem befindet sich über dem Tordurchgang – wie oft in staufischen Burgen – die Kapelle. Und schließlich hatte dieser Bau auch die Funktion eines wohnturmähnlichen Bergfrieds.

Die Kapelle ist mit dem darüberliegenden Raum durch eine runde Mittelöffnung verbunden. Beide Räume sind als Einheit zu verstehen. Sie sollten die Reichskleinodien aufnehmen – was 1208 auch geschah. Die Kapelle diente zur Aufnahme der religiösen Teile der Kleinodien, der obere Raum, die Dreskammer, als Tresorraum für die weltlichen Schätze. Mönche des nahe gelegenen Zisterzienserklosters Eußerthal hatten die Reichskleinodien in ihrer Obhut; den militärischen Schutz versahen Adlige aus der Umgebung als Burghauptleute.

Am Kapellenturm wölbt sich, von Konsolen mit Köpfen getragen, der Chorerker der bedeutsamen Kapelle vor.

Der junge Staufer Friedrich II. brachte die Burg 1215 in seine Gewalt. In seine Regierungszeit fiel auch der Neubau des Palas (um 1235–45). Nur geringe Reste des prächtigen Gebäudes blieben von der Ausbeutung als „Steinbruch" im 18. Jahrhundert verschont, und nur einige schöne Werksteine, vornehmlich Kapitelle der Übergangszeit von der Romanik zur Gotik, haben sich erhalten.

Ab 1938 hat man hier einen neuen Palas gebaut, der als „Reichsehrenmal" gedacht war und dem einmal vorhanden Gewesenen nicht entspricht. Ein riesiger Raum spiegelt in historisierenden Formen eine heile Welt des Mittelalters vor, die es in dieser Form nie gegeben hat.

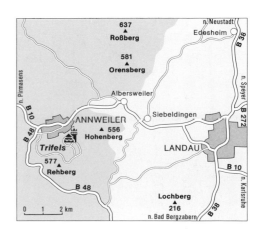

201

Schloß Türnich gehört zu jenen Herrenhäusern, die noch vom Besitzer und seiner Familie bewohnt werden. Das macht sich angenehm bemerkbar: Die Räume wirken nicht museal, sondern von Leben erfüllt; jedes Möbelstück darf noch seinem ursprünglichen Zweck dienen. Das gilt auch für den Gesellschafts- oder Gartensaal (links), dessen Wände kostbare Brüsseler Gobelins schmücken.

Das freistehende, stattliche Herrenhaus, ein verputzter Backsteinbau mit Lisenen aus rotem Sandstein, wirkt vor allem durch seine harmonischen Proportionen.

Türnich

Der Ort Türnich an der Erft kann auf eine lange Geschichte zurückblicken: Im Jahre 898 übergab Zwentibold von Lothringen die Grundherrschaft dem hochadeligen Essener Damenstift. 1208 wird ein Ritter Winandus de Tornich genannt. Im 14. Jahrhundert erlangten die Herzöge von Jülich die Landeshoheit. Es entstand die Herrlichkeit Türnich, zu der auch das Dorf Balkhausen gehörte. Diese Unterherrschaft hatten zunächst die Herren von Türnich, nach ihnen alte Jülicher Adelsgeschlechter inne. Zu Anfang des 18. Jahrhunderts wurde die Familie von Rolshausen Alleinbesitzer. Unter ihr entstand an der Stelle des mittelalterlichen Burghauses 1757–66 das neue Schloß. Der Entwurf dazu stammt wahrscheinlich von Michael Léveilly. 1850 erwarb Graf Karl von und zu Hoensbroech Türnich, das bis heute im Besitz seiner Nachkommen blieb.

Schloß Türnich steht in der Tradition barocker rheinischer Wasserburgen, ist aber stark von dem Vorbild der französischen Lustschlösser des Rokokos beeinflußt. Insbesondere dürfte das Jagdschloß Falkenlust bei Brühl, ein deut-

sches Musterbeispiel dieses Typs, Pate gestanden haben. Der rechteckige, zweigeschossige Bau erhebt sich auf hohem Sockel; dreiseitig hervortretende Risalite betonen die Mittelachse. Diese ist, im Gegensatz zu Falkenlust, ein Stockwerk höher als das übrige Gebäude. Auch an den Schmalseiten tritt die Mitte leicht aus der Bauflucht hervor. Das Mansardendach ist mit Schiefer gedeckt.

Man betritt zunächst das vertäfelte Vestibül. Darin fallen die Bildnisse berühmter Personen des 18. Jahrhunderts auf, etwa das des Kaisers Joseph II., ferner die verzierten Türen.

Der anschließende Gesellschaftssaal kann mit guten Stukkaturen, einem Marmorkamin, Brüsseler Gobelins und einem Tisch mit Metall- und Schildpatteinlagen aufwarten. Auch andere Räume – so die Bibliothek, das Porzellankabinett und das Kurfürstenzimmer – fallen durch ihre gute Ausstattung auf. Im Treppenhaus mit seiner schönen Balustertreppe hängen Familienbildnisse und ein Gemälde von Anselm Feuerbach. Den Speisesaal schmückt noch der alte Stuck von Carlo Pietro Morsegno.

Durch ein Vorzimmer erreicht man

die Empore der neuen Kapelle, die 1893–95 Heinrich Krings aus Köln in barocken Formen schuf. Für die farbige Verkleidung der Wände wurden 89 Marmorarten verwendet. Franz Guillery schuf die Wandgemälde.

Seitlich vor dem Herrenhaus steht der dreiflügelige Wirtschaftshof mit dem neubarocken Torbau von 1893. Die gesamte Baugruppe umgibt ein doppelter Wassergraben, der sich teichartig ausweitet. In dem herrlichen Landschaftspark finden sich prächtige Bäume, darunter eine nordamerikanische Schindeleiche von vier Meter Umfang.

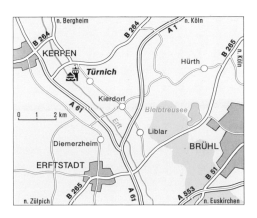

Leicht, graziös und lebensfroh wirken
die zahlreichen Plastiken im Park von
Veitshöchheim. Sie säumen die Wege,
schmiegen sich in Boskette, musizieren
oder scheinen sich einfach ihres Daseins zu freuen. Viele von ihnen wurden
von Ferdinand Dietz geschaffen, der
auch die anmutige Treppe, links,
entworfen hat.

Das Schloß ist von einer Balustrade
mit reichem Figurenschmuck umgeben. Vorn einer der beiden Pavillonanbauten von Balthasar Neumann.

Veitshöchheim

Nirgendwo offenbart sich der Reiz dekadenter höfischer Gartenkunst im fränkischen Raum subtiler als in Veitshöchheim. Schloß und Garten, einst Sommerresidenz – und nicht die einzige – der Würzburger Fürstbischöfe und Herzöge in Franken, kamen nach dem Zwischenspiel der napoleonischen Ära zu Bayern. Heute werden sie zusammen mit einer Vielzahl weiterer Residenzen von der staatlichen Schlösser-, Gärten- und Seenverwaltung betreut.

In den Jahren 1680–82 entstand, vermutlich nach Plänen des ersten großen fränkischen Barockbaumeisters Antonio Petrini, der Kern des heutigen Baues für den Fürstbischof Peter Philipp von Dernbach. Gleichzeitig wurde ein Tiergarten angelegt. 1702/03 veranlaßte Johann Philipp von Greiffenclau, daß das Gebiet auf den heutigen Umfang erweitert wurde. 1753 beauftragte sein Vetter den Baumeister Balthasar Neumann, das Schloß durch seitliche Pavillonanbauten

zu ergänzen. Der böhmische Gartenarchitekt Prokop Mayer entwarf einen Plan, und unter dem Fürstbischof Adam Friedrich von Seinsheim erhielt der Garten, der größere Bedeutung als das Schloß selbst besitzt, seine bis heute weitgehend überlieferte Gestalt.

Obgleich viele Figuren verlorengingen und die große Kaskade im Zweiten Weltkrieg durch Bomben zerstört wurde, vermittelt die Gartenanlage dem Besucher doch die gleichen Eindrücke, die schon in vielen illustrierten Gartenwerken des 18. Jahrhunderts wiedergegeben sind. Die einmalige Atmosphäre – man kann sie am eindrucksvollsten wohl an sonnigen Herbsttagen erleben – wird in erster Linie durch den reichen Figurenschmuck des Parks vermittelt.

Christoph Franz von Hutten war im 18. Jahrhundert der erste, der Aufträge für ein ganzes Heer von Gartenplastiken vergab. Auf ihn folgten die Fürstbischöfe Schönborn, Ingelheim, Greiffenclau und Seinsheim. Dem zuletzt Genannten verdanken wir dieses einzigartige Gartenwerk. Die Bildhauer Johann Wolfgang van der Auwera und vor allem Ferdinand Dietz, dem dann noch Johann Peter Wagner folgte, schufen hier eine Ausstattung mit einem überreichen Programm an Balustraden, Treppen, Pavillons, Vasen, Göttern, Putten, Sphinxen, Fabelwesen und Tieren, die noch heute den Besucher in ihren Bann schlagen. Alleen, Kabinette, Wasserflächen und figurengeschmückte kleine Plätze, in Bosketten verborgen, Laubengänge und Grotten wechseln in überraschender Vielfalt. Man meint, den Nachklang höfischen Daseins zu hören. Wenn man die großzügig dekolletierten Sphinxen, die vermenschlichten Götter und spielenden Putten betrachtet, wird einem die Bezeichnung des Rokokos als „taubenfüßige Revolution" verständlich.

Vischering

An dieser mittelalterlichen Wasserburg, einer der ältesten und romantischsten des niederdeutschen Tieflands, kann man noch deutlich den besonderen Typus einer Landesburg erkennen und deren Entwicklung verfolgen. Insofern ist Vischering eine Ausnahme, denn die meisten derartigen Anlagen wurden später barockisiert und verloren dadurch ihren burghaften Charakter.

In Vischering hat man Haupt- und Vorburg unmittelbar in einen insellosen See gebaut, der zwischen dem Stever im Osten und dem Vischeringschen Mühlenarm, einem künstlich geschaffenen Flußlauf, im Westen lag. Die Bauwerke umzog ein hoher Ringwall, dem ein breiter Graben vorgelagert war, und weiterhin umgab ein Netz von Kanälen, Gräben und Teichen die ganze Anlage. Heute sind diese Wasserzüge weitgehend aufgefüllt, und das Gelände ist parkähnlich gestaltet; doch den Ringwall kann man noch gut erkennen.

In einem dieser verschwundenen Wasserläufe lag auch die schmale Vorwerkinsel mit Torhaus und Kapelle. Über diese Insel und über eine 1945 zerstörte Mühle am Vischeringschen Mühlenarm gelangte man zur Vorburg. Die Hauptburg und die trapezförmige Vorburg verbindet ein hölzerner Steg.

Außergewöhnlich und für Westfalen sogar einmalig – nur in den Niederlanden gibt es Ähnliches – ist die Form der Anlage: Vischering repräsentiert den Typ einer sogenannten Ringmantelburg. Die Kernburg besaß einen ovalen Mauerring aus groben Blocksteinen, der von beträchtlicher Stärke und etwa zehn

Meter hoch war. Ohne Fenster oder andere Öffnungen, aber vermutlich von einem hölzernen Wehrgang gekrönt, spiegelte sich das düstere Werk in dem umgebenden Wasser. Hinter diesen Mauern, versteckt und wahrscheinlich an sie angebaut, lagen die Wohngebäude. So sah im Mittelalter die Burg aus, die Bischof Gerhard von Münster 1271 errichten ließ. Seit dem 13. Jahrhundert sind die Droste zu Vischering, ursprünglich Wulfheim genannt, Besitzer der Burg.

Das heutige Aussehen der Burg geht auf den Ausbau zurück, der hauptsächlich im 16. Jahrhundert vorgenommen wurde. Den Eingang zur Vorburg verwehrt ein malerisches, mit einem Wappen geschmücktes Zugbrückentor. Die Hauptburg – das Halbrund der Oberburg stammt aus dem Jahre 1519, das der Unterburg von 1584 – steigt noch trutzig aus dem Wasser des Sees auf; doch gar so abweisend wie in ihrer frühen Zeit ist sie heute nicht mehr. Seit dem 16. Jahrhundert durchbrechen Fenster die vorher ungegliederten Bruchsteinmauern, lockern Ziergiebel und Erker den Bering auf. Doch vermögen sie nicht, den noch unverkennbar wehrhaften Charakter der Anlage zu mildern. Den Eckturm im Burghof mit seiner Welschen Haube und die von wildem Wein umrankten Mauern und Wände der Wohnbauten umweht leise Trauer. Doch die Obergeschosse, in deren anheimelnden Zimmern die gotischen Balkendecken und die ursprüngliche Ausstattung erhalten geblieben sind, strahlen Wärme aus.

Das Äußere der Hauptburg verrät heute noch die ursprüngliche Bestimmung der Anlage, die erbaut wurde, um die landesherrlichen Rechte gegen die Herren vom benachbarten Lüdinghausen zu verteidigen. Auf der alten Ringmauer wurde im frühen 16. Jahrhundert der Westflügel errichtet. Daran stößt die Auslucht aus dem 17. Jahrhundert, deren reich verzierter Erker und Dreistaffelgiebel den strengen Eindruck etwas mildern.

Dem Rittersaal verleihen die Kassettendecke, die durch Pilaster mit ionischen Kapitellen gegliederte Täfelung und die Ahnenbilder Wärme und Behaglichkeit; ein Kachelofen trägt das Seinige dazu bei. Auf den Kacheln oben reiten lustige Putten auf Pferden.

Gleich einem Findling, einem Überbleibsel der Eiszeit, die ja diesen Landstrich vornehmlich geprägt hat, liegt auf dem letzten Ausläufer des Altdorfer Waldes, der höchsten Erhebung Oberschwabens, der mächtige Klotz der Waldburg. An ihr scheint der Wechsel der Zeiten spurlos vorübergegangen zu sein.

Waldburg

Weit schweift der Blick von der Waldburg über den Bodensee hinüber zu den Schweizer Bergen; er erfaßt die Zugspitze im Osten, den Feldberg im Westen, den spitzen Helm des Ulmer Münsters im Norden und die Höhenzüge der Schwäbischen Alb, die sich in der Ferne verlieren.

Die Bergkuppe bot wenig Raum für die Burg, deren Grundriß wohl in die frühe Stauferzeit zurückgeht. Zwei ausnehmend gut erhaltene Mauern umgeben die gesamte Anlage auf fast allen Seiten. Ihre unregelmäßige Form ist durch den felsigen Gipfel bestimmt. Kräftige Strebepfeiler stützen das Bedienstetengebäude und einen Teil der nicht sehr starken äußeren Umfassungsmauer ab und bestimmen das markante Bild der Südseite mit. Vom Zwinger aus, dem schmalen Streifen zwischen der inneren und äußeren Mauer, gelangt man in den winkligen Schloßhof, an dessen Nordseite der donjonartige Palas, ein fünfstöckiger Bau, aufragt.

An dieser Stelle stand schon im 12. Jahrhundert das Wohngebäude der alten Burg, die – wohl wegen ihrer außerordentlich sicheren Lage – nie einen Bergfried besaß. Am Beginn des 14. Jahrhunderts erweiterte man den bescheidenen Wohnbau zum Palas mit der noch heute gleich großen rechteckigen Grundfläche, den kleinen, ebenerdigen Schießscharten und den schmalen, gotischen Fenstern. Nach der Zerstörung der 1525 „von den Lindauer Bauern abgebrannten Burg", wie ein zeitgenössisches Flugblatt berichtet, wurde der Palas wieder aufgebaut und aufgestockt; er erhielt nun statt des Walmdaches ein Satteldach.

Waldburg gehörte um 860 zur „Marco Arengaunensium", dem Arengau. Als Waldburg erscheint es zum ersten Male im Jahre 1147. Nachdem die ältesten Waldburger Herren ausgestorben waren, übernahm 1187 Eberhard von der Tanne Burg und Herrschaft. Bald darauf übertrug Friedrich II. ihm das Truchseßamt. Nachdem der Staufer zum Kaiser gekrönt worden war, bewahrte man in der Waldburg von 1221 bis 1240 den Reichsschatz auf – ein Zeichen höchster kaiserlicher Wertschätzung und Gunst.

Wie ein Verteiler läuft in dem halbrunden Vorbau auf der Nordseite des Palas eine steinerne Wendeltreppe und verbindet alle Stockwerke. Im Flur des ersten Obergeschosses hängen Gemälde mit Darstellungen wesentlicher Ereignisse aus der Geschichte des Hauses Waldburg, die von der Bedeutung dieses Geschlechts und ihrer Dienste für deutsche Kaiser und Könige zeugen.

Ein Bild zeigt Eberhard von der Tanne im Konstanzer Münster, wo ihm Friedrich II. die Truchseßwürde verleiht. Ein anderes schildert die von Karl von Anjou veranlaßte Enthauptung Konradins auf der Piazza del Mercato in Neapel. Truchseß Heinrich übernahm damals die letzte Botschaft des Hohenstaufen an König Peter von Aragon. Auf einem weiteren Gemälde führt der „Bauernjörg", wie Graf Georg, wohl der bedeutendste der Waldburger, auch genannt wurde, als Heerführer des Schwäbischen Bundes seine Soldaten wider die aufständischen Bauern.

Über der Tür zum Rittersaal steht die Jahreszahl 1568, womit der wichtigste Raum des Schlosses genau datiert ist. Die Möbel und die Porträts darin sind zum Teil zur gleichen Zeit entstanden, zum Teil erst im 17. Jahrhundert.

Zwei weitere Zimmer gegenüber dem Rittersaal zeichnen sich durch ihre bemerkenswerte Ausstattung aus. Da gibt es einen Tisch mit einer Scagliolaplatte, eine Einlegearbeit aus farbigem Stuckmarmor; ferner einen großen, grünen Kachelofen, eine Truhe aus dem 16. Jahrhundert und eine frühbarocke Kinderwiege.

Im zweiten Obergeschoß führt eine Tür aus dem sogenannten Sterbezimmer der Truchsessen, in dem ein rotes Himmelbett steht und eine kostbare Porzellan- und Fayencesammlung zu bewundern ist, zur Schloßkapelle hinüber.

Sehenswert sind auch die Jagd- und Schlachtenbilder im dritten Obergeschoß sowie Ahnenbilder und Ansichten von Waldburgischen Schlössern.

Ein letzter Blick sollte dem Renaissanceportal des Palas gelten, das die trutzige Wehrhaftigkeit des Riesenbaues wohltuend mildert.

Den Barockgarten von Weikersheim
(rechts oben) schmücken über 50
Statuen. Auf Balustraden stehen Vasen
und Zwerge in callotscher Manier.

Die Figuren (oben) karikieren den
Hofstaat des Grafen Carl Ludwig
(1713/14), darunter den Hofnarren,
den Küchenmeister und den Hofjuden.

In der weiten, lieblichen Talaue der
Tauber liegen Schloß und Städtchen
Weikersheim. Das Schloß enthält noch
erhebliche Teile des alten Stammschlosses
der Fürsten von Hohenlohe.

Im Jahre 1153 erschienen zum erstenmal
die freien Edelherren Conrad und
Heinrich von Wikartsheim, die Vorfahren
des späteren Hauses Hohenlohe. Der
untere Teil des heutigen Bergfrieds
stammt noch von ihrer Burg.

Ab 1586 ging Graf Wolfgang II. daran,
die alte Burg erheblich auszuweiten

Weikersheim

und einen großen Palast aufzuführen. Dieser Bau wäre ein Renaissancebau von europäischer Bedeutung geworden. Er blieb ein Torso, weil zunächst die Mittel versiegten und danach, kurz vor Beginn des 30jährigen Krieges, der Bauherr starb.

Der mit der Planung beauftragte kurmainzische Baumeister Georg Robin entwarf eine Anlage mit dreieckigem Grundriß. Die Ausführung übertrug man schließlich dem Würzburger Wolf Behringer. Der nahm 1595 zunächst den Saaltrakt in Angriff. Kern dieses Hauptbaues wurde der durch zwei Geschosse gehende manieristische Rittersaal. Er besticht durch seine Größe und Ausstattung wie durch seine Eigenwilligkeit.

Prunkstücke sind hier das Portal an der östlichen Stirnwand und das Pendant gegenüber, der bis zur Decke reichende Kamin. Über der rechteckigen Feueröffnung ziehen sich zwei plastische Friese entlang. Die Reliefs des Mittelteiles und des Aufsatzes sind Meisterwerke von Michael Junker (1602). Ein weiteres Relief oberhalb des gegenüberliegenden Eingangsportals zeigt eine dramatisch bewegte Türkenschlacht.

Im späten 17. Jahrhundert entstanden der Ostflügel, der Marstall und eine neue Brücke über den Graben. Der Bergfried erhielt nun seine Welsche Haube.

Eine dritte bemerkenswerte Phase in der Geschichte des Schlosses ist die erste Hälfte des 18. Jahrhunderts, als Graf Carl Ludwig von Hohenlohe hier residierte. Unter bemerkenswerter Schonung des vorhandenen wertvollen Renaissancebestandes schuf er aus dem Schloß und der Stadt eine barocke Residenz. Aus dem bescheidenen Renaissancegarten wurde ein ansehnlicher Hofgarten. Zum anderen stellte nun ein großer architektonisch durchgestalteter Platz die bis dahin fehlende Beziehung zwischen Stadt und Schloß her. Diese Anlage zählt zu den gelungensten Lösungen eines Schloßentrées. Zangenartig aufgestellte Flügelbauten begrenzen den Platz im Westen und leiten den Besucher durch eine Folge von Toren und Portalen in den Schloßhof. Die Ostseite wird durch die Fassade der Evangelischen Stadtkirche abgeschlossen. Damit verwirklichte Carl Ludwig die barocke Idee einer Zusammenbindung von Residenz, Stadt und umgebender Landschaft.

Überdies verstand er es, das Schloß unter Einbeziehung der Renaissanceteile, insbesondere des Rittersaales und der Kapelle, zu einem Kleinod barocker Raumkunst zu machen, das er mit kostbaren Möbeln, Tapisserien, Spiegeln, Gemälden und Porzellanen ausstattete.

Mit dem Tode des Grafen im Jahre 1756 erlosch die Linie Hohenlohe-Weikersheim. Dies hatte zur Folge, daß das Schloß bis auf den heutigen Tag fast in dem gleichen Zustand erhalten ist, in dem Carl Ludwig es hinterließ. Dank seiner architektonischen und städtebaulichen Gestaltung gehört Weikersheim – das schließlich vom Land Baden-Württemberg erworben wurde – zu den glücklichsten Schöpfungen deutscher Kleinfürstentümer.

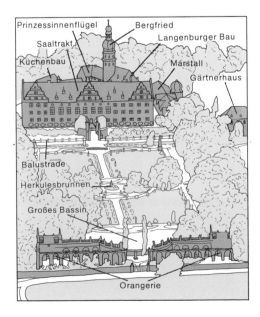

Der Garten von Weikersheim wird hinten durch eine hervorragende, theatralisch-kraftvolle Orangerie mit hohen Kolonnaden abgeschlossen. Den etwas fremden, südlich wirkenden Bau, den ab 1719 Johann Christian Lüttich schuf, schmücken Götter- und Heroengestalten – verwitterte Skulpturen der Brüder Philipp Jakob und Georg Christoph Sommer.

Der Saaltrakt des Weikersheimer Schlosses mit seinen schönen Rollwerkgiebeln wurde 1598 von dem Würzburger Baumeister Wolf Behringer begonnen. Wenig später blendete man dem Bau im Hof einen Altan vor. Hier kontrastieren das Rustikamauerwerk und die darüber hinlaufende, filigranhaft durchbrochene Brüstung wirkungsvoll miteinander: Masse gegen Schwerelosigkeit.

In die kassettierte Decke des Rittersaales – Achtecke wechseln hier mit Quadraten ab – sind Ölbilder eingelassen (oben). All diese Jagdszenen malte Balthasar Katzenberger in nur einem Jahr. Tief eingeschnittene Fenster an den beiden Längsseiten des Saales öffnen sich zur Hof- und Gartenseite. Von oben her schmiegt sich kurioser Wandschmuck zwischen sie, in dem Einfälle von ungezügeltem Humor verwirklicht sind. Halbplastisch gestaltete Tiere strecken vollrund gearbeitete Köpfe vor. Sie bestehen aus Kalk, Gips, Fasern, Häcksel und Tierhaaren und tragen echte Geweihe und Felle. Besonders lustig ein grotesk modellierter Elefantenschädel (rechts).

Weilburg

Man muß es als ein Ganzes sehen, das Schloß und den sich anschließenden Kern der Altstadt von Weilburg: eine insgesamt barocke Residenz, angelegt unter dem Grafen Johann Ernst von Nassau-Weilburg (1675–1719) zu Beginn des 18. Jahrhunderts, und zwar von einem einzigen Baumeister, Julius Ludwig Rothweil. Dieser konnte – ab 1702 – nach einer Gesamtkonzeption planen: vom Ausbau des bereits vorhandenen Renaissanceschlosses über Rathaus und Kirche bis zur Gestaltung der Gassen und dem barocken Brunnen auf dem Marktplatz. An die Stelle des unregelmäßigen mittelalterlichen Weilburger Grundrisses trat damit ein einheitliches Stadtbild.

Der Ort mit dem Schloß liegt auf einem halbinselartigen, von einer Schleife der Lahn umwundenen Bergkegel. Landeinwärts öffnet er sich mit dem ab 1758 geschaffenen Landtor als prunkhafter Eingangspforte.

Das Renaissanceschloß, das Rothweil in den barocken Residenzplan übernahm, war 1533–80 gebaut worden. Es war an die Stelle einer Burg des 14. Jahrhunderts getreten, von der noch Mauerreste auf der Lahnseite des Schlosses erhalten geblieben sind.

Die Herrschaft der Grafen von Nassau im Gebiet um Weilburg (seit einer Teilung im Jahre 1355 die Linie Nassau-Weilburg) läßt sich bis in die erste Hälfte des 12. Jahrhunderts zurückverfolgen. Damals erhielten die Grafen hier eine Vogtei der Bischöfe von Worms als Lehen. Die Vogtei wiederum war aus einem 912 von König Konrad I. gegründeten Walpurgisstift hervorgegangen. Dies ist die Grundlage, auf der die Nassauer Grafen bis in das 19. Jahrhundert eine kleine Territorialherrschaft entwickelten.

Das Schloß ist ein Vierflügelbau, an den sich seit seinem Ausbau zur Barockresidenz zwei Orangerien am Hang terrassenartig anschließen. Der Innenhof des Hochschlosses ist ein weiter, nahezu quadratischer Raum, dessen Boden noch das ursprüngliche Steinpflaster aufweist. Die ringsum aufsteigenden Gebäudewände sind durch Treppentürme, Giebel, geschmückte Portale und Fenster aufgelockert und bereichert.

Unter zwei Bauherren haben mehrere Baumeister die Renaissanceanlage innerhalb von 50 Jahren geschaffen. Ursprünglich hatte Graf Philipp III. (1523–59) daran gedacht, an der Stelle der mittelalterlichen Burg lose miteinander verbundene Einzelbauten zu errichten. Unter dem Baumeister Balthasar Wolff aus Heilbronn entstand aber ein Dreiflügelbau. Nach einer Pause von zwei Jahrzehnten legte ihm der Baumeister Ludwig Kempff einen vierten Flügel, den Nordflügel, vor, der die offene Seite abschließt. Bemerkenswert an diesem Flügel ist ein Arkadengang mit steinernen Doppelsäulen, den man ihm um 1590 auf der Hofseite vorsetzte und der entscheidend zur Auflockerung des Hofbildes beiträgt.

Reste der mittelalterlichen Burg ent-

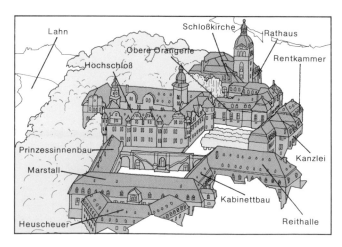

Hoch über der Lahn staffeln sich dreifach die verschiedenen Teile des Schlosses. Die erste Stufe bildet die Heuscheuer (rechts). Auf der zweiten Stufe steht quer dazu der Marstall, an den sich vorn der Prinzessinnenbau und hinten der Kabinettbau anlehnen. Dahinter steigt das Renaissanceschloß auf, überragt vom Turm der Schloßkirche.

Das ostasiatische Porzellan auf vergoldeten Etageren gab dem Chinesischen Kabinett den Namen. Ein Fußboden aus Nußbaum mit Zinn- und Messingeinlagen (1694/95) und schweres Stuckornament (1693) schmücken den Raum im Stil der Zeit.

Das Glanzstück des Innenhofes ist der zweistöckige Arkadenvorbau. Zwischen den Bogen stehen paarweise ionische Säulen. Ursprünglich war auch das Obergeschoß offen. Einen reizvollen Gegensatz bilden die Fachwerkgiebel der Zwerchhäuser.

hält noch der zuerst gebaute Ostflügel, der an die Stelle des Palas aus dem 14. Jahrhundert trat. Er sitzt nach der Lahnseite zu am Rand des Plateaus auf dem Fels auf und bezeugt hier mit seiner schmucklosen Fassade noch die späte Gotik. An die Renaissance erinnert nur ein Eckerker.

Nach seiner Fertigstellung war das Schloß Sitz eines absolut regierenden Barockfürsten. In den Erdgeschossen der vier mehrstöckigen Gebäude befanden sich die Wirtschaftsräume mit Hofstube, Gerichtssaal, Kanzlei, Küche und Marstall. Die Obergeschosse enthielten die Wohngemächer. Nahezu alle Räume können besichtigt werden.

Nur einige zeigen noch den Zustand von 1572. Die Wohnräume sind heute mit Mobiliar des 18. und 19. Jahrhunderts ausgestattet. Eine Seltenheit für die frühe Zeit stellt ein von Rothweil 1711–13 eingebautes Bad mit einer Wanne aus schwarzem Marmor dar. Am prächtigsten ist das Kurfürstliche Gemach, heute Thronsaal genannt. Hier steht ein Bett unter einem noch vorhandenen Baldachin.

Die Pflasterung des Schloßhofes stammt aus der Zeit von 1702/03. Zum Portal des Uhrturmes von 1539 steigt eine barocke Freitreppe auf.

217

Neben dem Renaissanceportal des Treppenturmes leuchten die Saalfenster des Palas aus spätstaufischer Zeit.

Vom Berghang heben sich die Ruinen der Grafenburg (oben) ab: Bergfried, Palas, Torhaus und Löwensteiner Bau.

Wertheim

Kaum eine Ruine Badens – Heidelberg ausgenommen – erreicht die malerische Gesamtwirkung der Burg zu Wertheim. Obwohl sie schon lange zerstört ist, stellt die große Anlage noch heute ein komplettes Bilderbuch zur Burgenkunde dar.

Im Jahre 1132 erscheinen die Grafen von Wertheim als begütertes fränkisches Geschlecht. Noch im 12. Jahrhundert dürften sie mit dem Bau der Burg auf hoher, schmaler Bergzunge zwischen den Tälern von Main und Tauber begonnen haben. Dort entstand der bis ins 17. Jahrhundert immer weiter ausgestaltete Grafensitz mit wehrhaften Befestigungsanlagen und großen Wohnpalästen.

Hinter dem tiefen Halsgraben stehen die Bauten auf höhengestaffeltem Felsterrain. Zusätzlich war die Burg durch die starken Außenwerke der Zeit nach 1400 gesichert, und Flügelmauern verbanden sie mit der Stadt, die sich in ihrem Schutz entwickelte. Inmitten der Oberburg steht der schlanke Bergfried, an der Feindseite von der hohen Mantelmauer umschlossen. Palasgebäude als Stätte der ritterlichen Hofhaltung, ehemals mit Burgkapelle, vervollständigen das Bauprogramm der ältesten Burganlage, von der noch dreiteilige Fenstergruppen der schmuckfreudigen Staufer-

zeit erhalten sind. Palas und Wohnbau verbindet ein achteckiger Treppenturm mit schönem Portal von 1562.

Die Vorburg und spätere Wohnburg steht auf deutlich tieferer Bergstufe. Den stattlichen Johannesbau übertrifft noch der um 1600 errichtete Löwensteiner Bau, heute eine imposante Ruine. Ein spätgotischer Altan stößt aus den Gartenanlagen mit durchbrochener Maßwerkbrüstung kühn gegen das Taubertal vor, und die Barockzeit trug noch den Archivbau über dem alten Burgtor bei.

Auf das 1556 ausgestorbene Geschlecht der Wertheimer Grafen folgte Ludwig Graf Stolberg, den 1598 die Grafen von Löwenstein ablösten. Im 30jährigen Krieg wurde die Burg von den Schweden besetzt und 1634 von den Kaiserlichen durch Beschuß zerstört. Seitdem liegt sie in Trümmern.

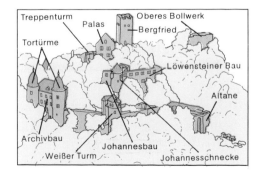

Schloß Westerwinkel ist ein lang-
gestreckter Vierflügelbau mit niedrigen
Ecktürmen, die hohe, mehrfach ge-
stufte Hauben vom Beginn des

19. Jahrhunderts tragen. Die Wand-
flächen sind nur durch Fensterreihen
mit dekorativen Läden und umlaufende Gesimse gegliedert.

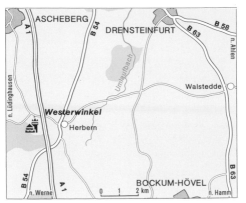

Westerwinkel

In Westfalen sind die Landesburgen im 16. Jahrhundert in Schlösser umgewandelt worden. Sie behielten aber den Grundbauplan der alten, stark befestigten Wasserburgen und besaßen Wassergräben, ein Torhaus mit Zugbrücke, Vor- und Hauptwerk sowie eine Wallanlage. Der tiefe, breite, oft teichartig erweiterte Wassergraben – die Gräfte, wie man in Westfalen sagt – blieb erhalten, wurde jedoch meist in die umliegende Landschaft einbezogen.

Auch Schloß Westerwinkel entwickelte sich aus einer älteren Burganlage, dem Kern von Gut Westerwinkel, das schon 1225 urkundlich erwähnt wird. Damals war es im Besitz der Familie von Westerwinkel. Als diese Ende des 14. Jahrhunderts ausstarb, ging der Besitz durch Kauf und Heirat an verschiedene einheimische Geschlechter über. Zuletzt fiel er an die Herren von Merveldt, denen Westerwinkel auch heute noch gehört. Sie ließen zwischen 1663 und 1668 das prächtige Schloß errichten.

Wenn man den weiten Park im englischen Stil durchschreitet, erblickt man unversehens über eine Wiese hinweg das frühbarocke Wasserschloß. Es besitzt vier quadratische Türme, die nur jeweils an einer Ecke mit den Flügeln des Schloßbaues verbunden sind. Als Eckpfeiler markieren sie den langgestreck-ten, rings von einem Wassergraben umgebenen Baukörper der Hauptburg. Ein gut erhaltener Wall mit Eckbastionen legt sich schützend um den Kernbau des Schlosses. Auf der Nordseite dieser Wallanlage bildet die Vorburg die stärkste Wehr. Das Hauptschloß, der Graben, die Umwallung und die Vorburg werden wiederum von einem weiteren, noch breiteren Graben umschlossen. Über ihn führt nur eine einzige Brücke von Westen her zum Torhaus der Vorburg. Diese Bogenbrücke ist aus rauhen Bruchsteinen errichtet und reicht nicht ganz bis ans Torhaus heran; die Lücke schließt ein hölzerner Steg. Durch die Einfahrt gelangt man in den Hof des Vorwerks.

Von den Eckbastionen des Walles steht noch der Turm, an den sich das Torhaus anlehnt. Blockig, mit einem Walmdach, auf dem ein polygonales Türmchen mit Welscher Haube sitzt, schiebt er sich weit in den äußeren Graben vor.

Die Geschlossenheit der Gesamtanlage und die geschickte Anpassung des Komplexes von Burg, Gräben, Wällen, Türmen, Höfen, Brücken und Park an die umgebende Landschaft verleihen Westerwinkel einen besonderen Reiz. Es kann als eines der geglücktesten Wasserschlösser im Münsterland gelten.

Das Torhaus im Nordwesten des Schlosses wurde 1663 errichtet; es stellt einen Teil der Vorburg dar. Massig drängt sich sein gedrungener Turmbau weit in die Gräfte hinein. Nur über die Brücke der Vorburg ist das Schloß zu erreichen. Ursprünglich grenzte ein hoher Erdwall, der für die Verteidigung eine wichtige Rolle spielte, an das Torhaus. An der Nordostecke der Burg stand einst ein zweites Torhaus mit einem Turmbau.

Wilhelmshöhe

Fährt man von Fulda auf der Autobahn nordwärts, taucht wenige Kilometer vor Kassel zur Linken der Habichtswald auf. Über seinen höchsten Wipfeln schaut die Spitze einer obeliskartigen Pyramide hervor. Auf ihr steht, gestützt auf eine gewaltige Keule, in der acht Personen Platz finden, die Gestalt des Herkules aus getriebenem Kupfer – ein Werk, das der Augsburger Goldschmied Johann Jakob Anthoni 1713–17 schuf. Die Figur – übrigens eine Nachbildung des Farnesischen Herkules in Neapel – krönt das sogenannte Riesenschloß. Sie stellt den höchsten Punkt der gewaltigen Anlage dar.

Erzbischof Adalbert I. von Mainz hatte hier vor 1137 auf einer Terrasse am Hang des Habichtsberges das Kloster Weißenstein gegründet. Um 1217 übernahmen die hessischen Landgrafen die Schutzhoheit über das Kloster, das 310 Jahre später aufgehoben wurde. Anfang des 17. Jahrhunderts ließ Landgraf Moritz an seiner Stelle ein Jagdschloß errichten, den Vorgängerbau des Schlosses Wilhelmshöhe.

Die Einmaligkeit der heutigen Wilhelmshöher Anlage beruht auf der Harmonie zwischen Bauwerken und Landschaft. Zwei kongeniale Männer brachten 1701–18 diesen Architekturpark zustande: Landgraf Karl von Hessen-Kassel (1677–1730), ein Urenkel Moritz' des Gelehrten, und der Italiener Giovanni Francesco Guerniero. Beide waren echte Barockmenschen, sinnenfreudig und voller Schönheitsliebe, kühn bis zur Waghalsigkeit und erfüllt von unbändigem Tatendrang. Sie erdachten ein Ensemble, das alles in Europa Dagewesene in den Schatten stellen sollte. Ihnen schwebte eine Fülle von Treppenanlagen, Wasserspielen, Lusthäusern, kleinen Grotten und Tempeln vor, und am Fuße des Berges sollte sich ein imposanter italienischer Palast erheben.

Nur ein Bruchteil davon wurde in der 17jährigen Bautätigkeit verwirklicht, so ein Teil der großen Kaskade, einige kleinere Springbrunnen, die Pavillons, die Neptunsgrotte, die Vexierwassergrotte, das Riesenkopfbecken und vor allem das Riesenschloß.

Landgraf Friedrich II. (1760–85) verwandelte dann die Anlage in einen romantisch-englischen Park. Er ließ mehr als 400 Arten von Bäumen und Sträuchern pflanzen und die große Fontäne anlegen, deren Strahl über 50 Meter hochschießt. Er wollte nicht nur die Welt der Antike, sondern auch die exotischer Länder in seinem Park lebendig werden lassen. Von den geplanten Einsiedeleien für altgriechische Philosophen, Grabmälern für Homer und Vergil, Grotten, Tempelchen und dem Zaubergarten der Armida, einer ägyptischen Pyramide, ja sogar einer kleinen Negerkolonie sind nur die Einsiedelei des Sokrates, das Grabmal des Vergil, der Merkurtempel, die Sibyllengrotte, die Nachbildung der Cestiuspyramide und die kleine chinesische Pagode übriggeblieben.

Den Namen Wilhelmshöhe erhielt die vormalige Schloßanlage Weißenstein 1798 von ihrem letzten großen Bauherrn und Gestalter, Landgraf Wilhelm IX., dem späteren Kurfürsten Wilhelm I. Barock und Rokoko waren bereits der naturverbundenen Romantik gewichen. Wilhelm IX. hielt sich, der „albernen Künsteley" endgültig überdrüssig, an den Ausspruch des Schweizer Malers und Dichters Salomon Geßner: „Was entzücket mehr als die schöne Natur, wenn sie in harmonischer Unordnung ihre unendlich mannigfaltigen Schönheiten schwindet?" So formte er den einst im französischen Geschmack angelegten Garten nun vollends in einen Landschaftspark um.

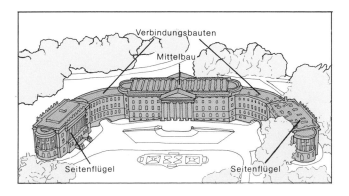

Das Riesenschloß im Park besitzt drei mächtige Geschosse. Am Fuß des Sockels beginnt die Kaskade, die von Treppenläufen flankiert ist.

Der Mittelbau des Schlosses Wilhelmshöhe ist durch eine Säulenvorhalle gegliedert. Tympanon und Balustraden schließen ihn oben ab.

Der Niederländer Gerard Terborch hat sich in den frühen Jahren seines Schaffens als Porträtmaler einen Namen gemacht. Ab 1650 schildert er die vornehme bürgerliche Gesellschaft beim Lesen, Schreiben und Musizieren. Diese Genrebilder strömen eine tiefe innere Harmonie aus. Besondere Aufmerksamkeit widmet Terborch kostbaren, schimmernden Seidenstoffen, so wie hier bei der Lautenspielerin in Schloß Wilhelmshöhe.

Der Segen Jakobs, eines der bekanntesten Bilder Rembrandts und das Glanzstück der berühmten Gemäldesammlung auf Schloß Wilhelmshöhe, entstand 1656. Der greise, fast erblindete Jakob segnet vor seinem Tode seinen jüngeren Enkel Ephraim. Sein Sohn Josef nimmt die Hand des Vaters und will sie auf das Haupt Manasses, des Erstgeborenen, lenken. Doch Jakob sagt, er wisse wohl, daß er Ephraim berühre, und so erteilt er seinen Segen.

Gleich neben der großen Fontäne spiegelt sich der romantische kleine Jussowtempel im Fontänenteich. Der Rundtempel wurde in den Jahren 1817/18 von Heinrich Christoph Jussow d. J. erbaut.

Die „natürlichen" Wasserfälle entstanden. Der Lac (See) erhielt seine endgültige Gestalt, und die Lieblingsidee des
Herrschers, die Nachbildung eines römischen Aquädukts auf seinem Grund und
Boden zu haben, wurde verwirklicht.
Der Aquädukt mit seinem 43 Meter
hohen Wasserfall erinnert an eine verfallene römische Wasserleitung. Hinzu
kam noch die Löwenburg, eine der englischen Gotik nachempfundene Burgruine, deren Ausstattung viel Originales
birgt.

Der heutige klassizistische Neubau
von Schloß Wilhelmshöhe – zunächst
schwebte Wilhelm IX. auch hier eine
künstliche Ruine vor – entstand zwischen 1786 und 1798. Zwei Seitenflügel
begrenzen, zusammen mit dem Mittelteil, trapezförmig den bergseitig offenen
Ehrenhof. Ursprünglich waren die drei
Bauten nur durch niedrige, brückenför-
mige Terrassen miteinander verbunden.

Kurfürst Wilhelm II. ordnete an, diese
„Lücken" durch zweigeschossige Ver-
bindungsbauten zu schließen. Damit
war aber der fein empfundene Rhyth-
mus der dreiteiligen Anlage erheblich
gestört, die daher ziemlich schwerfällig
wirkt.

Die Seitenflügel sind durch Säulen,
eine mit Vasen geschmückte Attika und
teils rundbogige, teils gerade Fenster
reich gegliedert. Während man hier
noch barocke Anklänge spürt, dominie-
ren im Haupttrakt klassizistische Elemente. Rampen und Freitreppen führen
auf beiden Seiten zu einem Portikus mit
sechs monumentalen Säulen im ionischen Stil. Die Schloßkuppel wurde,
ebenso wie das Innere, bei einem Luftangriff zerstört.

Von der bergseitigen Vorhalle
schweift der Blick über malerische
Baumgruppen hinauf zur Kaskade. Obwohl nur das obere Drittel dieser gewal-

tigen Anlage ausgeführt ist, zählt sie zu
den großartigsten Unternehmungen dieser Art in Europa. Aus den Grotten-
höfen unterhalb des oktogonalen Rie-
senschlosses stürzt das Wasser über Felsen auf das Haupt des von Herkules
besiegten Giganten Enkelados. Es sam-
melt sich zu dem Strahl, den der Mund
des Riesen ausspeit, und ergießt sich
über die Kaskade in die darunterliegenden Becken.

Den Ruf von Schloß Wilhelmshöhe –
das während des Intermezzos unter König Jérôme Napoleonshöhe genannt
wurde – begründen heute unter anderem
seine Sammlungen. 1974 wurde im Mittelbau die berühmte Gemäldegalerie neu
eröffnet, deren Schwerpunkt bei den
Niederländern des 17. Jahrhunderts
liegt. Das kostbarste Juwel ist *Der Segen
Jakobs* von Rembrandt. Im südlichen
Flügel blieb noch die alte Einrichtung
erhalten.

Wilhelmsthal

Die Innenausstattung des Schlosses Wilhelmsthal ist gelöster, spielerischer als der verhaltene Schmuck der Fassaden. Die zarten Stuckverzierungen, die Täfelung, die Schnitzereien der Türen, die vergoldeten Rahmen der Gemälde, vor allem die der Schönheitsgalerie (oben) – fast alles Werke von Johann Heinrich Tischbein d. Ä. –, und das erlesene Mobiliar harmonieren auf das delikateste miteinander.

Man könnte glauben, bei dem Lustschloß Wilhelmsthal, dessen Parktor sich zwei Wanderstunden von Schloß Wilhelmshöhe entfernt öffnet, habe eine gütige Fee Pate gestanden. Mit diesem Bau hat der tatkräftige und kunstsinnige Landgraf Wilhelm VIII., ein Bruder des Königs von Schweden, die landschaftlich reizvolle Umgebung von Kassel um ein Kleinod bereichert.

Wilhelm verpflichtete für das Projekt den Architekten am Münchner Hof, François de Cuvilliés. Dieser lieferte den Gesamtplan für die vorgesehene neue Anlage. Die Bauleitung übertrug man Simon Louis du Ry. Der erbaute auch, nach eigenem Entwurf, die beiden Wachthäuser, die dem Ehrenhof vorgelagert sind. Das fertige, im Rokokostil errichtete Schloß Wilhelmsthal ist neben der Amalienburg im Nymphenburger Park ein Höhepunkt im Schaffen des genialen Cuvilliés und eine der kostbarsten Schöpfungen deutscher höfischer Kunst des 18. Jahrhunderts.

Zuerst ließ Fürst Wilhelm den Garten anlegen, einen Park im Geschmack des Rokokos mit vielen kleinen Lusthäuschen, meist im chinesischen Stil, und der obligatorischen, überreich geschmückten Grotte. Sie ist mit vergoldeten Figuren, seltenen Schnecken und Muscheln und außergewöhnlichen Steinen ausgestattet. Der Park ist nie vollendet worden, da der Siebenjährige Krieg, in den auch Hessen mit hineingezogen wurde, dazwischenkam. Wilhelm IX. ließ den Park 1796, ähnlich dem von Schloß Wilhelmshöhe, umgestalten. In diesen –

Die anmutigste Ansicht von Schloß Wilhelmsthal – hier das Corps de logis – ist wohl die vom Park her. In feiner Abstufung lehnen sich rechts und links an den Haupttrakt niedrigere Bauteile an. Im Dreiecksgiebel über dem weit vorspringenden Mittelrisalit und den drei länglichen, durch Sandsteinornamentik verzierten Fenstern darunter manifestiert sich ausdrucksvoll das Rokoko. In den Park führt mit schöner Biegung eine doppelte Freitreppe hinab.

nicht mehr erhaltenen – romantisierenden Englischen Garten setzte Simon Louis du Ry einen neugotischen Aussichtsturm, der alle Wipfel überragt.

Von nicht mehr zu überbietender Ausgewogenheit ist die Schauseite des Schlosses. Zwei schlichte und vielleicht deshalb um so wirkungsvollere Flügel sind nicht direkt, sondern durch kleinere „Gelenkgebäude" mit dem Hauptkörper verbunden und bilden so den Ehrenhof. Unter den geschwungenen Walmdächern der Dreiflügelanlage liegen Zwischengeschosse mit Dachgauben. Den Mittelrisalit betonen eine halbrunde Treppe, ein von Säulen getragener Altan, vier Pilaster in Verlängerung der unteren Säulen und Ochsenaugen.

Das fürstliche Paar wohnte getrennt im Nordteil des Hauptgebäudes: die Landgräfin in den oberen Räumen, ihr Gemahl darunter. Über ein Treppenhaus von edelster Form gelangt man in die oberen Gemächer.

*Wehrhaft steigt im Westen der mittel-
alterliche Bering aus dem Halsgraben
auf. Durch das Scherenbergtor (links)
gelangt man in den Schloßhof. Dahinter sieht man den Kiliansturm.*

*In die berühmte Weinbergslage Leisten
an der Südflanke der Festung Marienberg schieben sich deren Verteidi-
gungswerke vor: vorn der Maschikuliturm, in der Mitte und rechts die*

*Basteien St. Nikolaus und St. Johann
Baptist. Darüber erheben sich links das
Zeughaus und rechts das Hauptschloß
mit Kiliansturm, Bergfried, Marien-
turm und dem Sonnenturm.*

Würzburg:Marienberg

Unter den Festungsanlagen Süddeutschlands, die sich bis heute erhalten haben,
ist die Festung Marienberg über Würzburg eine der großartigsten. Mit ihrer
eindrucksvollen Silhouette beherrscht
sie das Bild der Stadt. Hier oben residierten jahrhundertelang die Würzburger
Fürstbischöfe.

Doch die Geschichte des Marienbergs
geht viel weiter zurück. Siedlungsspuren
weisen darauf hin, daß schon um 1000
v. Chr., also in vorgeschichtlicher Zeit,
die sichere und günstige Lage der Bergzunge über der Mainfurt genutzt worden ist. Kelten, die vermutlich den Berg
durch Abschnittswälle befestigt hatten,
wichen um 100 v. Chr. eindringenden

Germanen. Im 6. und 7. Jahrhundert
saßen die fränkischen Amtsherzöge über
Thüringen und das Mainland auf der
„Virteburch", deren Name dann auf die
Stadt am jenseitigen Mainufer überging.
Spuren von alledem hat die spätere Be-
bauung fast vollständig getilgt. Als ältestes erhaltenes Zeugnis einer langen Geschichte blieb uns der angeblich 706
entstandene Rundbau der Marienkapelle. Sie gab Berg und Burg schließlich den
Namen.

Der erste Bischof des von Bonifatius
742 errichteten Bistums erhielt den Marienberg durch Tausch aus dem Besitz
der herzoglichen Familie. Dann hört
man lange Zeit wenig von dem Burg-

berg. Die frühesten der bestehenden
Wehr- und Wohnbauten wurden erst im
12. und 13. Jahrhundert errichtet. 1253
zog Bischof Hermann von Lobdeburg
auf die Burg. Denn wie in vielen anderen
wichtigen Städten waren auch hier die
Landesherren wegen des Widerstandes
der Bürgerschaft gezwungen, sich am
Rande der Stadt oder außerhalb ihrer
Mauern anzusiedeln.

Damit begann die große Zeit des
Marienbergs als Burg und Residenz,
später als Festung der Fürstbischöfe, die
auch den Titel eines Herzogs von Franken führten. Diese Epoche ihrer Geschichte endete erst 1720, als die geistlichen Fürsten ihre neue, prachtvolle Ba-

rockresidenz unten in der Stadt bezogen. Bis dahin hatten sie fast sechs Jahrhunderte lang die Anlage auf dem Marienberg aus- und umgebaut.

So entstand nach und nach eine imponierende Baugruppe. Den Anfang machten der Palas, der im heutigen, zum Tal orientierten Fürstenbau steckt, und der um 1200 errichtete runde Bergfried. Der Randersacker- oder Sonnenturm an der Südostecke und die durch elf Türme verstärkte Ringmauer gehen auf das 14. Jahrhundert zurück. Fürstbischof Rudolf von Scherenberg verstärkte die Mauer in der zweiten Hälfte des 15. Jahrhunderts; an ihn erinnert das Scherenbergtor im Westen. Sein Nachfolger Lorenz von Bibra erbaute 1511 in spätgotischen Formen die nach ihm benann-

te Spindeltreppe. 1525 widerstand der Marienberg dem Bauernsturm.

Unter den großen Fürstbischöfen ragt besonders einer hervor, der in den 44 Jahren seiner Regierung (1573–1617) die Kultur und das Leben des Hochstiftes nachhaltig prägte: Julius Echter von Mespelbrunn. Er verwandelte an der

Wende vom 16. zum 17. Jahrhundert die Burg, ohne daß sie ihre Wehrhaftigkeit verlor, in ein festliches Bergschloß.

Nach den Schrecken des 30jährigen Krieges entstand unter Johann Philipp, dem ersten Schönborn auf dem fürstbischöflichen Thron, nach französischem Vorbild der barocke Festungsbau mit

Im Wirsbergzimmer hängt der fast acht Meter breite Echterteppich von 1564. In spanischem Gewand schreiten darauf Peter Echter, der Erbauer von Mespelbrunn, und seine Frau Gertraut mit ihren Söhnen und Töchtern einher. Bei dem zweiten Sohn handelt es sich um Julius Echter, der als Würzburger Fürstbischof berühmt wurde.

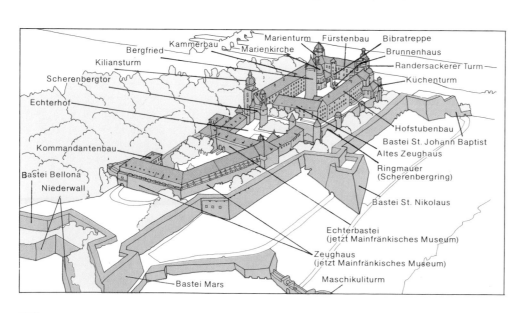

230

Im Mainfränkischen Museum finden sich neben Meisterwerken der bildenden Kunst und des Kunsthandwerks auch eine hübsche Rokokoapotheke und die Sulzfelder Winzerstube (links) mit ihrer Renaissanceausmalung.

Durch das Neutor (rechts), ein frühbarockes Werk mit dem Wappen Johann Philipps von Schönborn, betritt man die Festungswerke.

seinen gewaltigen Mauerzügen und Bastionen. Er wurde im 17. und 18. Jahrhundert von Antonio Petrini, Maximilian von Welsch und Balthasar Neumann ausgebaut. Um einen zusätzlichen großen Hof entstand nach 1709 das zweiflügelige Zeughaus nach den Plänen des Artilleriehauptmanns Andreas Müller. Der Maschikuliturm, 1724–33 von Welsch und Neumann errichtet, schloß diese Bauperiode ab.

Als die Residenz verlegt worden war, blieb der Marienberg nur noch Festung, Kaserne und Arsenal, bis 1867. Mit der Aufhebung der Festungseigenschaft begann der Abstieg, der mit der weitgehenden Zerstörung im Zweiten Weltkrieg seinen Tiefpunkt erreichte. Wie in der ganzen Stadt wurde auch hier Unwiederbringliches vernichtet.

Im Zuge des Wiederaufbaus wurde die Festung Marienberg neu genutzt: Das Staatsarchiv durfte seine Notariatsakten hierher überführen; vor allem aber fand in den Räumen des Zeughauses und den Gewölben der Echterbastei das Mainfränkische Museum eine gute und passende Bleibe. Diese Schatzkammer fränkischer Kunst und Kultur – darin Meisterwerke Riemenschneiders – bringt durch seine Besucher neues Leben in die alten Gemäuer.

Würzburg: Residenz

Mit der Würzburger Residenz erreichte die fränkische Schloßbaukunst einen Höhepunkt von europäischem Rang. Die Bauherren, im wesentlichen Mitglieder der Familie Schönborn, errichteten sich hier das imposanteste Denkmal.

Am Ende des 17. und in der ersten Hälfte des 18. Jahrhunderts besetzten immer wieder Mitglieder dieser Familie die Throne der geistlichen Fürsten und Kurfürsten an Mosel, Rhein und Main. Weitere Angehörige des Hauses nahmen in Domkapiteln bedeutende Stellungen ein, und selbst in Wien, wo Friedrich Carl von Schönborn als Reichsvizekanzler wirkte, hatten sie einen nicht zu unterschätzenden Einfluß. Den europäischen Dimensionen ihrer politischen Tätigkeit entsprach ihr kulturelles Wirken. Dank ihrer vielfältigen Verbindungen erhielt diese Familie künstlerische Anregungen aus dem gesamten Raum zwischen Wien, Prag und Paris, Genua, Venedig und Amsterdam.

Bei der Planung und Ausführung der großartigen Würzburger Anlage vereinigten sich wie sonst bei keinem ihrer Bauten Künstler aus vieler Herren Länder. Balthasar Neumann als der Ausfüh-

rende am Ort hatte Ideen und Anregungen von Germain Boffrand und Robert de Cotte ebenso einzuarbeiten wie solche von Johann Lukas von Hildebrandt und Maximilian von Welsch. Die Ausstattungskünstler kamen aus Mecheln in den Niederlanden (Jacob van der Auwera), aus der fränkischen Umgebung (so zahlreiche Maler und Ebenisten) und schließlich aus Italien (der Stukkateur Antonio Bossi und vor allem der bedeutendste unter den Freskenmalern seiner Zeit, Giambattista Tiepolo). Aber auch die Bauherren selbst verstanden durchaus etwas von der Baukunst. Sie hatten wesentlichen Anteil an der Gestaltung der Pläne.

Die Geschichte der Planung und des Baues beginnt mit Johann Philipp Franz von Schönborn (1719–24). Am 22. Mai 1720 wurde, nach einem teilweise sehr harten Ringen zwischen allen Beteiligten um die Gestaltung, der Grundstein gelegt. Das Startkapital betrug 600 000 Gulden. Beim Tod des Bauherrn war erst ein kleiner Teil der Anlage im Rohbau errichtet. Der Nachfolger, Franz Christoph von Hutten, ließ aus Sparsamkeitsgründen nur noch einen Teil

Die Würzburger Residenz vom Hofgarten aus. Der Mittelpavillon ist in Gestalt und Inhalt eine Kombination aus den Plänen von Lukas von Hildebrandt und Balthasar Neumann. Während die plastisch sehr bewegte Form auf Hildebrandt zurückgeht, ist

die Art, wie der Pavillon in die Fassade eingebunden wurde, eine Eingebung Neumanns, ebenso die Konzeption der Raumfolge Vestibül, Treppenhaus, Weißer Saal, Kaisersaal. Dieser nimmt den gesamten Raum des Mittelpavillons über dem Erdgeschoß ein.

Der Ehrenhof vor dem Schloß hatte früher ein äußerst bewegtes Gitter. Leider wurde es 1821 beseitigt. Der Brunnen von 1894 mit den Figuren von Walther von der Vogelweide, Riemenschneider und Grünewald ist nur ein Ersatz.

Ab 1805 diente die Residenz dem Großherzog Ferdinand von Würzburg, ab 1814 dem Hause Wittelsbach als Quartier.

Am 16. März 1945 schien das Ende der prachtvollen Palastanlage gekommen zu sein: Ein verheerender Bombenangriff zerstörte weite Teile des Komplexes. Wie durch ein Wunder blieben die von Tiepolo ausgemalten Räume, so auch das machtvolle Treppenhaus, erhalten. Eine Restaurierung in gewaltigem Umfang ermöglichte es, viele Raumfolgen, deren Inventar teilweise gerettet war, in der ursprünglichen Form wiederherzustellen.

Bei der Wahl des Ortes für die Hofkirche (links) setzte sich Balthasar Neumann gegen von Welsch, Boffrand und de Cotte durch, ebenso hinsichtlich der Gestaltung. Die Entwürfe der Dekorationen stammen von Hildebrandt. Der Hofmaler Johann Rudolph Byss aus der Schweiz schuf die Deckenfresken, Giambattista Tiepolo die Gemälde der Seitenaltäre. Die Stukkaturen gestaltete Antonio Bossi und die Skulpturen Johann Wolfgang van der Auwera.

Über das Treppenhaus (rechts) spannt sich das Deckenfresko von Tiepolo (1752/53), das größte, welches das europäische Barock überhaupt kennt. Die ursprüngliche Raumkonzeption wurde um 1770 verändert. Die Dekoration stellten Lodovico Bossi und Johann Peter Wagner erst 1765–76 her.

unter Dach bringen. Doch nach ihm bestieg ein weiterer Schönborn, Friedrich Carl, den fürstbischöflichen Stuhl. Als Bruder von Johann Philipp war er zuvor Reichsvizekanzler in Wien gewesen. Von dort brachte er die interessantesten Verbindungen in die Würzburger Planung ein. 1730 wurde dann weitergebaut, und 1744 war der Rohbau fertiggestellt. Unter Carl Philipp von Greiffenclau, einem Verwandten der Schönborns, der 1754 starb, wurde die großartige Anlage mit der Ausmalung des Treppenhauses und des Kaisersaals durch Giambattista Tiepolo im wesentlichen vollendet.

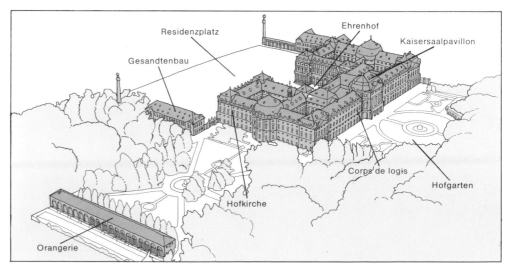

Der Gartensaal (oben) ist mit Stukkaturen von Antonio Bossi und einem Deckengemälde von Johannes Zick aus dem Jahre 1750 geschmückt.

Links ein Blick vom Venezianischen Zimmer in das Audienzzimmer des Kaisers. Dieses Ensemble ist Teil einer Enfilade, welche die gesamte Länge der Hofgartenfront (167 Meter) einnimmt und 14 Räume und Säle der kaiserlichen Appartements umfaßt. Sie zählt zu den prunkvollsten Raumfolgen des deutschen Barocks.

Das Grünlackierte Zimmer (rechts), letzter Raum der Enfilade und des Appartements der Kaiserin, entstand 1769–72. Die Wände sind durch einen auf Silbergrund aufgetragenen grünen, lasierend angebrachten Anstrich geschmückt, von dem sich die Farbenmalerei abhebt. Bemerkenswert ist außerdem der nach altem Vorbild neu geschaffene Parkettboden. Die Malereien stammen unter anderem von dem Hofmaler Georg Karl Urlaub.

Weitere 58 Anlagen – auf einen Blick

In diesem Teil werden eine Reihe weiterer Wehrbauten und Residenzen mit knappen Strichen umrissen – gewissermaßen in Kurzporträts vor Augen geführt. Die Initialen am Schluß jedes Abschnitts weisen auf folgende Autoren hin:

W. A.   Wilhelm Avenarius
H. B.-S.   Helmut Börsch-Supan
G. D.   Gerald Deckart
A. G. E.   Albrecht Graf Egloffstein

W. H.   Wolfgang Hauke
D. L.   Dankwart Leistikow
G. St.   Günter Stein
G. W.   Gerda Wangerin

Altena

Als in einer Gewitternacht des Jahres 1909 der Lehrer Richard Schirrmann mit seiner Wandergruppe in einer Schule im Bröltal Unterkunft gefunden hatte, kam ihm der Gedanke, in Abständen von Tagesmärschen Herbergen zu schaffen, die allen Jugendlichen offenstehen sollten. Dies war die Geburtsstunde des Deutschen Jugendherbergswerkes. 1912 entstand auf Burg Altena die erste ständige Jugendherberge. Seitdem folgten in Deutschland zahllose weitere – nicht wenige ebenfalls in Burgen, die schon immer die Jugend begeistert haben.

Eine erste Burg Altena war um 1122 im Besitz der Grafen von Berg. Aus einer Seitenlinie dieses Geschlechts erschien 1161 Graf Eberhard von Altena. Ein Zweig seines Stammes siedelte nach 1200 auf die Burg Mark bei Hamm über: die Grafen von der Mark. Burg Altena fiel an Kleve, zuletzt an Brandenburg; sie wurde Verwaltungssitz, schließlich Gericht, Armen- und Krankenhaus. 1909–16 stellte man sie wieder her. Solche Bauten in historisierenden Formen sind oft als nicht stilrein bezeichnet worden; eine Zeichnung von 1696,

die 1937 entdeckt wurde, hat aber für Altena die Richtigkeit des Rekonstruktionsversuchs weitgehend bestätigt.

Die Anlage der Burg geht auf das 13. Jh. zurück. Durch einen malerischen engen Zwinger mit drei Toren erreicht man zunächst den unteren Hof, durch weitere Tore dann den oberen. Besonders mächtig ist der Bergfried. Die Burgbauten bergen das Heimatmuseum der Grafschaft Mark, das deutsche Drahtmuseum und das märkische Schmiedemuseum mit wertvollen Sammlungen, ferner das Jugendherbergsmutterhaus von 1912 mit alter Einrichtung sowie eine neue Weltjugendherberge. *W. A.*

Amerang

Ein Nachkomme der um 1400 aus Verona vertriebenen Scaliger, Johann d. Ä. von der Leiter, ehelichte im Jahre 1497 Margaretha von Laiming und erheiratete für seine Nachkommen eine ansehnliche Burg zwischen Wasserburg am Inn und dem Chiemsee.

Die Ära der Scaliger, die auf Amerang nur 100 Jahre währte,

gab diesem Bau ein neues Aussehen. Die alte Burg wurde ein Schloß, eine kleine Residenz für dieses Geschlecht. Noch heute ist die Anlage im wesentlichen so erhalten, wie sie um die Mitte des 16. Jh. ausgebaut worden war.

Die Räume wurden damals vergrößert, indem man die Stockwerke versetzte. So entstand der große, mit Wandfresken verzierte Rittersaal. Alte Elemente, wie das wehrhafte Äußere des auf einem steilen Hügel liegenden Baues oder die gotische Kapelle mit ihren noch nicht freigelegten Wandmalereien, wurden belassen.

Am besten aber ist den Baumeistern der Innenhof gelungen, dessen spitzes Trapez an drei Seiten mit zauberhaften zweistöckigen Arkaden geschmückt ist. Seinen ganzen malerischen Reiz entfaltet dieser Raum, der nur den Himmel zum Dach hat, wenn hier an Sommerabenden im

Schein von Kerzen Konzerte mit alter Musik, kleine Opern oder heitere Theaterstücke von der Renaissance bis zur Klassik gespielt werden: Dann verfließen die Jahrhunderte ineinander.

G. D.

Ansbach

In dem einheitlichen, großen Komplex des heutigen Ansbacher Barockschlosses stecken viele ältere Vorgängerbauten. Von ihren Innenräumen sind einige noch erhalten, so die große gotische Halle, die heute die Ansbacher Porzellan- und Fayencesammlung beherbergt.

Ansbach wurde 1456 markgräfliche Residenz. 1791 fiel Ansbach-Bayreuth an Preußen, 1806 an Bayern. Um 1400 war an der Stelle des heutigen Schlos-

ses eine erste Anlage entstanden: eine Wasserburg. Sie lag nicht in der Stadt, sondern am Rande, und war auf allen Seiten von eigenen Befestigungswerken umgeben. Markgraf Georg der Fromme (1515–43) beauftragte Hans Behaim d. Ä., große bauliche Veränderungen vorzunehmen. Bereits sein Nachfolger, Georg Friedrich (1543–1603), ließ durch Blasius Berwart und Gideon Bacher abermals umfangreiche Neubauten ausführen.

Der nun am Ende des 16. Jh. vorhandene Komplex wurde dann in drei Phasen in eine barocke Residenz umgewandelt. Die Architekten waren Gabriel de Gabrieli (1705–16), Karl Friedrich von Zocha (1726–30) und Leopold Retti (1731–45). Diesen dreien ist das Aussehen der heutigen Anlage – die zwei Vierflügelanlagen und mehrere Einzelflügel umfaßt – sowie die Ausstattung zu verdanken – an

der überdies weitere ausgezeichnete, auch ausländische Künstler gearbeitet haben.

Von den 500 Räumen des Ansbacher Schlosses weisen 27 noch die Ausstattung des 18. Jh. auf, darunter das Spiegelkabinett und der gekachelte Saal; sie zählen zu den bedeutendsten Raumleistungen des deutschen Rokokos. Als Stuckierer und Maler wirkten Diego und Carlo Carlone mit. *A. G. E.*

Aschach

Schloß Aschach, schön über der Saale bei Bad Kissingen gelegen, kann als Glücksfall für Unterfranken bezeichnet werden. Der letzte Eigentümer, Graf Luxburg, vermachte es 1955 mit dem gesamten Inventar dem Bezirk Unterfranken. Unter der Leitung des Direktors des Mainfränkischen Museums auf der Veste Marienberg in Würzburg entstand hier

ein einzigartiges kulturgeschichtliches Museum. Damit kam für das Schloß nach einer recht wechselvollen Geschichte, in deren Verlauf es 15 Besitzer hatte, mehrfach zerstört wurde und einmal sogar als Steingutfabrik diente, ein gutes Ende.

Der Besucher betritt Räume, die hochwertige Sammlungen enthalten und darüber hinaus ein

lebendiges Bild fränkischer Schloß- und Wohnkultur des 16. bis 19. Jh. in seltener Geschlossenheit vermitteln. Außer Möbeln findet man auch Ostasiatica, Pariser Handdrucktapeten und manches andere, das von den weitgespannten Interessen und Verbindungen der einstigen Schloßherren zeugt.

Das erste Haus an diesem Ort entstand gegen Ende des 12. Jh. Ihm folgte 1559–79 die heutige Anlage. Sie besteht aus dem großen Schloß, dem kleinen Schloß, das im rechten Winkel dazu steht, dem Gesindehaus und dem Torhaus. Der barocke Fruchtspeicher enthält eine volkskundliche Ausstellung. *A. G. E.*

Baldeneck

Ein mächtiger Wohnturm bildet den Kern der Burg Baldeneck oder Balduinseck im Hunsrück, die nach ihrem Gründer, dem Erzbischof Balduin von Trier, benannt wurde. Dieser erwarb 1325 das Recht, auf dem Gebiet der Ritter von Buch zum Schutz seiner Besitzungen im vorderen Hunsrück und an der unteren Mosel eine Burg zu errichten.

Balduin aus dem Haus Luxemburg war 1307 Erzbischof geworden – erst 22jährig, weshalb er einen päpstlichen Dispens benötigte. Als 1308 Albrecht I., der älteste Sohn Rudolfs I. von Habsburg, ermordet worden war, bereitete der junge Kirchenfürst die Wahl seines Bruders Heinrich zum deutschen König vor; 1310 begleitete er ihn auf seinem Zug nach Italien. Auch als Burgengründer trat er mehrfach hervor: Außer Baldeneck errichtete er um 1312–24 Burg Baldenau im Hunsrück und ab 1319 Balduinstein an der Lahn. Weitere Burgen baute er aus. Dennoch

traf ihn das Mißgeschick, daß Gräfin Loretta von Sponheim ihn 1328 gefangennahm, als er ohne bewaffnete Begleiter die Mosel hinabfuhr, und ihn trotz päpstlichen Bannes auf der Starkenburg so lange in Haft hielt, bis er sich freikaufte. Auf diese Weise konnte die verwitwete Dame gegenüber dem mächtigen Kirchenfürsten, dem in offener Fehde entgegenzutreten sie zu schwach war, ihren Besitz wahren.

Burg Baldeneck ist eine Ruine, als solche aber vorzüglich erhalten. Der rechteckige Wohnturm mit Ecktürmen entspricht dem französischen Donjon; er diente zugleich als Wohn- und Wehrbau. Das Erdgeschoß enthielt Wirtschaftsräume. Kamine und der Verputz lassen die ehemalige Gliederung erkennen: Im ersten und zweiten Stock lagen große Wohnräume, im dritten befand sich der Rittersaal.

Die bedeutende Anlage verfiel im 17. Jh., und gegen Ende des 18. Jh. war sie eine Ruine. *W. A.*

Baldern

Weithin die Landschaft beherrschend, erhebt sich Schloß Baldern am Rand der Schwäbischen Alb auf einer Kuppe des Nördlinger Rieses. Die Anfänge der ursprünglich staufischen Burg lassen

sich bis 1153 zurückverfolgen. Um 1250 gelangte die Feste an die Grafen von Oettingen.

1718–31 baute Gabriel de Gabrieli, der Hofbaudirektor des Fürstbischofs von Eichstätt, sie

für den Grafen Kraft Anton Wilhelm von Oettingen-Baldern zu einem barocken Schloß aus. Der Grundriß allerdings blieb derjenige einer Burg. Zugang gewähren zwei schöne Tore: ein prunkvolles äußeres von 1721 und ein inneres mit einem steinernen Relief des heiligen Georg und der Jahreszahl 1436. Den inneren Hof umstehen Gebäude mit repräsentativen Räumen, die großenteils durch Johann Jakob und Ulrich Schweizer schön stukkiert worden sind. Das gilt auch für den großen, 22 Meter langen Saal mit seinen neun hohen Fenstern und für die barocke Kirche von Gabriel de Gabrieli.

Im 19. Jh. wurde die Anlage instand gesetzt und verändert. In dieser Zeit entstand auch der markante Turm.

In Schloß Baldern befindet sich eine der bedeutendsten Waffensammlungen Süddeutschlands. Hier sind Hieb- und Stichwaffen, Harnische, Pistolen, Gewehre, Geschütze sowie Fahnen und Standarten aus dem 16. bis 18. Jh. ausgestellt – insgesamt etwa 800 Stücke, die allesamt aus dem Besitz der Oettinger stammen. W. H.

Balingen

Südwestlich der Burg Hohenzollern bei Hechingen liegt über der Eyach der Ort Balingen. Ursprünglich gehörte er den Zollern. Graf Friedrich der Erlauchte verlieh ihm 1255 Stadtrechte; aus dieser Zeit stammt vermutlich auch eine erste feste Burg. 1403 verkaufte der Letzte der Linie Zollern-Schalksburg Stadt und Burg dem Grafen Eberhard von Württemberg. 25 Jahre später bezog man eine neugebaute Burg in die verstärkte Stadtbefestigung ein. Das „Zollernschlößchen" war bis 1752 Sitz von adeligen Obervögten, welche die Blut- und Zivilgerichtsbarkeit ausübten.

In dem runden Wehrturm, dem einzigen erhaltenen des Befestigungsrings, befand sich einst eine Burgkapelle. Ein überdachter Steg verbindet diesen Turm etwa in halber Höhe mit dem Hauptbau. Dessen Fachwerkfassade ragt auf Konsolen malerisch zweifach vor.

Das Schloß, das 1935–37 nach einem alten Plan wiederhergestellt wurde, birgt ein Heimat- und Waagenmuseum. W. H.

Bartenstein

Eine frühe Burg Bartenstein wurde 1247 hohenlohisches Lehen. Während des Bauernaufstands von 1525 wie auch 1632 im 30jährigen Krieg wurde die Anlage zerstört, danach aber jeweils wiederaufgebaut. Ab 1688 war Bartenstein Residenz der späteren Fürsten von Hohenlohe-Waldenburg-Bartenstein.

Das barocke Schloß in seiner heutigen Form verwirklichte in den Jahren 1756–60 Bauinspektor Wölfling. Ein kräftiger Mittelrisalit mit wappengeschmücktem Dreiecksgiebel betont den Hauptbau. Dieser begrenzt, zusammen mit der Hofkirche St. Philippus von 1716 und einem Seitenflügel, den Schloßhof, den ein reizvoller Brunnen ziert. Das Schloß enthält ein großzügiges Treppenhaus, einen Festsaal und weitere sehenswerte Räume, von denen einige vorzüglich stuckiert sind. Überdies sind militärgeschichtliche Sammlungen vorhanden. W. H.

Benrath

Südlich von Düsseldorf liegt – heute ins Stadtgebiet eingemeindet – das Jagdschloß Benrath, eines der besten deutschen Bauwerke im Übergang vom Rokoko zum Klassizismus. Nicolas de Pigage schuf es 1755–70 für Kurfürst Carl Theodor von der Pfalz. Schlicht und fein repräsentiert es den im französischen Rokoko ausgebildeten Typ des Lustschlößchens (Maison de plaisance). Die dreiteilige, eingeschossige Anlage wird durch zwei Torhäuser ergänzt. Das Hauptgebäude weist einen dreiachsigen Risalit mit vorgelegter Freitreppe in der Mitte auf. Das geschwungene Dach mit seinen ovalen Fenstern paßt sich gut in den Gesamtumriß ein. Den belebenden plastischen Schmuck der Außenseiten – Putten, Tiere, ein Jagdzug Dianas – schuf der Flame Peter Anton von Verschaffelt.

Die Innenausstattung, ebenfalls nach Entwürfen von Pigage geschaffen, zeigt weitgehend den Übergangsstil. Durch ein Vestibül betritt man den prächtigen Kuppelsaal, der Anregungen des Pantheons in Rom und des römischen Barocks erkennen läßt. Nach oben hin wird der Raum lichter und eröffnet schließlich einen Blick auf Diana mit ihrem Gefolge. In der Kuppel ist eine Musikempore verborgen. Zugeordnet sind zwei Gartensäle sowie, in der Mitte der Schmalseiten, die Schlafzimmer des Kurfürsten und seiner Gemahlin nebst Ankleideräumen und Bädern.

Der Park erstreckt sich bis zum Rhein; er ist nach Angaben von Pigage angelegt. Direkt neben dem Schloß liegen der französische Garten im Osten und der englische Garten (Anfang des 19. Jh. von Maximilian von Weyhe neu gestaltet) im Westen; beide sind vom offiziellen Garten durch Gitter getrennt.　　*W. A.*

Berleburg

1258 verkaufte das Kloster Grafschaft die neu gegründete „Civitas" Berleburg an Adolf von Grafschaft und Siegfried I. von Wittgenstein. Seit 1322 war sie Alleinbesitz der Wittgensteiner Grafen. Als deren Stamm erlosch, fiel sie 1357 an die Grafen von Sayn-Sponheim. In der Reformationszeit war Berleburg ein Stützpunkt des reformierten Glaubens. Graf Casimir (1712–41) nahm Pietisten und ähnliche Gruppen im Land auf. Bis 1806 waren diese Grafen – ab 1792 Fürsten zu Sayn-Wittgenstein-Berleburg – reichsunmittelbar.

Das Schloß entstand im 13. Jh. an der Stelle eines Hofes des Klosters Grafschaft. Seit 1506 ist es Residenz. Eine eindrucksvolle Dreiflügelanlage umschließt einen weiten Ehrenhof. Mittelalterliche Teile sind noch im Nordbau erhalten, der 1555–57 erweitert wurde und zu dem ein schönes Renaissanceportal sowie der 1736 veränderte Rote Turm gehören. Den stattlichen Mitteltrakt von 1731–33 schuf vermutlich Julius Ludwig Rothweil. Ab 1912 fügte Friedrich von Thiersch dem Schloß Türme hinzu und gestaltete das Innere um. Der Südflügel (Marstall) entstand am Ende des 18. Jh.

Von der früheren Vorburg ist noch ein Torhaus – mit Wappen von 1585 – erhalten. Die Alte Münze hinter dem Schloß stammt aus der ersten Hälfte des 18. Jh., ebenso das Lusthaus im Park und das schöne Portal mit Sonnenuhren an der Nordseite des Parkes.

Das Schloß, in dem noch die Familie zu Sayn-Wittgenstein wohnt, ist teilweise als Museum zugänglich. Den festlichen Stuck des prächtigen Musiksaales – mit Empore, Kamin und kleiner Grotte – schuf Johann Baptist Wicko 1735–39 unter Verwendung von Entwürfen von Carlo Maria Pozzi.　　*W. A.*

Berwartstein

Die ehemalige Reichsburg, die Friedrich Barbarossa 1152 dem Bistum Speyer einräumte, wurde gegen Ende des 19. Jh. renoviert und ist heute noch bewohnt. Dabei hat sie als eine der für den Wasgau typischen Felsenburgen noch immer ihren romantischen Charakter bewahrt. Ihre Felsgänge und -kammern, Felstreppen und -schächte, die Zisternen und der zwischen zwei turmartige Schildmauern eingebundene Palas werden von vielen Besuchern besichtigt.

Die Wehranlage ist bereits um die Mitte des 12. Jh. nachweisbar. 1314 wurde sie als Raubnest zerstört, bald danach jedoch mit großen Kosten wieder aufgebaut. 1472 gelangte die Burg an den pfälzischen Kurfürsten, der sie dem Marschall Hans von Drott (Trotha) überließ. Dieser fügte ihr – der fortifikatorischen Entwicklung jener Zeit entsprechend – Geschütztürme hinzu und legte nahebei zur Deckung der Burg den Bollwerksturm „Kleinfrankreich" an. Von hier aus drangsalierte er mehrfach Abtei und Stadt Weißenburg im Elsaß. Seit 1842 ist Berwartstein in privaten Händen.　　*G. St.*

Clemenswerth

Der Wittelsbacher Prinz Clemens August, Kurfürst und Fürstbischof von Köln, Hildesheim, Paderborn, Münster und Osnabrück, ließ ab 1735 ein waldreiches Gelände östlich von Sögel für den Bau eines Jagdschlosses zurüsten. Unter seinem Baumeister Johann Conrad Schlaun entstand 1736–47 eine reizvolle, in Norddeutschland einmalige Rokokoanlage, die dem Kurfürsten bei Parforcejagden auf dem Hümmling als Quartier diente.

Eine 800 Meter lange vierreihige Allee führt von Sögel zu einem halbrunden Marstall und von dort zum Mittelpunkt der achtstrahligen Anlage (Jagdstern), dem zweigeschossigen kreuzförmigen Zentralbau. Das Jagdschloß ist aus roten Ziegelsteinen errichtet und durch dekorative Sandsteinreliefs in den Wandfeldern gegliedert. Das Erdgeschoß nimmt der runde

Festsaal ein; eine zweiläufige Treppe führt zu den Kabinetten im Obergeschoß. Die heute noch erhaltene Ausstattung mit Marmorkaminen, geschnitzten Türen und Stuckdekorationen bildete für die Hofhaltung des geistlichen Fürsten im 18. Jh. einen festlichen Rahmen.

Um diesen Mittelbau gruppieren sich in einem offenen Kreis acht eingeschossige Pavillons, die als Kapelle, Bibliothek, Küche, Kavaliers- und Wachthäuser eingerichtet waren. Das 1739 gegründete Kapuzinerkloster im nördlichen Pavillon wurde nach der Säkularisation des Bistums verlassen, doch kehrte der Orden 1893 hierher zurück.

Die Herzöge von Arenberg-Meppen, ab 1803 im Besitz von Clemenswerth, ließen auf dem Schloßplatz Rasenflächen anlegen. Diese betonen, zusammen mit dem Parkwald ringsum, die Naturverbundenheit des Gesamtkomplexes. *G. W.*

Dahner Burgen

Der Komplex der Dahner Felsenburgen umfaßt die Anlagen Altdahn, Grafendahn und Tanstein (Dahnstein), die auf einem mehrfach untergliederten Felsriff nahe dem schon im 10. Jh. erwähnten Ort Dahn im Wasgau beieinanderliegen. Die Ritter der Familie Dahn, die hier einst saßen, sind schon seit 1127 nachweisbar. Ab 1189 waren sie Ministerialen des Reiches, ab 1236 Dienstmannen des Bistums Speyer.

Altdahn, die östliche und größte der drei Burgen, und Tanstein, die westliche, blieben im Besitz der Ritterfamilie. Grafendahn aber, die mittlere Burg, war Ganerbensitz verschiedener Geschlechter, so unter anderen der Grafen von Sponheim (daher der Name Grafendahn) und des kurpfälzischen Marschalls Hans von Drott. Altdahn ist im späten 15. Jh. gemäß den Neuerungen im Geschützwesen mit hufeisenförmigen Geschütztürmen armiert worden, war aber schon seit

1603 nicht mehr bewohnbar. Grafendahn, in der zweiten Hälfte des 13. Jh. erbaut, war bereits um 1500 eine Ruine, ebenso die erst 1328 erbaute Burg Tanstein.

Heute sind noch umfängliche und eindrucksvolle Ruinen an und auf den Felsklötzen erhalten. In neuester Zeit wurden sie restauriert und zugänglich gemacht. *G. St.*

Donaueschingen

Die Musiktage von Donaueschingen haben das Schloß berühmt gemacht. Gastgeber sind an diesen Tagen die Fürsten von Fürstenberg, deren Vorfahr, Fürst Josef Wilhelm Ernst, dort den Grundstein zu einem Barockschloß legte und 1723 seine Residenz errichtete. Es entstand ein schlichter Bau mit drei Flügeln zur Bergseite hin, dessen einziger Schmuck ein kleines Portal im klassischen Stil bildete.

Nach einem Brand wurde das Schloß in den Jahren 1892–96 fast vollständig umgebaut. Damals entstanden der vortretende Mittelbau mit Balkon und die mächtige Kuppel. Die reichen Handschriftenbestände der Hofbibliothek, die zum Teil aus dem Nachlaß des Germanisten Joseph Freiherr von Laßberg stammen und zu denen beispielsweise das *Nibelungenlied*, der *Parzival* und der *Schwabenspiegel* aus dem 13. Jh. gehören, wurden einst von Victor von Scheffel als Hofbibliothekar betreut. Die Schauräume des Schlosses und die fürstlichen Sammlungen im Karlsbau mit Gemälden von Holbein d. Ä. und Grünewald sowie die Bibliothek sind für Besucher zugänglich.

Dem Schloß schließt sich ein prächtiger Park an. Hier entspringt die Donau, deren monumental gefaßte Quelle mit einer wirkungsvollen Marmorgruppe von Adolf Heer (1896) geschmückt ist. *D. L.*

Drachenfels

Von der Sage umrankt, erhebt sich Burg Drachenfels weithin sichtbar über dem Rhein, eine der malerischsten und volkstümlichsten deutschen Ruinen.

Im Jahre 1149 teilte Erzbischof Arnold II. von Köln mit, daß er den Turm und weitere Gebäude errichtet habe. Er überließ die Burg dem Bonner Cassiusstift zum Schutz seiner und der übrigen geistlichen Besitzungen der Gegend, da seine Burgmannen das Kirchengut jenes Stiftes oft geschädigt hätten. Der Propst des Cassiusstifts vollendete dann den Bau.

1176 erscheinen die Herren von Drachenfels. Sie wurden später direkte Lehensträger des Erzbistums Köln und hatten die Herrschaft „Drachenfelser Ländchen" inne, die auf der linken Seite des Rheines lag. 1402 erwarb Goeddert von Drachenfels Burg Gudenau bei Godesberg als kölnisches Lehen und rundete damit das Drachenfelser Ländchen ab. Das Geschlecht starb 1530 in den Rheinlanden aus. Im 30jährigen Krieg (1634) befahl der Erzbischof von Köln, die Burg zu schleifen. 1836 erwarb die preußische Regierung die Ruine, um sie zu erhalten. Sie wurde 1971–73 gesichert, der Fels durch eine Verankerung geschützt.

Drachenfels ist eine der bedeutendsten frühen Burgen des Rheintals und auch die meistbesuchte. Der um 1140 errichtete romanische Bergfried auf dem Felssporn ist aus schönen Buckelquadern hergestellt, die Mauertechnik äußerst sorgfältig. Seine Südwestecke ist abgestürzt. Schuld daran war der Stein-bruchbetrieb, der seit dem 12. Jh. für den Niederrhein größte Bedeutung hatte, unter anderem auch für den Kölner Dombau.

Außerdem sind Teile der Zwingermauern sowie des äußeren Berings mit Tor und Turm erhalten. Von der Burg aus bietet sich ein herrlicher Ausblick auf das Rheintal. *W. A.*

Ehrenbreitstein

Seit dem 15. Jh. wurde der Burgenbau durch die Feuerwaffen beeinflußt: Die Ringmauern wurden dicker und niedriger; es entstanden Bastionen; gewaltige Gräben und Wälle verlegten die Abwehr weiter nach vorn. Bald aber verloren die Burgen ihre Bedeutung als militärische Anlagen. Nur wenige, besonders geeignete, gestaltete man zur Festung aus. Eine der bedeutendsten unter ihnen ist Ehrenbreitstein gegenüber von Koblenz.

Um 1000 errichtete Heribert, der zum salisch-konradinischen Haus gehörte, an dieser Stelle eine Burg. Nach 1018 erwarb sie der Erzbischof von Trier; fortan diente sie als Grenzburg und zeitweise auch als Residenz. Immer wieder paßten die Erzbischöfe sie den Erfordernissen der sich wandelnden Kriegskunst an. Zu der vielgliedrigen Anlage gehörten schließlich: der Oberehrenbreitstein, Burg Helfenstein

und, weiter unten, die Niederfestung, die Schloß Philippsburg umfaßte. Von dieser Festung ist unter anderem noch der von Balthasar Neumann entworfene Dikasterialbau erhalten. 1801 zerstörten die Franzosen die Anlagen. 1817–28 aber gestaltete Preußen Ehrenbreitstein als Brückenkopf für die Rheinprovinz zu einer der stärksten Festungen jener Zeit in Europa aus.

Die wuchtigen Gebäudemassen gegenüber der Mündung der Mosel in den Rhein wirken monumental. Die verschiedenen, sinnreich zueinander geordneten und gestuften Werke vermitteln ein anschauliches Bild von der früheren Befestigungstechnik. Herrlich ist der Ausblick vom Oberen Schloßhof auf Koblenz. In der Festung sind das Landesmuseum Koblenz mit einer technikgeschichtlichen Sammlung und das Rheinmuseum untergebracht. *W. A.*

Ellingen

Den weltlichen Herrschaftsanspruch einer ursprünglich geistlichen Macht sollte dieses massige Schloß im Grenzbereich zwischen Oberbayern und Mittelfranken einst sichtbar machen. Dabei waren die großen Zeiten des Deutschen Ordens, der sich

hier die Residenz für seine größte Ballei (Provinz) – nämlich Franken – errichtete, bei Baubeginn 1708 schon lange vorbei. Das alte Ordensland Preußen hatte sich zum weltlichen Staat gewandelt; die außerdeutschen Balleien waren verloren, viele deutsche lu-

therisch geworden. Zudem fand sich Ellingen im 17. Jh. plötzlich eingekreist von protestantischen Territorien und von der Freien Reichsstadt Weißenburg. Eine Trotzburg also, hinter Mauern und Graben, ein Bau, der schwerer, kompakter wurde, als im 18. Jh. üblich.

Ungewöhnlich für die Zeit ist schon die Grundform: Nicht gleichsam mit ausgebreiteten Armen steht dieses Barockschloß da, sondern es schließt sich in vier Flügel ein, und die seltsam gerundeten Hauben auf den Ecktürmen wirken wie Kriegerhelme. Heitere Barockelemente wie Parkanlagen, Alleen, Wasserspiele fehlen.

Der Prunk war mehr für das Innere vorgesehen; allerdings wurden gegen Ende des 18. Jh. die meisten Räume im neuen Stil des Klassizismus wieder umgestaltet. Als Meisterwerk aus dem Barockbau übriggeblieben ist kaum mehr als das Treppenhaus, eines der schönsten im süddeutschen Raum. *G. D.*

Erbach

Inmitten des Odenwaldes, dem Waldgebiet, in dem der Sage nach Siegfried von Hagen ermordet wurde, liegt das alte Städtchen Erbach. Ein malerisches Ensemble schöner Riegel- und Barockbauten umgibt die eindrucksvolle Front des Schlos-ses am Marktplatz, Residenz der Grafen von Erbach.

Von der einstigen spätromanischen Wasserburg an der Mümling, dem Ursprung des heutigen „Städtel“, hat sich nur der 45 Meter hohe Bergfried mit seinem schlanken, schmucken Helm von

1497 erhalten. Im Jahre 1736 wurde er in den Neubau der Gesamtanlage als Treppenturm einbezogen.

Das angesehene Grafengeschlecht derer von Erbach-Erbach, die ab 1532 Reichsgrafen waren, verlor 1806 seine Souveränität; das Schloß aber blieb im Besitz der Familie. In den Räumen befinden sich kostbare Gemälde, Glasmalereien, Skulp-turen, Grabmäler des 13. Jh. und ein spätgotischer Flügelaltar von 1503. Der weite Rittersaal birgt ein Waffenmuseum mit Rüstungen und Prunkharnischen. Die Hirschgalerie beeindruckt durch kolossale Geweihe und andere Jagdtrophäen. In den römischen Zimmern findet man antike Kunstwerke, vornehmlich Ausgrabungsstücke aus Herculaneum und Tivoli. *W. H.*

Gifhorn

Der 1213 erstmals erwähnte Ort Gifhorn entwickelte sich an einem Übergang über die Aller, dort, wo die Salzstraße Braunschweig–Lüneburg und die Kornstraße von Celle nach Magdeburg sich kreuzen. Eine schon 1296 genannte Wasserburg ging 1406 in den Besitz der Welfen über und wurde 1519 in der Hildesheimer Stiftsfehde zerstört.

Für den Celler Herzog Franz aus dem Hause Braunschweig-Lüneburg, der 1539–49 in Gifhorn residierte, erstand ein neues Schloß. Als Baumeister holte man Michael Claren, der vorher am Schloß Schwerin tätig gewesen war, und seinen Sohn. Die Arbeiten an den großen Befestigungsanlagen mit breiten Wällen und Wassergräben und an dem Schloß mit dem mächtigen Torhaus waren erst 1581 beendet.

Von den ehemals vier Rundbastionen ist eine noch zum Teil erhalten. Zwischen dem weitgehend dreigeschossigen Ablagerhaus und dem zweigeschossigen Kommandantenhaus mit vorgelegtem, achteckigem Treppenturm befindet sich die 1547 errichtete Schloßkapelle. Man betritt sie vom Innenhof her durch eine Vorhalle. Mit ihren Maßwerkfenstern und der doppelgeschossigen Empore ist sie ähnlich prächtig wie die Celler Schloßkapelle ausgestattet.

Im Laufe der Jahrhunderte hat sich am Gifhorner Schloß manches verändert. So war das Viereck des Schloßhofes früher durch ein Arsenal sowie Wohn- und Wirtschaftsräume geschlossen. Mehrere Erker wurden abgebrochen und Teile der Befestigung aufgegeben. Doch immer noch stellt diese Architektur mit Rundgiebeln, Maßwerk und Werksteinarbeiten ein gut erhaltenes Beispiel für die Bauformen im Übergang von der Spätgotik zur Frührenaissance dar. *G. W.*

Gottorf

Im Jahre 1268 übernahmen die Schleswiger Herzöge die bischöfliche Burg, die um die Mitte des 12. Jh. auf einer Insel in der Schlei entstanden war, als Verwaltungssitz für ihr Gebiet. Bei der Landesteilung von 1490 erhielt Herzog Friedrich I. Gottorf als Residenz. Bald darauf, 1492, wurden der Süd- und der Westflügel durch einen Brand zerstört und anschließend erneuert.

Friedrichs Nachfolger faßten alle Gebäude zu einer einheitlichen, langgestreckten Anlage zusammen. Starke Wälle, Bastionen und der aufgestaute Burgsee sicherten das vierflügelige Renaissanceschloß. Nach einem Brand in der Neujahrsnacht 1564/65 wurde es abermals wiederhergestellt. Stützpfeiler an der westlichen Außenfassade, der runde Eckturm im Nordwesten und spätgotische Portale im Innenhof sind aus diesem Jahrhundert erhalten.

Im 17. Jh. war Gottorf geistiger und künstlerischer Mittelpunkt des Herzogtums. Eine bedeutende Bibliothek wurde aufgebaut, die Instrumentalmusik gefördert, und ab 1630 entstand der teilweise noch erhaltene Garten mit italienischen Terrassen- und Kaskadenanlagen. Die prächtige Fürstenloge der Kapelle im Nordflügel (1609–14) sowie der Hirschsaal mit einem Fries aus halbplastischen Hirschen (Ende des 16. Jh.), einer damals beliebten Jagdsaaldekoration, zeugen vom Ausbau des Schlosses zunächst im Innern.

Im Jahre 1698 ging man daran, das Schloß durch einen Barockbau zu ersetzen. Dabei begann man mit dem langgestreckten Südflügel; doch wurde die Arbeit eingestellt, als der dänische König 1713 einen Teil des Gottorfer Staates annektierte. Danach diente das Schloß als Sitz des dänischen Statthalters und wurde nur notdürftig unterhalten. Die Befestigungsanlagen wurden 1820 geschleift. Erst als nach dem Zweiten Weltkrieg das Schleswig-Holsteinische Landesmuseum und das Landesarchiv in das Gottorfer Schloß einzogen, stellte man es wieder her und machte es der Öffentlichkeit zugänglich. *G. W.*

Grunewald

Nicht weit vom Verkehr der Stadt Berlin, aber vollständig davon abgeschirmt, liegt an einem See und umgeben von Wald das Jagdschloß Grunewald. Ein Relief über dem Eingang erzählt die Gründungsgeschichte. Der Inschrift zufolge hat der Kurfürst Joachim II. von Brandenburg das Haus 1542 erbaut „und zum gruenen Wald genent". Damals war es, zum Schutz in der abgelegenen Waldgegend, von einem Wassergraben umgeben; doch auch auf der anderen Seite des Grabens standen schon Gebäude.

Das Schloß besteht aus einem dreistöckigen Haupttrakt mit kleinem Vorbau und polygonalem Treppenturm, der reizvoll aus dem Baukörper herauswächst, zwei quadratischen „Seitenflügeln" und einer Reihe von Nebengebäuden.

Um 1700 wurde die Renaissanceanlage barock umgestaltet. Man brach die Giebel bis auf denjenigen über dem Eingang ab, vergrößerte die meisten Fenster und schüttete den Graben zu. Die Innenräume erhielten in den unteren beiden Geschossen Stuckdecken. Bei einer Restaurierung des Innern 1973/74 konnte jedoch die ursprüngliche Gestalt eines großen Saales im Erdgeschoß wiedergewonnen werden.

Im Jahre 1932 richtete man in dem Jagdschloß, von dessen alter Ausstattung sich kaum etwas erhalten hatte, eine Gemäldegalerie ein. Allein 20 Gemälde der beiden Cranach und ihrer Werkstatt sind hier zu sehen, ferner niederländische und deutsche Meister, hauptsächlich aus dem 17. und 18. Jh. – insgesamt etwa 200 Bilder. Überdies sind in einem großen Magazin, das Friedrich der Große gegenüber der Front des Schlosses hatte erbauen lassen, kostbare Jagdwaffen, Trophäen sowie kunstgewerbliche Gegenstände und Bilder ausgestellt, die sich auf das Jagdwesen beziehen. *H. B.-S.*

Herzberg

Am Südrand des Harzes, hoch über dem Tal der Sieber, liegt auf einem Felsrücken Schloß Herzberg. Die vierflügelige Anlage wurde an der Stelle einer alten, reichseigenen Burg errichtet, die Heinrich der Löwe 1157 erworben hatte und die zu Anfang des 16. Jh. abgebrannt war. Teile dieser ursprünglichen Burg sind noch im südlich gelegenen Stammhausflügel erhalten, der an seiner Ostseite einen Treppenturm besitzt.

Ein durch Zwinger und Torhaus (1735) gesicherter Weg führt durch diesen Flügel hindurch zum großen, rechteckigen Innenhof. Für die fürstliche Hofhaltung ließ Herzog Christian Ludwig 1648–60 im Norden den langgestreckten Sieberflügel erbauen, der über einem massiven Erdgeschoß zwei Fachwerkgeschosse aufweist. Zur gleichen Zeit entstand in der Nordostecke der Uhrturm, berühmt wegen seiner figürlichen und ornamentalen Schnitzereien am Fachwerk der drei oberen Stockwerke. An den Schmalseiten des Hofes stehen der 1665–79 errichtete Marstallflügel im Westen und der 1861 im klassizistischen Stil erneuerte Graue Flügel im Osten.

Nach der Teilung des welfischen Besitzes im Jahre 1290 war Herzberg bevorzugter Wohnsitz und seit 1486 auch Residenz der braunschweigischen Herzöge. Diese verlegten erst 1714, als sie auf den englischen Thron kamen, ihren Sitz nach Hannover. Kurze Zeit (1861–66) diente Herzberg als Jagdschloß.

Ab 1885 war die Anlage dann Sitz eines Amtsgerichts. Nach Zerstörungen im Zweiten Weltkrieg wurde sie hervorragend restauriert. *G. W.*

Hohenaschau

Ihre glanzvollste Zeit erlebte diese weiße Burg vor den Bergen, wehrhaft auf einem Fels im Priental ruhend, ausgerechnet im Barock. Graf Max II. von Preysing, der 1668 hier zur Herrschaft gelangte – einer der höchsten Beamten des Kurfürsten Max Emanuel –, verstand es trefflich, den Glanz des Hoflebens auch auf seine Residenz in Aschau zu übertragen. Um die bis dahin recht altertümliche Burg auszuschmücken, verpflichtete er erste Künstler aus Italien und Deutschland. Während seines Aufenthalts in den Niederlanden erwarb er überdies eine Gemäldesammlung, die wohl nur von der des Kurfürsten selbst übertroffen wurde. Inzwischen ist sie im Bestand der Alten Pinakothek in München aufgegangen.

Überhaupt ist heute vieles anders auf Hohenaschau: Die meisten Räume werden als Ferienwohnheim genützt, und dem Besucher erschließt sich nur wenig von dieser größten Höhenburganlage Südbayerns, die wohl Anfang des 12. Jh. entstand. Durch drei Burgtore gelangt man zum dickgemauerten Bergfried, in dem man zum großen Prunksaal des Flügels hinaufsteigt. Dieser wurde 1680–86 vom Hofbaumeister Enrico Zuccalli in verschwenderischem Barock ausgestaltet. Ungewöhnlich die überlebensgroßen Statuen der Ahnen der Familie von Preysing, die hier stehen. In der barocken Schloßkapelle gibt es zwei Seitenaltäre mit Bildern von Johann Baptist Zimmermann. Der Hochaltar ist ein Werk des italienischen Barocks, das einer der letzten Besitzer von Hohenaschau, Theodor Freiherr von Cramer-Klett, erst 1908 in Verona erworben und hierhergeholt hat. *G. D.*

245

Hohentübingen

Hoch über der Universitätsstadt Tübingen thront am linken Neckarufer das Schloß Hohentübingen. Von der erstmals 1078 erwähnten Burg Twingia an dieser Stelle weiß man nur, daß der Pfalzgraf von Tübingen sie 1342 an die Württemberger verkaufte. Die heutige Gestalt der Anlage geht auf Herzog Ulrich zurück; bei seinem Tod im Jahre 1550 war der Schloßbau fertig. Die Franzosen eroberten ihn 1647 und zerstörten die Inneneinrichtung aus der zweiten Hälfte des 16. Jh.

Bevor man die quadratische Anlage betritt, durchschreitet man das triumphbogenartige Hauptportal, das 1606 von An-

ton Keller nach einem Entwurf von Heinrich Schickhardt ausgeführt wurde. Zwei martialisch aussehende steinerne Wachtposten hüten den Eingang, den das Wappen Herzog Friedrichs krönt – eine bemerkenswerte Leistung des deutschen Manierismus. Ein zweites Tor führt auf den Binnenhof, den allseitig Gebäude umstehen. Ihre Grundmauern stammen noch aus dem Mittelalter; die Trakte selbst wurden aber im 16. Jh. errichtet. Überdies gehören noch Befestigungsanlagen zum Schloß. Bemerkenswert auch der tiefe Brunnen und das 840 Hektoliter fassende Große Faß im Schloßkeller.   *W. H.*

Homburg

Im Bergischen Land, nördlich von Nümbrecht, liegt prächtig Schloß Homburg. Seit 1259 gehörte die Anlage den Grafen von Sayn. Es war eine beachtliche Leistung dieses Geschlechts, dort seinen Besitz gegen die bergischen Ämter ringsum zu behaupten. Allerdings hatte Graf Gottfried 1276 die Burg an König Rudolf von Habsburg übertragen und von ihm als Erblehen zurückerhalten. Es war damals ein oft geübtes Verfahren, daß Adelsgeschlechter ihren Besitz einem mächtigen Fürsten übergaben, um dessen Schutz zu erlangen, und den Besitz dann als Lehen wiederempfingen. Manchmal stellte dies die einzige Möglichkeit dar, vorhandene Rechte gegenüber starken Nachbarn zu wahren.

1635–1743 war die Homburg Residenz einer Seitenlinie, der Grafen von Sayn-Wittgenstein-Homburg. Damals wurde die Anlage zum Schloß ausgestaltet. Als die Landesherrschaft schließlich 1815 an Preußen kam, verlor der Bau seine bisherige Funktion als Verwaltungssitz und verfiel.

1926 sowie 1936/37 wurde das Schloß wiederhergestellt.

Ältester Teil von Schloß Homburg ist ein rechteckiger Wohnbau mit einem Treppenturm – in den Grundmauern noch erkennbar – auf der nordwestlichen Bergspitze. Im 14. und 15. Jh. kamen wesentliche Bauten hinzu; ein winkelförmiges Haupthaus mit Bergfried und mehrere kleine Türme entstanden. Weitere Nebenanlagen und Wirtschaftsgebäude, die auf tieferen Terrassen angeordnet wurden, vervollständigten schließlich die wehrhafte, von drei Mauerringen umschlossene Burg.

Das Innere birgt das reichhaltige Museum des Oberbergischen Landes. Hier kann man auch die alte Burgküche mit gewaltigem Rauchfang und zugehörigem Gerät besichtigen.   *W. A.*

Kaiserswerth

Am Rhein liegen die eindrucksvollen Ruinen der Pfalz Kaiserswerth, die heute zu Düsseldorf gehören.

Bekannt wurde die kaiserliche Burg einst durch die Entführung König Heinrichs IV. im Jahre 1062. Die Kaiserinmutter Agnes weilte damals mit dem jungen König hier, als Erzbischof Anno von Köln eintraf. Dieser lud den Knaben ein, eines seiner Schiffe zu besichtigen – und als Heinrich an Bord war, trieben die Ruderer das Boot auf den Strom hinaus. Der Knabe sprang ins Wasser und wollte zurückschwimmen, doch wurde er wieder aufgefischt, und Anno nahm ihn mit nach Köln. Dieser Staatsstreich beendete die Regentschaft der Kaiserinmutter; der Erzbischof war jetzt zunächst der eigentliche Herr des Reiches.

Kaiserswerth blickt auf eine lange Geschichte zurück: Suitbert, ein Gefährte des Friesenmissionars Willibrord, erhielt zwischen 695 und 700 von Pippin II. das an dieser Stelle gelegene Königsgut Rinhusen und gründete dort ein Kloster. Das benachbarte Königsgut wurde unter Heinrich II. (1002–24) zu einer starken Pfalz ausgebaut. Oft weilten hier deutsche Herrscher. Um 1184 erneuerte Barbarossa die Anlage. 1702 wurde sie im Verlauf des Spanischen Erbfolgekrieges zerstört.

Die erhaltenen Bauteile bezeugen die großartige Architektur der staufischen Zeit. Die Außenmauern des einstigen Palas und des Küchenbaus zum Rhein hin sind gewaltig. Der blockartige Baukörper ist der Brömserburg in Rüdesheim vergleichbar. Man vermutet, daß östlich dieses starken Verteidigungsbollwerks der Saal, die Kapelle sowie Wohnräume lagen. Auch Querwände, Treppen und Bauinschriften von 1184 sind noch erhalten.   *W. A.*

Karlsruhe

Im Sommer 1715 begann Markgraf Karl Wilhelm von Baden-Durlach den achteckigen Turm des Schlosses zu errichten, um „zu Dero künftigen Ruhe und Gemütsergötzung eine fürstliche

Residenz in dem sogenannten Hardtwald nahe bei Mühlburg aufzubauen". Dieser Turm sollte nicht nur der Mittelpunkt des barocken Residenzbaues, sondern auch Ausgangspunkt einer

neuen, rationalistischen Stadtanlage sein. Nach allen Himmelsrichtungen legte man radial vom Schloß 32 Straßen an. Mit großzügigen Privilegien wurden Siedler in die neue Stadt Karlsruhe gezogen.

Dem Schloßturm wurde eine nach Süden sich öffnende Dreiflügelanlage vorgelegt, der Bau rasch errichtet und bald als Residenz bezogen. Der Nachfolger, Markgraf Karl Friedrich (1738–1811), ließ unter Berücksichtigung des Vorhandenen das Schloß repräsentativ neu aufführen. Der Architekt Friedrich von Keßlau verarbeitete verschiedene

Anregungen und Pläne, unter anderem von Balthasar Neumann. Der große, nach Norden hin angelegte Park ist als Landschaftsgarten noch heute zu erkennen.

Geringe Veränderungen gab es noch in der ersten Hälfte des 19. Jh., als Friedrich Weinbrenner der Stadt seinen klassizistischen Stempel aufdrückte. 1944 brannte das Schloß bis auf die Außenmauern aus; die wertvolle spätbarocke Innenausstattung ging verloren. Nach dem Wiederaufbau wurden die Innenräume für das Badische Landesmuseum und seine Kunstschätze hergerichtet. *D.L.*

Kranichstein

Bisher ist das Jagdschloß Kranichstein vom Getriebe der sich ständig ausdehnenden Großstadt Darmstadt verschont geblieben. Als Jacob Kesselhut es 1571–79 am Rande eines weitläufigen Hirschparks und einer parkähnlich angelegten Fasanerie errichtete, muß es in einer heute kaum mehr vorstellbaren Einsamkeit gelegen haben. Es besteht aus drei Flügelbauten, die einen offenen Hof umgeben – wenig charakteristisch für die deutsche Renaissance, welche die Vierflügelanlage bevorzugte.

Besonders einprägsam sind die geschweiften, durch Simse gegliederten Giebel der Stirnseite und der Zwerchhäuser sowie der markante Rundturm an der Nordwestecke, den Landgraf Ludwig VIII. um die Mitte des 18. Jh. zu einem oben weit vorkragenden Aussichtspavillon mit acht großen Fenstern umbauen und dem er ein schlankes Laternchen auf seine barocke Haube setzen ließ. Von den Fenstern des Turmes aus, die auf die Schneisen des Parks ausgerichtet sind, konnte man nicht nur Tierhatzen

verfolgen, sondern sogar selbst jagen. Eine Kapelle vom Ende des 16. Jh. und ein barockes Jagdzeughaus ergänzen die Anlage.

Als 1715 ein Brand das landgräfliche Stadtschloß fast völlig zerstört hatte, diente das Schloß Kranichstein kurze Zeit als Unterkunft für den gesamten Hofstaat. Ernst Ludwig (1892–1918), letzter Großherzog von Hessen-Darmstadt, richtete hier ein sehenswertes Jagdmuseum ein, das heute noch immer besteht. *W.H.*

Kronberg

Die Köchin von Burg Kronberg im Taunus konnte sich sicherlich nicht über beschwerliches Wasserschleppen beklagen: Der Schöpfbrunnen mit Radaufzug befindet sich direkt in der alten, tonnengewölbten Küche, zwischen zwei Rundbogenfenstern mit sitzbankbreiten Laibungen. Durch eine eisenbeschlagene Tür gelangt man in die anderen, ebenfalls sehenswerten Zimmer der Burg. Sie wurde vor der Wende zum 20. Jh. von der Kaiserin Friedrich im ursprünglichen Stil renoviert und ausgestattet.

Die ältesten Teile der Anlage, etwa der 46 Meter hohe Bergfried der Oberburg, stammen aus dem 13. Jh. Überdies sind hier noch zwei weitere Türme vor-

handen. Auf dem Torbau saß einst die Burgkapelle.

Im 14. und 15. Jh. wurde Kronberg um die Mittelburg erweitert, zu der zwei rechtwinklig aufeinanderstoßende Flügel, ein quadratischer Turm und ein Treppenturm gehören. Hier befindet sich auch die anfangs geschilderte Küche.

Die Kapelle der Unterburg enthält wertvolle Grabdenkmäler. Von der Ringmauer blickt man auf das malerische Städtchen Kronberg, dem Kaiser Ludwig der Bayer 1330 das Stadtrecht verlieh.

Das Geschlecht der Herren von Kronberg, die seit 1630 Reichsgrafen waren, starb 1704 aus. *W.H.*

Lahneck

Goethe schrieb sein Gedicht *Geistesgruß* im Jahre 1774 beim Anblick der Burg Lahneck, angeregt durch ihre prächtige Lage über der Lahn und dem Rhein: „Hoch auf dem alten Turme steht / des Helden edler Geist, / der, wie das Schiff vorübergeht, / er wohl zu fahren heißt …"

Burg Lahneck entstand vor 1244 zum Schutz des Besitzes der Erzbischöfe von Mainz. Als deren am weitesten nach Norden vorgeschobener befestigter Ort war sie oft bedrängt. Später verfiel die Anlage, und 1688 wurde sie von den Franzosen zerstört.

Im Jahre 1851 ereignete sich

hier ein schauerlicher Vorfall: Auf dem Bergfried verhungerte eine Engländerin, Idilia Dubb, da die Treppe einstürzte, als sie oben war. Diese Begebenheit hat Wilhelm Schäfer in seiner Novelle *Das fremde Fräulein* gestaltet.

Ab 1854 ließ der Direktor der rechtsrheinischen Eisenbahn, Morarty, die Ruine wieder aufbauen. 1937 erhielten einige Gebäude Dächer statt der Zinnen.

Lahneck besitzt eine etwa rechteckige Kernburg, deren symmetrischer Grundriß auf die spätstaufische Zeit deutet. In der Mitte der südlichen Angriffsseite erhebt sich der fünfeckige, mit

seiner Spitze durch die Schildmauer tretende Bergfried. Gegenüber dem inneren Tor im Westen liegt östlich die Kapelle. Der Palas im Norden ist größtenteils neugotisch. All diese Bauten umstehen den Burghof.

Die ganze Anlage verbindet Bauteile aus dem Mittelalter mit solchen, die die spätere Burgenromantik vor Augen führen. Das Innere birgt zahlreiche wertvolle Kunstgegenstände und Waffen.
W. A.

Linderhof

Des bayerischen Königs Ludwig II. bescheidenster Traum war auch der einzige, den er vollenden konnte: der Traum von einem Schlößchen im Stil Ludwigs XV. von Frankreich. Als Standort wählte er eine Stelle im Graswangtal oberhalb von Oberammergau, an der sein Vater ein kleines Jagdhaus besaß. Hier reizten ihn die Einsamkeit und die grandiose Natur. Was an diesem Platz dann zwischen 1870 und 1878 unter der Leitung von Georg von Dollmann und unter

wesentlicher Mitwirkung des Hoftheaterdirektors Franz Seitz und einiger Theatermaler entstand, ist – bei allem Vorbehalt gegen solch theatralisch nachahmende Architektur – ein höchst reizvolles, kleines „Rokoko"schloß.

Das Innere beeindruckt durch die kunsthandwerkliche Qualität der überschwenglichen Ausstattung mit ihren allgegenwärtigen Reminiszenzen an die verehrte Bourbonenfamilie; das Äußere erfreut durch die verhältnismäßig

zurückhaltende Gestaltung dieses fast quadratischen Baus und seine großartige Einbindung in die ihn umgebende Gebirgslandschaft.

Linderhof ist das einzige unter den Schlössern Ludwigs II., das der König wirklich lange bewohnt hat. Nicht zuletzt waren es die von hier ausgehenden nächtlichen, von fackeltragenden Reitern erhellten Kutschfahrten durch die Gebirgstäler rings in der Runde, die dem Monarchen im Volk den Titel eines Märchenkönigs eingetragen haben. *G.D.*

Mannheim

Als im Jahre 1720 Kurfürst Karl Philipp von der Pfalz seine Residenz von Heidelberg nach Mannheim verlegte, entstand in enger Beziehung zur Stadt das Schloß: Bis 1760 wurde von den Baumeistern Johann Clemens Froimont, Guillaume d'Hauberat, Alessandro Galli da Bibiena und Nicolas de Pigage eine mächtige Dreiflügelanlage aus rotem Neckarsandstein errichtet. Mit ihrem weiträumigen, annähernd quadratischen Ehrenhof und der zur Stadt hin ausgerichteten Front von 600 Meter Länge war sie einer der größten Residenzpaläste jener Zeit. Auch an der Innenausstattung arbeiteten die bedeutendsten Künstler der Epoche.

Von den Eckpavillons des Mittelbaues gehen Quertrakte

aus, die nach Osten mit der Bibliothek, nach Westen mit der Kirche beginnen und denen weitere Annexbauten zugehören. Zum Rhein hin war der Schloßbezirk ursprünglich durch Bastionen abgegrenzt. Schon im Jahre 1778 beendete die Verlegung der Hofhaltung nach München die Glanzzeit von Schloß und Stadt.

Im Zweiten Weltkrieg wurde die Anlage stark zerstört. Nur den Haupttrakt mit dem Rittersaal, dessen Stukkaturen und Deckenbilder die einstige Pracht im Schloß ahnen lassen, sowie die Schloßkirche richtete man im überlieferten Stil wieder her. Die übrigen Räume sind heute modernen Verwendungszwecken angepaßt. *D.L.*

Mergentheim

Der 1926 zum Bad erhobene Ort Mergentheim erhielt schon 1340 von Kaiser Ludwig dem Bayern das Stadtrecht. Nach der Zerstörung der Burg Horneck im Jahre 1525 wurde Mergentheim Residenz der Hochmeister des Deutschen Ordens.

Die ehemalige Wasserburg war im 13. Jh. von den Hohenlohern an den Deutschen Orden übergegangen. Von der ursprünglichen Anlage blieben Teile des Bergfrieds sowie des Süd- und Westflügels erhalten, als die Ritter die Burg 1565–74 zu einem eindrucksvollen Deutsch

ordensschloß ausgestalteten – dem bedeutendsten der 13 deutschen Balleien.

Eine Brücke überquert den Graben und führt zum wuchtigen Torturm mit seinen vier Volutengiebeln, einer Kuppel und dem manieristischen Portal aus dem 17. Jh. Zur Rechten springt der Schloßbau mit Bläser- und Zwingerturm vor; links schließt sich das Archivgebäude an. Aufwendig sind die beiden Wendeltreppen im nördlichen und südwestlichen Turm des inneren Schloßhofs: Um sieben überschlanke, kannelierte Säulen windet sich

die nördliche Treppe (1574) des Blasius Berwart empor; Netzrippengewölbe überdecken die andere, etwas jüngere.

Der Ordensbaumeister Franz Anton Bagnato richtete den frühklassizistischen Kapitelsaal im zweiten Obergeschoß ein. Weitere Innenräume enthalten das Deutschordensmuseum.

Die doppeltürmige Schloßkirche (1730–36) wurde von Balthasar Neumann und François de Cuvilliés entworfen. *W. H.*

Montfort

Nach der Burg Montfort nahe Bad Kreuznach nannte sich ab etwa 1240 ein angesehenes Geschlecht. Im 14. Jh. wurde die Anlage Ganerbensitz, und schließlich wohnten hier bis zu 25 „Gemeiner" (Mitbesitzer). Der soziale Abstieg des Rittertums führte zu Übergriffen der Ganerben. So verbündeten sich 1398 Mainz, Trier und Kurpfalz, um „Schaden, Raub und Einnahmen zu verhüten, die unseren Schlössern, Land und Leuten und auch Kaufleuten und Pilgern auf der Straße angetan worden sind". 1456 belagerten Mainz und Kurpfalz die Burg und eroberten sie unter Einsatz moderner Geschütze. Die Anlage wurde später geschleift und ist seitdem eine Ruine.

Der Kern der Burg mit seinem oval-trapezförmigen Grundriß geht auf eine romanische Anlage zurück. An die Ringmauer waren wohl schon im frühen 13. Jh. Gebäude angefügt. Die jetzigen Burghäuser der einzelnen Familien entstanden im 14. und 15. Jh. An beachtlichen Resten läßt sich noch die Struktur und Wohnkultur der Ganerbenburg ablesen. Balkenlöcher und Gewölbeansätze zeigen die Geschosse an. Jedes Stockwerk hatte einen Kamin; an den Fenstern befanden sich Sitznischen. *W. A.*

Nannstein

Dem Schutz des alten Heerwegs vom Rheintal durch die Kaiserslauterer Senke (Landstuhler Bruch) nach Lothringen diente neben der Königspfalz Lautern – seit 1322 Kaiserslautern – auch die Burg Nannstein. Sie ist im 12. Jh. als Reichsburg gegründet worden. Seit dem 14. Jh. befand sie sich in den Händen verschiedener Territorialherren. Ab 1409 saßen dort die Ritter Puller von Hohenburg. Als 1482 Ritter Richard wegen Sodomie, Unzucht und Mord in Zürich verbrannt wurde, erlosch das Geschlecht im Mannesstamm, und ein Teil der Burg gelangte durch Heirat der Erbin an die Reichsritter von Sikkingen. Diese brachten die Anlage ab 1518 gänzlich in ihre Hand und erweiterten sie – der Entwicklung der Feuerwaffen entsprechend – durch mächtige Geschütztürme. Im Reichsritterkrieg 1522/23 wurde hier Franz von Sickingen durch Hessen, Kurpfalz und Kurtrier belagert und bei der Beschießung tödlich verwundet. Die Anlage wurde zum Teil zerstört, 1543 aber an Franzens Söhne zurückgegeben, die sie wieder aufbauten. Bis 1793 blieb sie im Besitz der Sikkinger.

In den Jahren 1668 und 1689 wurde Nannstein erneut zerstört, zuletzt von den Franzosen. Heute ragt die Anlage mit ihren mittelalterlichen Teilen (Schildmauer) und Renaissancebauten (Wohngebäude mit dem Sterbezimmer Sickingens, Palas, Geschütztürme) als mächtige Ruine 80 Meter hoch über dem alten Sickingenschen Vogteiort Landstuhl auf. *G. St.*

Neuburg

In Neuburg, einem kleinen, beschaulichen Städtchen an der Donau, das man nach politischem Schacher, nicht aus zwingender Notwendigkeit, zur Hauptstadt eines zersplitterten Fürstentums gemacht hatte, kam 1522 ein kunstsinniger, baufreudiger Hasardeur zur Herrschaft: Ottheinrich aus der Pfalz. In völliger Überschätzung der wirtschaftlichen Möglichkeiten seines neuen Territoriums begann er, Neuburg zu einer aufwendigen Residenzstadt auszubauen. 1530 legte er den Grundstein zu einem überdimensionalen, schwermütigen Renaissanceschloß, das auch heute, in der inzwischen gewachsenen Stadt, noch wirkt wie ein Straußenei im Spatzennest.

Imposant ist das eher dunkle, auf einem sanften Höhenrücken oberhalb der Donau gelegene Schloß zweifellos, trotz der Veränderungen, die ihm vor allem das 19. Jh. angetan hat. Zwei kräftige Rundtürme rahmen die klar gegliederte stadtseitige Fassade ein und verbinden die drei Hauptflügel miteinander. Der Innenhof, reizvoll unsymmetrisch, zeigt außer seinen Laubengängen ein seltenes Dekor: Sgraffitozeichnungen mit Szenen aus dem Alten Testament. Neben dem Hofeingang die Schloßkapelle, eingerichtet kurz nach 1540, Bayerns älteste evangelische Kirche.

Vom einst reichen Innenschmuck des Schlosses ist, zumal es lange als Kaserne genützt wurde, nicht viel übriggeblieben. Heute lagert der Freistaat Bayern hier Archivalien. *G. D.*

Neuenstein

Außerhalb des alten Ortskerns von Neuenstein – am Marktplatz stand dort einst das Stammhaus der Familie Textor, der mütterlichen Vorfahren Goethes – liegt auf einer natürlichen Felsrippe an einem schilfumgürteten Weiher das 1558 begonnene Schloß, Stammsitz der Grafen von Hohenlohe-Neuenstein, die 1764 Reichsfürsten wurden. In den Bau sind Teile einer stauferzeitlichen Wasserburg einbezogen worden.

Trotz Aufstockungen und Anbringung von Ziergiebeln im 20. Jh. hat das Schloß seinen Reiz bewahrt. Die rechteckige Anlage besteht aus Bauten, die einen Binnenhof begrenzen und durch kraftvolle Ecktürme akzentuiert sind. Graf Ludwig Casimir von Hohenlohe ließ das Torhaus von 1565 mit den flankierenden Rundtürmen, die Portalzone und das Brückentor errichten. Der Kaisersaal mit Netzgewölbe, der Rittersaal, die Jagdhalle und andere Räume haben noch manches aus früherer Zeit bewahrt.

Im Schloß sind die Sammlungen der fürstlichen Standesherrschaft Hohenlohe-Öhringen untergebracht. Neben dem Relief des Freundschaftstempels (um 1530) von Adolf Daucher gehört die burgundische, mit Saphiren besetzte Narrenkette (um 1400) aus Goldemail zu den kostbarsten Stücken.

Das Parterre unterhalb der Terrasse leitet geschickt in den figurengeschmückten, parkartigen Garten über. *W. H.*

Nymphenburg

Zur Geburt des langersehnten Thronfolgers Max Emanuel schenkte im Jahre 1663 der bayerische Kurfürst Ferdinand Maria seiner Gemahlin Adelaide dieses Schloß – das heißt, er schenkte ihr den Bauplatz und einen Gutschein für den Bau. Die aus Savoyen stammende Kurfürstin ließ sich Nymphenburg dann von italienischen Meistern ganz nach eigenen, südlichen Vorstellungen errichten. Agostino Barelli erstellte ihr ein einfaches, helles, würfelförmiges Sommerschlößchen, das sie der Nymphe Flora widmete.

Den großen Atem des Barocks aber hauchte der Nymphenburg, damals eine Stunde vor den Toren Münchens gelegen, erst derjenige ein, um dessentwillen sie gebaut worden war: Max Emanuel. Von Giovanni Antonio Viscardi ließ er ab 1702 dem Hauptbau zwei lockere Pavillons hinzufügen, und Joseph Effner ergänzte die Anlage ab 1715 durch zwei große Flügelbauten. Galerien verbinden die Gebäude miteinander. Eine sehr dezente Fassade verleiht der Nymphenburg ihre helle Duftigkeit.

Nur selten findet man eine so selbstverständliche Einbindung einer Schloßanlage in die angrenzende Stadt, wie sie durch das von Kurfürst Karl Albrecht ab 1728 angelegte Rondell, durch Wasserspiele, Kanal und Auffahrtsalleen gelungen ist.

In dem weitläufigen, heute nur noch an der Hauptachse französisch durchgestalteten Park spielen noch vier kleine Lustpavillons Verstecken. Unter ihnen befindet sich das vielleicht zarteste Rokokobauwerk auf deutschem Boden: die Amalienburg, ein Jagdschlößchen, das François de Cuvilliés d. Ä. 1734–39 erstehen ließ. Er war es wohl auch, der die Musik der Stukkaturen im Spiegelsaal komponierte, die Johann Baptist Zimmermann dann meisterhaft verwirklichte. *G. D.*

Pappenheim

Mehr als ein Jahrtausend lang haben die Erbmarschälle des Heiligen Römischen Reiches Deutscher Nation, die Grafen zu Pappenheim, in dem Städtchen an der Altmühl gewirkt, und noch heute ist Pappenheim davon geprägt. Der Eindruck einer kleinen Residenz ist geblieben, auch wenn bereits zu Beginn des 19. Jh. die Eigenstaatlichkeit der Grafschaft ein Ende fand.

In einer Reihe von bedeutenden Bauten spiegelt sich diese geschichtliche Entwicklung. Der Bogen reicht von der Galluskirche aus karolingischer Zeit über die den Ort beherrschende Burg, das Kloster und die Stadtpfarrkirche – beides Grablegen der Pappenheimer –, die Stadtmauer mit Tor und Türmen und das Alte Schloß bis zum Neuen Schloß, das 1819–22 nach den Plänen des königlich-bayerischen Hofbaumeisters Leo von Klenze errichtet wurde. Alle diese Bauwerke sind Ausdruck einer besonderen historischen Beziehung des herrschenden Geschlechts zur Reichsgeschichte.

Die Burg wurde im 12. Jh. auf einem schmalen, von der Altmühl umflossenen Felsrücken über dem Ort angelegt. Der Palas stammt aus dem 13. Jh., und im

14./15. Jh. entstanden der mächtige Zwinger sowie die Vorburg. Auch im 16. Jh. erweiterte man die Anlage; neue Rundtürme kamen hinzu. Aus der Gründungszeit sind noch der Bergfried und geringe Reste der Kapelle erhalten.

Im 30jährigen Krieg wurde die Burg schwer beschädigt; danach verfiel sie weiter. Heute ist sie eine malerische Ruine. *A. G. E.*

Pfaueninsel

Der Landschaftsgarten der Pfaueninsel ist zur Zeit nur von Westberlin aus erreichbar; doch gehört er – ebenso wie der benachbarte Park von Glienicke mit seinen Bauten – zu der einzigartigen Gartenlandschaft um Potsdam, deren Gestaltung preußischen Königen und Prinzen zu verdanken ist. 1793 hatte Friedrich Wilhelm II. die Pfaueninsel, damals eine Wildnis, gekauft, um bei seinen Jagdausflügen auf der Havel ein Ziel zu haben. Die Idee der Insel: Sie sollte eine romantische Welt fernab von städtischer Kultur darstellen und dem schwärmerischen Genuß der Natur dienen. Architektur, die man benötigte, um sich hier aufhalten zu können, wurde daher als Ruine gleichsam verkleidet. Das gilt sowohl für das Schlößchen, das 1794–97 von dem Hofzimmermeister Johann Gottlieb Brendel am Westrand der Insel aufgeführt wurde, wie auch für die Meierei am entgegengesetzten Ende.

Das Schloß besitzt eine schmale, oben zerstört erscheinende Fassade aus Holz, der Quadermauerwerk aufgemalt ist. Zwei runde Türme mit Rundbogenfenstern flankieren sie; einer von ihnen trägt eine blaue Kuppel.

Im Innern findet man, im Gegensatz zu jener naturzugewandten Romantik, in den Fußböden, der Wandgestaltung und im Mobiliar den diesseitsbejahenden, noblen Geschmack frühklassizistischer Wohnkultur. Die ursprüngliche Ausstattung ist nahezu vollständig erhalten.

Von den übrigen Bauten im Garten, dem Peter Joseph Lenné seit 1822 seine gültige Gestalt gab, ist besonders das Kavalierhaus in der Mitte der Insel hervorzuheben. Karl Friedrich Schinkel hat hier die Fassade eines sechsgeschossigen spätgotischen Wohnhauses, das in Danzig abgebrochen worden war, einem älteren Gebäude vorgeblendet, das er zu diesem Zweck vergrößerte und behutsam ausschmückte. *H. B.-S.*

Plön

Auf dem hohen Endmoränenwall zwischen dem Großen und dem Kleinen Plöner See entstand im Jahre 1173 eine Burg der Schauenburger Grafen. Von 1290 bis 1390 diente sie als Residenz der Plöner Linie des Schauenburger Hauses. Noch heute ist die enge Verbindung von Stadt und Burg deutlich spürbar.

Nachdem Plön in die Herzogtümer Schleswig und Holstein einbezogen worden war, entstand nach mehreren Landesteilungen das kleine Herzogtum Schleswig-Holstein-Sonderburg-Plön. Der baufreudige Herzog Joachim Ernst (1623–71) errichtete an der Stelle der alten Burg 1633–36 das breit hingelagerte heutige Renaissanceschloß. Schlichte, enggereihte Zwerchgiebel über den verputzten Fassaden und barocke Dachreiterlaternen steigern die Gesamtwirkung der zum See hin geöffneten Dreiflügelanlage, deren Fensteröffnungen beim Bau der beiden Treppentürme im 19. Jh. mit verändert wurden.

Der Rokokofürst Friedrich Carl (1729–61) ließ das Prinzenhaus mit dem bedeutenden Gartensaal aufführen und den Schloßgarten anlegen, der jetzt die Form eines englischen Parks hat. Gleichzeitig entstanden der Ziegelsteinbau des Marstalls und die Reithalle, beide durch Alleen mit dem Schloß und dem Park verbunden.

1761 kam Plön an Dänemark. Das Schloß diente König Christian VIII. (1839–48) als Sommerresidenz. 1867 ging es an Preußen und wurde zu einer Kadettenanstalt umgebaut. Heute befindet sich dort ein Internat. Von der Innenausstattung mit Stuckdekorationen des Italieners Bartholomeo Bossi (um 1750) ist noch einiges erhalten. *G. W.*

Poppelsdorf

Im Lustschloß Poppelsdorf (Clemensruhe) in Bonn hat auf ansprechende Weise das Wesen eines Gartenschlosses Gestalt gewonnen.

An der Stelle einer Vorgängerburg, die in mehreren Kriegen zerstört und deshalb 1657 abgebrochen worden war, ließ Kurfürst Joseph Clemens ab 1715 nach Plänen von Robert de Cotte das heutige Schloß aufführen. Aber erst Clemens August und sein Baumeister Balthasar Neumann vollendeten 1744–56 das Werk. Im Zweiten Weltkrieg wurde das Schloß zerstört, doch stellte man es bis zum Jahre 1959 wieder her.

Der Bau, eine quadratische Vierflügelanlage mit vorspringenden Eckpavillons, liegt auf der Achse der Bonner Residenz. Den runden Innenhof umschließt eine Arkadengalerie. Der Baugedanke de Cottes, den in Frankreich häufigen Typ der Vierflügelanlage mit dem in Italien entwickelten und durch Sebastiano Serlio nach Frankreich gebrachten Rundhof zu verbinden, ist hier verwirklicht.

Das Innere birgt das bereits 1818 hier begonnene Mineralogisch-Petrologische Museum der Universität Bonn. Es umfaßt systematisch geordnete Stücke aus allen Teilen der Erde, unter anderm auch Edelsteine, Meteoriten. *W. A.*

Prunn

Als im Jahre 1567 das rauflustige Geschlecht der Fraunberger ausstarb, fiel deren uneinnehmbare, auf einem hohen, engen Felsplateau zusammengedrängte Burg Prunn an den bayerischen Herzog zurück. Albrecht V., ein wißbegieriger Mann, schickte nicht nur einen für das Wirtschaftliche zuständigen Burgpfleger nach Prunn, sondern auch seinen Historiographen Dr. Wiguläus Hundt. Und der entdeckte dort einen damals gut 200 Jahre alten Codex, der mit den Worten begann: „Uns ist in alten meren wunder vil geseit ..." Eine der schönsten Handschriften des Nibelungenliedes, des größten Heldenepos der Deutschen, war gefunden. Wie sie nach Prunn gekommen war, weiß niemand. Aber wenn man unten an der Altmühl steht und zu der weißen, mit dem steilen, hellgrauen Jurafelsen verwachsenen Burg hinaufschaut, dann fragt man sich, wo denn sonst sie hätte liegen sollen, diese Handschrift.

Prunn, 1037 zum erstenmal erwähnt, war schon früh ein kleines Zentrum höfischer Kultur und eine bedeutende Pflegestätte des Rittertums. Die Fraunberger waren zunächst ihre wichtigsten und ausdauerndsten Besitzer. Dann wechselten ihre Herren

rasch, und schließlich kam Prunn in geistliche Hand. Nach der Säkularisation von 1803 gehörte die Anlage wieder den Wittelsbachern. Ihr heutiges Erscheinungsbild verdankt sie dem bayerischen König Ludwig I., der das arg ramponierte Gemäuer vor dem Verfall rettete. Trotz der Zutaten des 13., 16. und 19. Jh. erscheint sie mit Palas und Wohnhaus – beide zum Teil romanisch – noch immer als das Urbild einer kleinen mittelalterlichen Burg. *G. D.*

Rheinstein

Burg Rheinstein, ein kleines Stück rheinabwärts von Bingen gelegen, ist ein bedeutendes Kulturdenkmal der Romantik. Ende des 18. Jh. erwachte allgemein das Interesse an den alten, verfallenen Wehrbauten. Das Mittelalter erschien in verklärtem Licht; man begeisterte sich an seinen Schöpfungen und wollte darin leben. Zu dieser Zeit wurde auf dem Niederwald bei Rüdesheim die Rossel als künstliche Ruine errichtet. Bald begann man auch, einzelne Burgen wieder aufzubauen, am Rhein zuerst die Moosburg im Biebricher Schloßpark. Als nächste folgte die Vautzburg, auch Voigtsburg und Fazberg genannt, die nun den wohlklingenden Namen Rheinstein erhielt.

Die mittelalterliche Anlage, bereits im 10. Jh. gegründet, befand sich 1323 in mainzischem Besitz. Seit dem 30jährigen Krieg war sie Ruine. 1825 erwarb Prinz Friedrich Ludwig von Preußen – ein Vetter Friedrich Wilhelms IV., des „Romantikers auf dem Thron" – die Burg und ließ sie wieder aufbauen. Als Architekt wirkte Johann Claudius von Lassaulx, später Wilhelm Kuhn. Als

es zwischen diesen Baumeistern zu Meinungsverschiedenheiten kam, beriefen sich beide auf erste Entwürfe von Schinkel.

Die kleine, auf einen engen Raum begrenzte mittelalterliche Burg zu einer fürstlichen Sommerwohnung auszubauen war ein Meisterstück. Bestimmend

wurde die zarte Linienführung der frühen Neugotik. Den Kern der Anlage bildet der Wohnturm des frühen 14. Jh. Malerische Terrassen, Türmchen, Brunnen und Eisentreppen schmücken den auf einem steilen Felsen über dem Rhein gelegenen Bau. Das Innere birgt Fresken der Düsseldorfer Maler Ludwig und Friedrich Wilhelm Pose, ferner kostbare Glasmalereien und einige sehenswerte Stücke der Erinnerung an das preußische Herrscherhaus. *W. A.*

Rötteln

Die großartige Burg Rötteln im Wiesental, eine der ausgedehntesten Ruinen des badischen Landes, erscheint trotz der Zerstörung als machtvolles Wahrzeichen der Landschaft. Zwei Türme überragen das breitgelagerte Burgmassiv, dessen einstige Gestalt sich in den Resten vielfenstriger Wohnbauten und umfangreicher Außenwehren zu erkennen gibt.

Im Jahre 1102 war der Edle Dietrich von Rötteln Vogt kirchlicher Besitzungen im rechtsrheinischen Gebiet. Die Burg entstand vermutlich im 12. Jh. Durch Heirat gelangte das Erbe an den Markgrafen Rudolf I. von Hachberg-Sausenberg. Rudolf IV. erbaute 1468 die große Unterburg und Philipp, der letzte Hachberger, 1494 den Neuen Bau der Oberburg. Durch Erbvertrag von 1490 fielen Burg und Herrschaft später an Markgraf Christoph I. von Baden-Durlach. Bis zur Zerstörung durch die Franzosen im Jahre 1678 blieb Rötteln Verwaltungssitz.

Das weitläufige Ruinenareal zu durchforschen lockt viele Besucher. Vom romanischen Bergfried mit dem merkwürdig verzierten Quaderwerk schweift der Blick über die Landschaft und die Trümmer der Burg. Die hochgelegene Oberburg, die größere Unterburg und die befestigte Matte südlich davon sind durch Gräben voneinander getrennte Wehranlagen. Von den Wohnbauten stehen noch die Mauern mehrerer Geschosse aufrecht und lassen die einst festlichen Innenräume erahnen. *D. L.*

Schillingsfürst

Schloß Schillingsfürst gehört zu den zahlreichen Residenzen des fürstlichen Hauses Hohenlohe, die sich im südwestlichen Fran-

ken über ein größeres Gebiet verteilen. Schillingsfürst ist in vielerlei Hinsicht eines der bedeutendsten Schlösser jenes Hauses, das unter anderm den Reichskanzler des zweiten Kaiserreiches, Chlodwig Fürst zu Hohenlohe-Schillingsfürst, stellte.

Das Schloß, auf einem Bergsporn hoch über dem Tal errichtet, steht an der Stelle einer Burg, die schon um die Jahrtausendwende vorhanden gewesen sein soll. Dreimal wurde sie zerstört: 1316 durch Kaiser Ludwig den Bayern bei den Auseinandersetzungen zwischen dem Kaiser und Friedrich dem Schönen von Österreich, auf dessen Seite Kraft

II. von Hohenlohe stand; dann 1525 im Bauernkrieg; und schließlich 1632 im 30jährigen Krieg.

Die heutige, fensterreiche Dreiflügelanlage ließ Graf Philipp Ernst 1723–50 durch den Darmstädter Hofbaumeister Louis Remy de la Fosse und den Ansbacher Hofbaumeister und Stukkateur Gabriel de Gabrieli errichten. Das Schloß mit seinen prachtvoll ausgestatteten Sälen und Salons wurde noch im 19. Jh. mehrfach umgebaut und im 20. sehr gut restauriert. *A. G. E.*

Schlitz

Schlitz im Oberhessischen, seit 1116 als Stammsitz derer von Schlitz – später reichsunmittelbare Grafen – erwähnt, bietet eine der schönsten deutschen Stadtansichten; dennoch ist es so gut wie unbekannt. Der mittelalterliche Ort mit jahrhundertealten Fachwerkhäusern besitzt einen Mauerring, an den sich vier Burgen anlehnen. Alle gehörten einst den Grafen von Schlitz. Die Anlagen stammen aus dem 16. und 17. Jh., ausgenommen der runde Bergfried der Hinterburg, der bereits im 14. Jh. entstand, und ein Teil des Turmes der Vorderburg.

Die Hinterburg, deren Wohngebäude 1553 und 1561 errichtet wurden, ist die älteste der vier Anlagen. Eins der beiden Gebäude besitzt ein Fachwerkobergeschoß und ist oben durch eine Holzbrücke mit dem Bergfried

verbunden. Das andere besteht ganz aus Stein und hat einen Treppenturm.

Die beiden 1565 und 1600 erbauten Flügel der hochliegenden Vorderburg stoßen in stumpfem Winkel zusammen. Ihre Renaissancegiebel, der quadratische, unten romanische Turm und ein Brunnen mit Brunnenhaus (um 1600) verbinden sich zu einem malerischen Ensemble.

Die Schachtenburg besteht aus zwei großen Fachwerkbauten, einer davon mit steinernem Erdgeschoß (1557).

Die Ottoburg schließlich stammt im wesentlichen aus der Zeit zwischen 1653 und 1681. Der langgestreckte Bau mit kräftigen, halbrunden Ecktürmen weist zwei Geschosse und 14 Fensterachsen auf. Heute dient die Burg, wie so manche andere, als Jugendherberge. *W. H.*

Sigmaringen

Auf einem Felsen hoch über der Donau, doch inmitten der Stadt Sigmaringen liegt das Stammschloß der Fürsten zu Hohenzol-

lern-Sigmaringen. Von der Frühzeit der Burg, die 1077 erstmals erwähnt wird, zeugen noch der Buckelquader-Bergfried und das

Rundtor im Nordosten aus dem 12. Jh.

Die Namen der Besitzer wechselten anfangs ziemlich rasch: Sigmaringen, Montfort, Habsburg, die Grafen von Württemberg, Werdenberg und schließlich die Grafen von Hohenzollern. Nach Erweiterungen im 15. Jh. wandelte Hans Alberthal aus Dillingen die wehrhafte Burg 1627–30 in ein Schloß um. 1633 zerstörte ein Feuer, das schwedische Soldaten entfachten, den Ostteil der Anlage. Der Nachfol-

gebau des Vorarlbergers Michael Beer wurde im 19. Jh. umgestaltet und stand 1893 ebenfalls in Flammen. Die heutige neuromantische Gestalt des Schlosses stammt großenteils von Emanuel von Seidl.

Sehenswert ist die Kollektion altdeutscher Tafelbilder auf dem Schloß, voran die des Meisters von Meßkirch und des Meisters von Sigmaringen, ferner eine frühgeschichtliche Sammlung sowie Möbel, Waffen und das Marstallmuseum. *W. H.*

Spangenberg

Im Elmsteiner Tal nahe Neustadt an der Weinstraße ragt eine Burgruine auf, die einst eine Grenzfeste des Bistums Speyer gewesen ist. Sie liegt nur 250 Meter von der gräflich-leiningischen Burg Erfenstein entfernt, was auch hier, wie anderswo, Anlaß zu einer Sage von den „feindlichen Brüdern" gegeben hat.

Die Oberburg bestand aus einem festen, auf einer Felsklippe errichteten Haus, dem man in kurzem Abstand, aber tiefer zur Angriffsseite hin eine Schildmauer von hochrechteckiger Form vorgelegt hatte. Ein Bergfried fehlte. Am Fuß des Felsens fügte sich auf dreieckigem Grundriß die Unterburg an. Hier befand sich noch im 16. Jh. ein bischöfliches Gestüt. Im 30jährigen Krieg wurde Spangenberg zerstört.

Die fortifikatorisch wichtige Grenzburg des Bistums Speyer wurde üblicherweise Adligen aus der Umgebung als Lehen mit der Verpflichtung zur Verteidigung der Anlage übertragen. Kulturge-

schichtlich bemerkenswert ist es, daß 1386 ein jüdischer Bürger Speyers auf sechs Jahre mit der Burg und allen ihren Einkünften belehnt wurde – wohl als Ablösung für eine finanzielle Schuld des Speyerer Bischofs, ohne daß damit der jüdische Geldgeber auch die Pflicht zur Burghut gehabt hätte. *G. St.*

Sterrenberg und Liebenstein

An Burgen hat sich oft die Phantasie des Volkes entzündet, so daß sie zum Mittelpunkt von Sagen wurden. Meist steckt in diesen Geschichten ein Kern geschichtlicher Wahrheit: Geschehnisse, die die Zeitgenossen bewegten, hinterließen auch auf solche Weise ihre Spuren. Bei den sagenumwobenen „feindlichen Brüdern" Sterrenberg und Liebenstein ging es um Familienstreitigkeiten. Die Tatsache, daß die Befestigungsanlagen auch gegeneinander gerichtet waren, begünstigte die Legendenbildung.

Sterrenberg war wohl schon vor 1110 Reichsburg. 1315 verpfändete König Ludwig der Bayer die Hälfte der Feste an Erzbischof Balduin von Trier, der dann bald auch den anderen Teil in seinen Besitz brachte. Die Burg war noch 1492 Sitz eines kurtrierischen Amtes, um die Mitte des 16. Jh. jedoch verfallen. Sie liegt oben auf einem steilen Felsen.

Zwei Schildmauern schützen sie. Auf einem Felsklotz, der über das umgebende Plateau hinausragt, steht der wuchtige Bergfried. Das Frauenhaus und weitere Teile wurden ab 1970 wieder ausgebaut.

Burg *Liebenstein* war ursprünglich wohl Sterrenberg zugeordnet. Graf Heinrich von Sponheim-Dannenfels verkaufte sie 1294/95 an die Herren von Sterrenberg, die sich dann von Liebenstein nannten. Die Wehranlage war 1587 noch bewohnt. Sie liegt auf einem langen Grat oberhalb des Rheins und hat daher zwei Angriffsseiten. Auch hier steht der heute verfallene Bergfried mit südlich vorgelagerter Mantelmauer auf einem eigenen Felsblock. Der wehrhafte Wohnturm des 14. Jh. dient heute als Gaststätte. Das kleinere Wohnhaus im Osten war ein Fachwerkbau, den man ausgemauert und ummantelt hat. W. A.

Tauberbischofsheim

Die geschäftige Tauberstadt umgibt den anziehenden, vorwiegend gotischen Komplex der einstigen kurmainzischen Burg. Der hohe Türmersturm, ein runder Bergfried mittelalterlicher Bauart, überragt noch heute das enggedrängte Stadtbild. Die Außenwehr der Wasserburg ist weitgehend verschwunden, doch zeigen die Reste von Rundtürmen den Verlauf des alten Burgberings an.

Seit Bonifatius war der Ort dem Erzstift Mainz verbunden. Die Vogtei Bischofsheim wurde später staufischen Kaisern verpfändet. Mainz blieb aber Herr des Ortes, und Urkunden des 14. und 15. Jh. stellen die Verbindung zu den erhaltenen Bauten der Mainzer Amtleute her.

Die innere Burg, wohl an der Stelle eines früheren Königshofes errichtet, wurde im 13. Jh. erbaut. Sie überdeckt, im Anschluß an die wohl 1237 errichtete Stadtmauer, ein dreieckiges Areal. Schwerpunkt der malerischen Baugruppe blieb, in der Ecke des Burghofes, der gotische Palas, dessen zweischiffige Säle, in beiden Geschossen von mächtigem Gebälk getragen, die ursprüngliche Bauweise überzeugend darstellen. Der zierliche spätgotische Erker, von einem hohen Spitztürmchen bekrönt, zeigt die Hauskapelle im Obergeschoß an.

Das im heutigen Schloß eingerichtete Landschaftsmuseum verbindet die mittelalterliche Bausubstanz mit dem überlieferten Erbe der reichen mainfränkischen Kulturlandschaft. D. L.

Thurandt

Zwei Bergfriede besitzt Burg Thurandt, die herrlich bei Alken über der Mosel liegt. Sie hatte nämlich gleichzeitig zwei verschiedene Herren: Trier und Köln.

Pfalzgraf Heinrich, ein Sohn Heinrichs des Löwen, gründete die Wehranlage um 1200, um seinen Bruder, den deutschen König Otto IV., zu unterstützen. Ihren Namen erhielt sie nach einer Burg Thurandt bei Tyrus, die 1192 im Dritten Kreuzzug vergeblich belagert worden war.

1214 kam die Burg mit der Pfalz an die Wittelsbacher. Deren Burgvogt Zorno fiel in trierisches Gebiet ein und verwüstete es. Die Erzbischöfe von Trier und Köln belagerten daraufhin Thurandt zwei Jahre lang und eroberten es. Ein Sühnevertrag von 1248 zwang die Pfalz zum Verzicht auf die Burg, die nun von den beiden Erzbischöfen gemeinsam in Besitz genommen wurde. 1585 erhielten die Herren von Wiltberg sie als Lehen. Sie errichteten 1616 in Alken ein Burghaus und beraubten dabei die Burg ihrer Dächer. 1689 zerstörten die Franzosen Thurandt.

1915/16 baute Robert Allmers, ein Pionier des Kraftfahrzeugs, die Ruine teilweise aus.

Die Anlage der Kernburg stammt wohl noch aus der Gründungszeit. Eine Quermauer trennt die Trierer von der Kölner Hälfte; jede besitzt ein eigenes Tor und einen Bergfried. Beide Türme sind sorgfältig gearbeitet. Beachtenswert ist auch die Ruine eines stattlichen Burghauses in der Nordhälfte, zudem die Sammlung von Waffen, Rüstungen, Keramik, Stichen und Glasbildern, die sich auf Thurandt befindet.

Auf dem Bleidenberg gegenüber von Burg Thurandt standen bei der Belagerung von 1247/48 die Wurfmaschinen (Bliden). Damals sollen hier 3000 Fuder Wein getrunken worden sein. Die Sieger ließen an dieser Stelle eine Kirche errichten, die einen reizvollen frühgotischen Seitenchor besitzt. *W. A.*

Wolfegg

Auf einem steilen Bergvorsprung (Egg) des Achtals erhebt sich Schloß Wolfegg. Über die vorangegangene Burg des 12. und 13. Jh. ist wenig bekannt. Im Mittelalter gehörte der Besitz den Truchsessen von Waldburg. Anfang des 16. Jh. erneuerte der Truchseß Hans Graf von Sonnenberg die Burg; doch brannte sie 1578 ab.

Schon wenige Jahre später erstand an dieser Stelle eine Vierflügelanlage – eine der ältesten ihrer Art in Deutschland. Die Flügel umstehen einen rechteckigen Hof und sind durch quadratische Eckpavillons verbunden. Über eine Reitertreppe gelangt man zum 52 Meter langen Rittersaal, den 24 überlebensgroße geschnitzte Standbilder von Truchsessen sowie Deckenfresken von Franz Georg Hermann schmükken. In der Gemäldegalerie hängen spätgotische Tafelbilder. Kostbarstes Juwel aber ist ein „Hausbuch" (15. Jh.). *W. H.*

Wolfenbüttel

Das repräsentative, heute noch von einem Wassergraben umgebene Residenzschloß entstand im 16.–18. Jh. durch mehrfachen Umbau einer mittelalterlichen Anlage, die Herzog Heinrich der Wunderliche ab 1283 als Wasserburg in der Okerniederung hatte errichten lassen. Nach Auseinandersetzungen mit der Stadt Braunschweig wählte der braunschweigische Herzog 1432 Wolfenbüttel als alleinige Residenz. Die kleine, seit 1301 erwähnte Siedlung wurde nun zu einem Verwaltungszentrum ausgebaut. Mit ihrem einheitlichen Befestigungssystem ist sie das Ergebnis der bedeutendsten Planung der frühen Renaissance in Norddeutschland.

Zu Beginn des 17. Jh. erneuerte man auf dem unregelmäßigen Grundriß des alten Baues die Schloßflügel. Der mächtige Hausmannsturm wurde 1614 ausgebaut und mit einer umlaufenden Galerie versehen. Unter Herzog August d. J. (1635–66) erlebte Wolfenbüttel erneut einen kulturellen Aufschwung. Dieser Fürst erweiterte die berühmte Wolfenbütteler Bibliothek und berief Heinrich Schütz zum musikalischen Berater. 1643/44 ließ er den großen Schloßplatz anlegen und den Innenhof durch zweigeschossige, später aufgestockte Holzarkaden einfassen. Die Außenfassaden des Schlosses erhielten erst Anfang des 18. Jh. durch vorgeblendetes, verputztes Fachwerk, das Steinbauformen nachahmt, ihre einheitliche barocke Gestalt.

Nachdem 1754 die herzogliche Residenz nach Braunschweig verlegt worden war, verlor Wolfenbüttel seine Bedeutung. 1770 bis 1776 wohnte Gotthold Ephraim Lessing als Leiter der Bibliothek im Schloß. Hier vollendete er sein Drama *Emilia Galotti*. *G. W.*

Zwingenberg

Auf einer bewaldeten Bergnase zwischen der tiefen Wolfsschlucht und dem Neckartal wurde die Burg im 13. Jh. von den Herren von Zwingenberg erbaut. Sie beherrschte den Fluß sowie die Talstraße und diente als Zollsperre, bis die Besitzer dies zum Schaden der Nachbarn und des Reiches nutzten. Kein Wunder, daß jene Nachbarn im Verein mit dem Schwäbischen Städtebund die Burg deshalb vor 1364 zerstörten. 1403 erhielten die Hirschhorner den Besitz zu Lehen. Sie errichteten die Burg neu, starben aber 1632 aus. Nach mehrfachem Wechsel in der Herrschaft erwarben die Markgrafen von Baden im Jahre 1808 Zwingenberg.

Das äußere Bild der Burg ist von seltener Einheitlichkeit, dabei ein Musterbeispiel gotischer Burgenarchitektur. Der Grundriß, der eine scharfe Kante gegen den Berghang kehrt, ist typisch für die Stauferzeit, ebenso das Buckelquaderwerk aus rotem Sandstein. Im Schutz der Schildmauer drängen sich die Burgbauten um einen engen Hof, namentlich der Palas aus dem frühen 15. Jh. mit der Burgkapelle in seinem Obergeschoß. Diese Kapelle bewahrt als besonderen Schatz noch die vollständige spätgotische Ausmalung. Zwingeranlagen mit spitz behelmten Schalentürmchen umfangen den Kernbereich, dessen Bauzier durch vorkragende Rundbogenfriese noch im 19. Jh. weitergeführt wurde und so die Burg zu einem malerischen Ensemble zusammenschließt. *D. L.*

Zu Gast in Burgen und Schlössern

Wer hat nicht schon den Wunsch gehegt, einmal in einer mittelalterlichen Ritterburg oder einem stillen westfälischen Wasserschloß, in einer Barockresidenz von süddeutscher Heiterkeit, einem Jagdschlößchen oder einer Stauferburg zu wohnen? Angeregt durch Besuche in Burgen und Schlössern und ihren Museen, träumt man von einer Reise in die Vergangenheit, von einem Abend am offenen Kamin, von Kemenaten mit Alkovenbetten, von einem festlichen Mahl im Rittersaal eines Adelssitzes.

Seit Jahren haben über 50 deutsche Burgen und Schlösser ihre Tore für Gäste geöffnet und vermögen solche Träume zu erfüllen. Sie werden auf diesen Seiten vorgestellt. Die Vereinigung „Gast im Schloß" hat viele von ihnen organisatorisch zusammengefaßt und durch reizvolle Rciscrouten miteinander verbunden. So kann man beispielsweise eine „Schloß-, Wein- und Kulturreise" an Mosel und Rhein unternehmen; man kann die Schlösser an der Burgenstraße erleben, auf den Spuren fahrender Ritter deutsche Geschichte studieren oder eine Feinschmeckertour unternehmen.

Die Reihe der Spezialitäten in diesen Burgen und Schlössern ist originell und umfassend. Küchenchefs und Burgherren machen Anleihen bei alten Rezeptbüchern und lassen etwa ein ritterliches Mahl nach mittelalterlichem Brauch servieren, eine „landgräfliche Tafeley", ein Jagdessen oder ein „friderizianisches Bankett" mit der jeweils dazu passenden Musik zelebrieren. Neben der bodenständigen Landsknechtsvesper locken regionale Leckerbissen oder Gerichte der Nouvelle cuisine.

Beliebt ist auch eine Hochzeit in einer kleinen Schloßkapelle nebst romantischen Gemächern oder einfach ein Gespräch in ruhiger, kultivierter Atmosphäre nach der hektischen Geschäftigkeit des Alltags. In den Ferien läßt es sich dort ebenfalls gut leben. Wo einst Ritter Kunibert die Pferde zum Kampfe sattelte, reiten heute die Gäste. Sie gehen auf die Jagd und spielen im Schloßpark Golf oder Tennis.

Palais Adelebsen (Parkhotel Fürstenhof) in Celle. Barocker Adelshof. Kunsthistorisch wertvoll das Tapetenzimmer, der Blaue Salon, das Von-der-Osten-Zimmer. Festräume für Hochzeiten und Banketts. Im Feinschmeckerrestaurant *Zum Endtenfang* Leckerbissen wie „Herzogliche Endtenvesper" und internationale Spezialitäten. Hallenbad, Sauna. ✳

Wasserburg Anholt in Isselburg-Anholt. Eine westfälische Wasserburg der Fürsten zu Salm-Salm. Stilvolle Festräume. Museum mit Rittersaal und Gemälden von europäischem Rang (Rembrandt, Terborch, Snyders u. a.). Im Grillroom internationale Spezialitäten. Park nach dem Vorbild von Versailles. Golfplatz. ✳

Schloß Augustenburg in Karlsruhe-Durlach. 1670–90 von der Markgräfin Augusta Maria erbaut. Stilvolles Kaminzimmer; Gesellschafts- und Tagungsräume mit Gemälden heimischer Künstler. Restaurant im Kellergewölbe. Feinschmeckerküche; gute Weine. ✳

Schloß Auel in Wahlscheidt-Lohmar bei Bonn. Barockschloß. Gesellschaftsräume mit Gobelins, Gemälden, antiken Möbeln. Barocke Schloßkapelle. Hauskonzerte. *Rôtisserie St. Georges,* französische Küche, Grillfeste im Park. Reiten (Boxen für Gastpferde), Golf. Hallenbad, Sauna. ✳

Schloß Arolsen in Arolsen (Waldeck). Ehemaliges Wittumspalais der Fürsten zu Waldeck und Pyrmont. Rotunde als festliche Halle; exklusive Gesellschaftsräume. Schloßtränke im Tonnengewölbe des alten Schloßkellers. Galadiners im Rokokostil. Hallenbad, Sauna, Tennisschule. Herrlicher Park. ✳

Blomberg in Blomberg. 28 km Wehrmauern umgürten Stadt und Burg. Die Anlage aus dem 13. Jh. war die bevorzugte Residenz der Edelherren zur Lippe. Romantischer Innenhof mit Fachwerk der Weserrenaissance. Rittersaal und Burgkeller offerieren bodenständige Spezialitäten. „Burgherrentafel" für Gesellschaften. Hallenbad, Sauna. Garten. ✳

Die Besitzer der durch ✳ gekennzeichneten Anlagen sind Mitglieder der Vereinigung „Gast im Schloß".

Schloß Bothmer in Schwarmstedt. Herrenhaus der Renaissance und feingliedriger Bau im Jugendstil nebst moderner Hoteldependance. Erlesene Weine deutscher und französischer Weingüter. Schöner Park. Eigener Reitstall mit Boxen für Gastpferde. ✳

Schloß Colmberg in Colmberg an der Burgenstraße. Burg schon im 13. Jh. urkundlich erwähnt. Burgmuseum mit wertvollen Sammlungen. Trauungen in der Burgkapelle. Im Rentamt Hotelpension. Fränkische Spezialitäten. Wildpark. Golfplatz; Jagd- und Angelmöglichkeit.

Schloß Egg im Bayerischen Wald. In den historischen Ökonomiegebäuden Hotel mit Appartements (Himmelbetten). Hochzeitskapelle und Hochzeitsturm mit Gemach. Rustikales Restaurant. Park. Feste im Burggarten. ✳

Schloß Eggersberg in Riedenburg (Altmühltal). Bau mit Staffelgiebel und Renaissancetürmen. Antik eingerichtete Gasträume und Zimmer. Konzerte im spätmittelalterlichen Theatersaal. Reitstall und Boxen für Gastpferde. Geologische und paläontologische Exkursionen möglich. ✳

Schloß Friedrichsruhe bei Öhringen. Ehemaliges Jagdschlößchen der Grafen von Hohenlohe-Öhringen aus dem 18. Jh. Barocker Festsaal. Antik möblierte Zimmer. Weitere Appartements sowie Feinschmeckerrestaurants im Jagdhaus. Spezialitäten der leichten Küche sowie Hohenloher Delikatessen. 3000 Hektar großer Park mit Reitwegen. Golfplatz und Tennisplatz, Hallenbad und Freibad.

Schloß Gevelinghausen in Olsberg-Gevelinghausen. Im parkartigen Gelände Urlaubs- und Wochenenddomizil im ehemaligen Marstall. Restaurant im Rittersaal. Hallenbad, Tennishalle. Planwagenfahrten. ✳

Götzenburg in Jagsthausen. 1480 wurde hier Götz von Berlichingen geboren. Zimmer mit Himmelbetten; Bauernzimmer und Turmgemächer. Burgschenke, Rittersaal. Schloßmuseum. Im Sommer Burgfestspiele im Hof. ✳

Burg Gutenfels bei Kaub am Rhein. Ministerialsitz aus dem 12. Jh. Zimmer für „Rittersleut'' und eine Luxussuite. Rittersaal für Bankette. Gourmetrestaurant der Nouvelle cuisine, Forellenterrine, französische Weine. Weinproben im Turm. Rheinterrassen.

Schloß Georghausen in Lindlar-Hommerich. Im 14. Jh. als Burg erwähnt; um 1702 barock ausgebaut. Stilvolle Räume; Kaminzimmer, Festsaal. Internationale Küche. Schloßpark mit Forellenteichen, Golfplatz.

Burg Guttenberg bei Gundelsheim am Neckar. Unzerstörte mittelalterliche Burganlage. Burgmuseum mit origineller Holzbibliothek. Hochzeitskapelle. Greifvogelwarte. Burgschenke. Jagdessen und „Ritterliches Mahl'' für Gesellschaften; Grillabende am offenen Feuer. Eigene Weine. ✳

Harburg in Harburg, an der Romantischen Straße. 1000 Jahre alte Stauferburg; Palas aus dem 13. Jh. Rittersaal mit wertvollen Sammlungen der Fürsten von Oettingen-Wallerstein (Werke von Riemenschneider, Inkunabeln und andere). Schloßkirche für Trauungen und Taufen. *Fürstliche Burgschenke* und Hotel in der Burgvogtei.

Schloß Heinsheim bei Bad Rappenau. Festsaal im barocken Landschloß, Ahnensalon mit Gemäldegalerie, Kaminhalle. Rustikale Appartements im alten Marstall. Barocke Hochzeitskapelle. Restaurant im ehemaligen Ochsenstall. Feinschmeckerküche und eigene Weine. ✳

Burg Hirschhorn In Hirschhorn am Neckar. Teilweise noch aus dem 13. Jh. Im ehemaligen Palas das Schloßhotel. Rustikaler Burgkeller. Burggärtlein mit Caféterrasse hoch über dem Fluß.　　　　　　　　　　　*

Schloß Hochhausen in Hochhausen am Neckar. Barockes Landschlößchen. Zimmer und Räume im Stil des Barocks und Biedermeiers. Hauskonzerte. Spezialitäten aus dem Garten und vom eigenen Gut. Park.　　　　　*

Burg Hornberg in Neckarzimmern. Mächtige Anlage inmitten von eigenen Weinbergen über dem Neckar, mit Bauten aus mehreren Epochen. Wohnburg des Ritters Götz von Berlichingen. Rustikale, komfortable Zimmer im „Schafstall". Museum. Burgrestaurant und verglaste Terrasse im Marstall. Gesellschaftsprogramm „Bei Götz zu Gast".　　　*

Schloß Hugenpoet bei Essen-Kettwig. Wasserschloß aus dem 16. Jh. Klassischer Herrensitz. Stilvolles Interieur. Hochzeitskapelle. Wertvolle Kunstsammlungen der Fürstenbergs. Delikatessen der Nouvelle cuisine. Schöner Park. Tennisplätze.　　　*

Schloß Kronberg in Kronberg (Taunus). Als Schloß Friedrichshof der Kaiserin Friedrich vor 100 Jahren in verschiedenen Stilarten erbaut. Hallen mit offenem Kamin. Kostbar eingerichtet die Bibliothek sowie der Grüne und der Blaue Salon. Festliche Bankettäume. Stilvolle Zimmer. Royal Suite. Wertvolle Antiquitäten. Park. Golfplatz.

Burg Lauenstein in Lauenstein (Frankenwald). Romantische Burganlage, ursprünglich aus dem 11./12. Jh. Jagd-, Bankett- und Rittersaal. Museum. Zimmer mit fränkischen Bauernmöbeln. Hotel und Restaurant im rustikalen Stil. Spezialitäten: Wild, Forellen. Garten. Schwimmen, Wintersport.

Stadtpalais in Lemgo. Spätgotischer Adelssitz mit Zügen der Weserrenaissance. Stilvolles antikes Interieur. Kaminhalle; Ostasienzimmer mit Ostasiatica. Gästezimmer im Stil der Renaissance, des Barocks und Rokokos eingerichtet.　　　　　*

Schloß Lembeck bei Dorsten. Wasserschloß im westfälischen Barockstil inmitten einer Parklandschaft. Antik möblierte Zimmer. Museum mit schönem Saal des Barockbaumeisters Schlaun. Wertvolle Gemälde, Porzellan, Gobelins, Möbel. Hochzeitskapelle. Schloßkellerrestaurant.　　　　　　*

Schloß Malberg bei Kyllburg (Eifel). Barocker Herrensitz. Räume mit reizvollen Stilmöbeln und Antiquitäten. Bibliothek, Festsaal. Hochzeitsfeiern, Hauskonzerte. Schloßgarten. Kutschfahrten.

Schloß Neuhof bei Coburg. Ehemalige Wasserburg aus dem 14. Jh.; heute Schlößchen mit Türmen und Walmdach. Komfortable Zimmer. Rittersaal und Turmgewölbe für Gesellschaften. Intime Restaurants, mit schönen Antiquitäten ausgestattet. Feinschmeckerküche. Drei Hektar großer Schloßpark mit Volieren.

Jagdschloß Niederwald bei Rüdesheim. Ehemaliges Jagdschloß der Erzbischöfe von Mainz und der Herzöge von Nassau. Gesellschaftsräume. Galerie. Spezialitäten: Wild, Forellen, trockene Rheinweine. Winzermahlzeit mit hessischen Landgerichten. Weinproben und Weinseminare.　　　　　*

258

Schloß Oberstotzingen bei Günzburg. Barockfassade. Salons für Feste. Hochzeiten. Restaurant in der ehemaligen Schloßkapelle mit spätgotischem Kreuzgewölbe. Feinschmeckerküche mit schweizerisch-französischer Note; kulinarische „Schweizer Abende". Schloßgarten. ✳

Schloß Petershagen bei Minden an der Weser. Wasserschloß, ehemalige fürstbischöfliche Residenz. Stilvolle Gesellschaftsräume; wertvolles antikes Interieur. Konzerte im Festsaal. Park. Schwimmbad und Tennisplätze. ✳

Burg Rheinfels oberhalb St. Goar. Mächtige Burganlage. In die Ruinen wurde ein modernes Schloßhotel mit Ritterklause, Kanonenzimmer und Terrassen gebaut. Burgkapelle. Heimatmuseum. Hallenbad und Sauna. Möglichkeit für romantische Rheinfahrten.

Sababurg bei Hofgeismar. Ehemaliges Jagdschloß aus dem 14. Jh. im Reinhardswald; das Dornröschenschloß der Gebrüder Grimm. Rustikale Zimmer und Gasträume. Kaminfeste und Jagdessen mit Spießbraten. Urwildpark. Reiten, Wandern, Angeln. Im Sommer Freilichtspiele. ✳

Burg Schnellenberg bei Attendorn am Biggesee. Mächtigste Höhenburg Westfalens. Reizvolle Appartements. Rittersaal, Hochzeitskapelle. Museum. Spezialitätenrestaurant. Tennis, Segeln und Jagd möglich. ✳

Schönburg in Oberwesel/Rhein. Mittelalterliche Ganerbenburg. Kemenaten mit Alkovenbetten. Einzigartige Aussicht von den Bastionen und vom Bergfried. In der Burgschenke Spezialitäten (Wild, Weinbergschnecken); für Gesellschaften Spanferkel am Spieß. ✳

Schloß Schönfeld in Kassel. Zweiflügeliger Barockbau; Lustschloß von Jérôme, dem Bruder Napoleons („König Lustig"); später fürstlicher Herrensitz. Salons und Kuppelsaal mit barock-heiterer Atmosphäre. Rustikale *Grenadierstuben*. Feste und Hochzeiten nach höfischer Art. Gartenterrassen. Herrlicher Park. ✳

Burg Schwalenberg in Schwalenberg (Lipperland). 1231 gegründet. Urlaubshotel im Schloßpark. Originell eingerichtete Kemenaten mit Baldachinbetten. Spezialität: Jagdherrenplatte. Burggarten. ✳

Schloß Solitude bei Stuttgart. Ehemaliges Jagd- und Lustschloß. Im Rokokostil erbaut. Schloßhotel im ehemaligen Kavaliersgebäude. Festlicher Rokokospiegelsaal für Hochzeiten und Bankette, Schloßkapelle für Trauungen. Rustikale Jägerstube. Schloßpark.

Schloß Spangenberg bei Spangenberg. Hoch über dem mittelalterlichen Fachwerkstätten thront das 1214 erstmals genannte Schloß. Anlage mit Türmen, Mauern und einem Palas mit meisterlichem Fachwerk. Rittersaal; schöner Innenhof. Im Wohnflügel der Landgrafen stilvoll eingerichtete Gästezimmer. Weinprobierkeller. ✳

Schloß Stetten bei Künzelsau. Alte Burganlage. Urlaubshotel für Familien; Ferienwohnungen im Torturm. Gotische Burgkapelle. Reithalle, eigene Pferde; Boxen für Gastpferde. Schwimmbad, Sauna. Burggarten.

Schloß Thiergarten bei Bayreuth. Ehemaliges Jagdschloß im Barockstil. Kuppelsaal für Feste und Bankette; Restaurant in barocken Salons. Französische Küche. Park. Reitmöglichkeit.

Schloß Tremsbüttel zwischen Hamburg und Lübeck. Im 17. Jh. Jagdschloß, später mehrfach umgebaut. Reich mit Antiquitäten ausgestattet. Feudale Salons, Wohnboudoirs und Restaurants. Vier Hektar großer Park im englischen Stil. Tennisplatz. *

Trendelburg bei Hofgeismar. Ritterburg aus dem 13. Jh. mit Hochzeitsturm und Söller. Kemenaten in verschiedenen Stilarten. Spezialitätenkarte und Restaurant in der Burgkapelle. „Landgräfliche Tafeley" für Gesellschaften. Reiterferien; Boxen für Gastpferde. *

Schloß Vellberg in Vellberg. Renaissanceschloß mit Staffelgiebel. Rustikale Zimmer im historischen Pferdestall. Hochzeitsturm. Gotische Kapelle. Rittersaal, Kaminzimmer und Waffenkammer laden zum Tafeln ein. Spezialitäten: Wild, Geflügel, Fisch; „Raubrittermahl". *

Burg Vorderburg in Schlitz. Renaissancegiebel, Palas, Glockenturm und Fachwerkbauten bilden im Burgring der Vorderburg eine malerische Kulisse. Im alten „Schafstall" das Burghotel mit Burgschenke und bäuerlich gestalteten Zimmern. Hochzeitskirche im Burgareal. Gartenterrasse. *

Schloß Waldeck bei Waldeck über dem Edersee. Veste aus dem 12. Jh. mit Bastionen, Burgverlies und Museum. Nordflügel zum Schloß umgebaut. Rittersaal, Burgkeller. Spezialitäten: Wild und Ederseefische. *

Schloß Weitenburg bei Horb am Neckar. Festsaal, Salons. Hochzeitskapelle. Rustikales Restaurant. Spezialitäten: Wild und Forellen. Für Gesellschaften „Holzhackerfondue" in der Jagdhütte und Weinproben mit dem Hausherrn. Hallenschwimmbad. Reitstall, Kutschfahrten. *

Schloß Wilkinghege in Münster. Romantisches Wasserschloß. Alte und moderne Gästezimmer. Schloßkapelle. Restaurant in jahrhundertealtem Schloßkeller. Tennishalle. Park mit Tennisplätzen und Golfplatz. *

Burg Windeck bei Bühl (Baden). Anlage aus dem 11. Jh. Rustikales Restaurant mit Ritterschenke und Domdechantenkammer, Nouvelle cuisine. Eigene Weinberge. Von Restaurant und Terrasse herrlicher Ausblick ins Bühler Tal und zum Straßburger Münster. *

Burg Winnenthal bei Xanten-Winnenthal. Die Wehrtürme der Anlage stammen noch aus dem 12. Jh. Weitere Bauten aus dem 15./16. Jh. Hier wurde Anna von Cleve, eine der Gemahlinnen Heinrichs VIII., geboren. Hotel und Restaurant in rustikalem Stil. Spezialitäten aus dem eigenen Gutsbetrieb; Hausbrennerei. Schöner Park mit Angelteich. *

Schloß Zell in Zell an der Mosel. Wertvolle Kunstsammlungen in allen Räumen. Spezialitäten des Hauses: Moselaal in Riesling; Spitzenkreszenzen der Mosel. Schiffsfahrten zu Burgen und Städten im Moseltal möglich. *

Kleine Burgen- und Schlösserkunde

Kaiser Maximilian, der „letzte Ritter", als Bauherr.
Aus der „Ehrenpforte", Holzschnitt von Albrecht Altdorfer

Die Burg

Zur Zeit ihrer Blüte
im 13. Jahrhundert

262

Die Burg ist aus einem zweifachen Bedürfnis entstanden: dem Verlangen nach Schutz und dem Wohnbedürfnis. Diese Doppelfunktion unterscheidet sie von der reinen Festungsanlage (Fliehburg, Militärkastell) sowie von dem vorwiegend zum Wohnen bestimmten Schloß.

Als Mittel für den Schutz und die Verteidigung boten sich seit alters bekannte Wehrformen an: der mit Wasser gefüllte oder trockene Graben, die Steinmauer und der steinerne Turm oder das turmartig feste Steinhaus. Diese Grundelemente sind bei allen Burgen zu finden.

Die individuelle Form der Burg hing aber vor allem vom Gelände ab. Es gab zwei Haupttypen: die Höhenburg, die man auf schwer zugängliche Berghöhen setzte, und die Niederungsburg, die man in flachen Landstrichen oder in der Talaue oft an einer gut zu verteidigenden Stelle, etwa auf einer Flußinsel oder Landzunge, ansiedelte.

Lag die Höhenburg auf einem Bergsporn, so schützte man sich zum offenen rückwärtigen Gelände hin durch eine besonders kompakte Mauer und einen Halsgraben.

Angreifer suchte man von oben herab mit Wurfgeschossen, Steinen oder heißem Öl und Pech zu bekämpfen. So wurde die Wehrmauer mit Zinnen, Schießscharten, einem überdachten Wehrgang, Gußerkern oder auskragenden Kampfhäusern ausgestattet. Vor allem seit dem 12. Jahrhundert bezog man häufig auch hochragende Türme in die Befestigung mit ein. Deren markantester Vertreter, der Bergfried oder Bergfrit, war nicht nur ein hervorragender Auslug, sondern er bot auch die Möglichkeit, Angreifer von der Wehrplatte herab schon weit im Vorfeld der Burg zu beschießen.

Am Bergfried, der auf der Hauptangriffsseite durch eine starke Mauer (Hoher Mantel, Schildmauer) ersetzt oder ergänzt sein kann, wird deutlich, daß die Burg nicht nur auf die Abwehr nach außen, sondern auch auf eine mögliche Verteidigung im Innenbezirk ausgerichtet wurde. Der Bergfried ließ sich nämlich, wie manchmal auch das Hauptwohngebäude (Palas), nur durch einen sehr engen Türdurchschlupf in der Höhe des zweiten Turmgeschosses betreten, der lediglich mittels einer Leiter oder

über einen schmalen Treppenzugang erreicht werden konnte und deshalb leicht zu verteidigen war. Als Wehrturm war der Bergfried nie für eine dauernde Bewohnung eingerichtet.

Besonders die Höhenburg wurde möglichst so angelegt, daß sie abschnittsweise verteidigt werden konnte. Dem äußersten, durch Mauern abgesicherten Bereich (Zwinger) schloß sich oft die in sich voll verteidigungsfähige Vorburg an. Ihr folgte dann, wiederum durch ein eigenes Wehrsystem geschützt, die Haupt- oder Kernburg. Da die Burg auch im Falle einer Belagerung autark sein mußte, wurden alle notwendigen Einrichtungen und Baulichkeiten (Stallungen, Speicher, Backhaus, Schmiede, Küche, Unterkünfte für Dienstmannen und Gesinde und die Wohnung für die Burgherrschaft) so im Burgareal untergebracht, wie es ihrer Wichtigkeit entsprach: Die Wirtschaftsgebäude, auf die man am leichtesten verzichten konnte, wurden meist in der Vorburg errichtet, die Wohnbauten samt Küche, Kapelle, Brunnen oder Zisterne zusammen mit dem Bergfried als letztem Bollwerk in der Kernburg.

KB KERNBURG

B Bergfried (Bergfrit)
1 Hochgelegener Eingang im zweiten Turmgeschoß
2 Aufenthaltsraum
3 Offener Kamin
4 Aborterker
5 Einstieg zum Verlies (Angstloch)
6 Verlies (auch Vorratsraum)
7 Blocktreppe
8 Wehrplatte
9 Ziegeldach

P Palas
10 Hochgelegener Eingang im zweiten Geschoß
11 Halle mit Ziehbrunnen (Dürnitz)
12 Heizbarer Wohnraum (Kemenate)
13 Unverglaste Fenster, innen mit Holzläden
14 Ausgang zum oberen Burghof mit aufziehbarem Holzsteg
15 Oberer Saal mit außenliegendem Aborterker
16 Sattelförmiges Ziegeldach

Kü Küchen- und Vorrätehaus

K Kapellenbau
17 Zuweg von der Vorburg mit verriegelbarem Tor
18 Vorraum
19 Gemauerter Altar
20 Altarnische (Apsis)
21 Steinplattendach

Wo Wohnbau für Gesinde und Dienstmannen

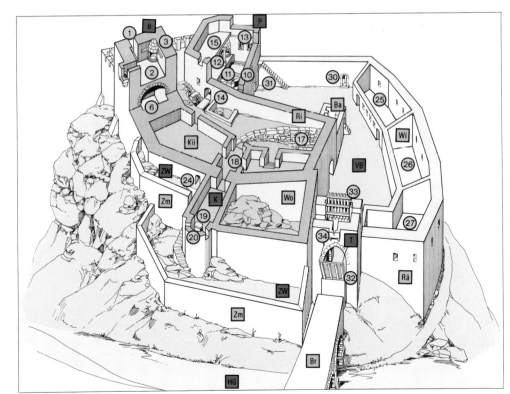

Ri Ringmauer (innere)	27 Knechtshaus	**T Torhaus**
22 Zinnenbewehrter Umgang	28 Pultdach	32 Zugbrücke
23 Gedeckter Wehrgang		33 Fallgitter
24 Ausfallpforte	**Ba Backhaus**	34 Pechnase (Gußerker)
VB VORBURG	**Rä Ringmauer** (äußere)	**ZW ZWINGER**
	29 Gedeckter Wehrgang mit	
Wi Wirtschaftsgebäude	Schießscharten	**Zm Zwingermauern**
25 Schmiede	30 Schießkammer	**HG HALSGRABEN**
26 Stallung	31 Blocktreppe	**Br Bogenbrücke**

Das Wasserschloß

Die Vierflügelanlage der Renaissance

Mit dem Niedergang des Feudaladels im 15. Jahrhundert erfüllte sich auch das Schicksal der Burg. Sie war den neuen Pulverwaffen nicht mehr gewachsen und vermochte überdies die gehobenen Wohnansprüche nicht mehr zu befriedigen. Zwar wurden viele Burgen den gewandelten Verhältnissen angepaßt, nämlich wehrtechnisch verstärkt oder schloßartig erweitert; aber die Zukunft gehörte nun einerseits der rein militärischen Anlage, der Festung, und andererseits, im Wohnbereich, dem Schloß.

Träger der Schloßbaukunst waren jetzt vor allem die Landesherren. Für ihre Residenzen suchten sie nicht mehr ein verteidigungstechnisch günstiges Gelände, sondern meist einen leichter zugänglichen Platz, oft in oder nahe bei einer Stadt. Überdies brauchten sie für ihre aufwendiger werdenden Hofhaltungen und ihr auf Repräsentation zielendes Wohnbedürfnis eine weitläufige, baukünstlerisch gesteigerte Schloßanlage.

Bis ins 17. Jahrhundert hinein blieben beim Schloßbau der deutschen Renaissance allerdings die alten Gestaltungsprinzipien des mittelalterlichen Burgenbaus mit im Spiel. Augenfälligstes Zeugnis dafür ist das Wasserschloß, das sich als Nachfolger der Wasserburg allenthalben großer Beliebtheit erfreute. Meist handelt es sich um einen regelmäßigen, vierflügeligen Baukomplex, der sich um einen großen Innenhof gruppiert und an den Außenecken mit kräftigen Türmen besetzt ist. Mit Wassergraben, Brücke, Toranlage und Turmbauten hat er sich so manches vom Formenvorrat der Burg bewahrt, überdies mit seinen kaum durchfensterten unteren Geschossen und dem meist kompakt wirkenden Gesamteindruck auch vieles von ihrem wehrhaften Ernst.

Gegen den Hof hin leben ebenfalls bauliche Erinnerungen an die Burg fort, etwa in den außen gelegenen, nun zu Laubengängen oder balkonartigen Umgängen ausgestalteten Verbindungswegen und in den freigestellten Treppentürmen. Säulen, Pilaster und Gesimse, Schmuckwerkrahmen an Portalen, Bogengänge und Balustraden, manchmal auch buntfarbige Wandmalereien spiegeln das weltoffene, der Kunst zugewandte Lebensgefühl der Renaissance ebenso wider wie die reichen Ziergiebel und die lebendigen Formen der Turmdächer.

Das Barockschloß

Spiegelbild des absolutistischen Herrschertums

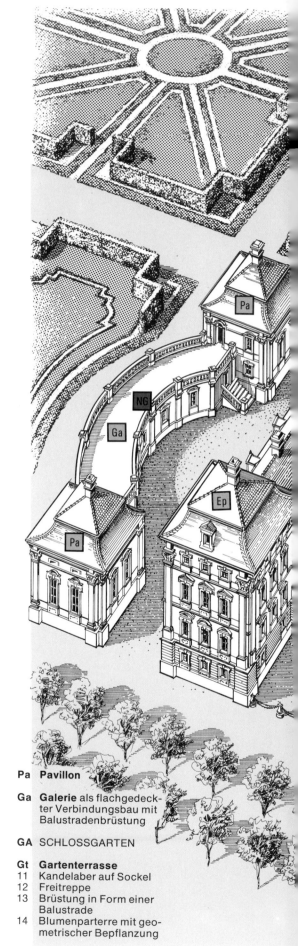

Der deutsche Schloßbau erlebte nach dem 30jährigen Krieg einen starken Aufschwung, der im 18. Jahrhundert in eine Bauleidenschaft ohnegleichen mündete. Sie wurde von zahllosen kleinen und großen, weltlichen und geistlichen Machthabern getragen, die glaubten, im Besitz eines allmächtigen und unfehlbaren Herrschertums zu sein.

Zu Brennpunkten des absolutistisch übersteigerten Ich-Empfindens wurden in diesem Zeitalter die Schloßbauten. Als Symbole fürstlicher Herrlichkeit und im Hinblick darauf, daß sie neben der Herrschaft auch einem Heer von Höflingen Raum zu bieten hatten, nahmen sie oft gewaltige Dimensionen an und wurden mit dem ganzen Prunk barocker Kunst ausgestattet.

Das fürstliche Residenzschloß wurde – am Rande der Hauptstadt oder als Kristallisationspunkt eines zur Residenzstadt erhobenen oder neu gegründeten Ortes – meist als Dreiflügelanlage errichtet. Diese Form hatte sich, zuerst in Frankreich, aus dem Vierflügelschloß entwickelt. Man ließ den Torbauflügel fort und wandelte so die drei verbleibenden Flügel in den hufeisenförmigen Rahmen eines zur Straßenseite frei sich öffnenden Hofraumes. Mit diesem Ehrenhof gewann man einen Ort für die Auffahrt der höfischen Gesellschaft oder die Paraden der Garde. Vor allem aber wurden nun die Bauteile des Schlosses selbst vereinheitlicht und auf ein Zentrum, den Portalbau, ausgerichtet.

Wo sich beim vierflügeligen Renaissanceschloß verhältnismäßig eigenständige Baukörper zu einem letztlich nie klar auszurichtenden Ganzen summierten, konnte die Dreiflügelanlage des Barocks eine eindeutig gerichtete, einheitliche Ar-

chitektur präsentieren. Ihre herausgehobenen Eckbauten (Pavillons) beispielsweise wirken nicht als selbständige Turmkörper, sondern als Akzente in einer baulichen Gesamtheit. Und der Mittelpavillon, der auf der richtungweisenden Längsachse des Ehrenhofes steht, zieht durch seine zentrale Stellung den Blick des Betrachters auf sich.

Im übrigen ging man auf eine festlich gesteigerte Durchbildung des Baukörpers aus. Die Wände etwa geben den betonten Mauercharakter preis und lassen großflächige Fenster mit reicher Rahmung paradieren. Vorspringende Pavillonbauten und die Betonung einzelner Wandfelder durch Pilaster oder Säulen schaffen dabei eine Lebendigkeit, die bis in den Dachbereich hinaufgreift.

Zum Kernbau des Barockschlosses gesellen sich zahlreiche Nebengebäude (Communs), die Teil der Gesamtkomposition sind, jedoch bescheiden zurücktreten. Sie dienen der Dienerschaft und dem Gesinde als Unterkunft, nehmen die Küche und andere Wirtschaftsräume auf oder finden als Stallung, Remise, Wachtstube und dergleichen Verwendung.

Trotz aller Großartigkeit reichten die Schloßbauten allein den hochfliegenden Ansprüchen der Barockfürsten nicht aus; auch die umgebende Natur wurde ihnen zugeschlagen. Wo das Renaissanceschloß sich noch mit einem kleinen Garten begnügte, da wurden nun Gelände, Baum und Strauch im französischen Garten in kunstvoll-künstliche Formen gezwungen, durch Kanäle, Alleen und Wege geometrisch organisiert und durch Wasserspiele, gezirkelte Blumenparterre, Statuen und anderes bereichert – eine Fortsetzung der gebauten Architektur mit anderen Mitteln.

HF HAUPTFLÜGELBAU

Mp **Mittel- oder Zentral-
pavillon**
1 Portalfassade, durch vorgestellte, über zwei Geschosse hinweggreifende Säulen und Pilaster gegliedert (Kolossalordnung) und mit abschließendem Giebel
2 Durch Pilasterrahmung risalitartig betonte Fensterachse
3 Mansardendach

SF SEITENFLÜGELBAU

Ep **Eckpavillon**
4 Sockelgeschoß mit gequaderter Schaufläche
5 Eckgliederung mit Kolossalpilastern
6 Fenster mit Sprossenverglasung, reich profilierter Rahmung und Dreieck- oder Segmentbogengiebeln
7 Halbgeschoß (Mezzanin)
8 Kaminkopf mit reicher Gesimsausbildung

EH EHRENHOF (Cour d'honneur)
9 Kettensteine mit schweren Gliederketten als Hofbegrenzung
10 Reich ausgestaltete Pfeilersockel (Piedestal) mit Figuren zur Betonung des Hofeingangs

NG NEBENGEBÄUDE (Communs) mit Küche und Wirtschaftsräumen sowie Diener- und Gesindeunterkünften

Pa **Pavillon**

Ga **Galerie** als flachgedeckter Verbindungsbau mit Balustradenbrüstung

GA SCHLOSSGARTEN

Gt **Gartenterrasse**
11 Kandelaber auf Sockel
12 Freitreppe
13 Brüstung in Form einer Balustrade
14 Blumenparterre mit geometrischer Bepflanzung

Die Prunkräume

Kulissen barocker Daseinsgestaltung

Weit mehr noch als an seinem Äußeren – wo selbst die erfindungsreichste architektonische Gliederung die Kompaktheit einer Wand nie völlig zu überspielen vermochte – zeigt das Barockschloß in seinen Innenräumen die beinahe unbegrenzten phantastischen Möglichkeiten, die der barocke Kunstsinn zu erträumen fähig war. Hier fanden sich baumeisterlicher Einfallsreichtum und die illusionären Künste der Malerei und Plastik zu einem großartigen Zusammenspiel.

Mit verschwenderischem Aufwand an marmorglänzenden Säulen, Gesimsen, Bogen und Balustern, an gleißendem Gold und Silber, an stuckierten Girlanden und Putten, an glitzernden Lüstern, rauschenden Draperien und lichtbrechenden Spiegeln, überdies mit Hilfe von farbenprächtig und bewegungsreich auf Wände und Decken gemalten allegorischen oder historischen Gestalten, entstanden Raumphantasien von traumhafter Überwirklichkeit.

Das alles zielte auf die Verzauberung der Sinne und galt letztlich der pomphaft-festlich gesteigerten Selbstverwirklichung des Menschen, wie sie von absolutistischen Herrschern beispielhaft vorgelebt und von den strengen Regeln des höfischen Zeremoniells praktisch bis hin zur einzelnen Körperbewegung vorgeschrieben wurde. Umfangen von der überwältigenden Pracht der Schloßräume, lebten die barocken Fürsten und ihre Höflinge einem kunstvoll erhöhten Ich, das theatralisch wirkte, aber Würde

meinte, und das man mit allen Mitteln zu verwirklichen suchte.

Zentren für dieses Dasein und Höhepunkte der künstlerischen Prachtentfaltung waren neben den fürstlichen Schlafgemächern, denen im Hofleben eine hervorragende Bedeutung zuwuchs, die großen Fest- und Thronsäle. Allerdings wurden sie manchmal noch übertroffen von den Treppenhäusern, die den besonderen Ehrgeiz der Baumeister weckten. Denn bei ihnen ging es darum, nicht nur die Flächen von Wand und Decke, sondern auch den Raum selbst, der sich über zwei und mehr Geschosse erstreckte, künstlerisch zu bewältigen. Dies geschah durch Treppen, die meist einen gewinkelten Weg nehmen und in zwei gegenläufigen, zunächst auseinanderstrebenden und nach mehrfacher Wendung dann wieder zusammenfindenden Aufgängen nach oben streben.

Eine solche Treppenführung kam auch dem Wunsch entgegen, den festlichen Aufzug des Hofstaates zu einem durch den ganzen Raum wogenden, glanzvollen Spektakel zu gestalten. Dafür stelle man sich das Treppenhaus mit all seiner Marmorpracht, mit den vielfältigen Durchblicken in den oberen Umgängen und mit dem figurenreichen, das schließende Gewölbe zu unendlicher Weite auflösenden Deckengemälde im flackernden Schein der Kerzen vor, belebt durch den Hofstaat, der in farbenfroher Festgewandung feierlich zum Thronsaal hinaufschritt: großartig gelebtes Theater.

F	**EINGANGSFASSADE**	10	Plastische First- und Eckzier (Akroterien)
Sg	**Sockelgeschoß**		
1	Haupteingang (Portal)	**T**	**TREPPENHAUS**
2	Quaderung mit versenkten Fugen (französische Rustika)	**Tr**	**Prachttreppe** mit zwei gegenläufig aufsteigenden Stufenreihen
3	Umlaufendes, geschoßtrennendes Gurtgesims	11	Treppengeländer in Balustradenform
Hg	**Hauptgeschoßzone**	**Vg**	**Vestibül** vor dem Gartensaal (G)
4	Kolossalpilaster		
5	Kapitell	**Vp**	**Vestibül** vor dem Prunksaal (P)
6	Gebälk		
7	Zwillingssäulen unter gemeinsamem Gebälk	**Us**	**Umgang** in Form einer Säulengalerie
8	Abschließendes Kranzgesims mit Verkröpfungen	12	Zwillingssäulen
		13	Balustrade
Gz	**Giebelzone**	14	Figurennische
9	Giebelfeld (Tympanon) mit plastischem Schmuck		

Up	**Umgang** in Form einer pfeilergetragenen Bogengalerie
15	Pfeiler mit Hermen als Gebälkträger
16	Balustrade
17	Decke in Form eines Spiegelgewölbes, meist mit Deckengemälde
G	**GARTENSAAL**
18	Türnische mit reich verzierten Gewänden und Fenstertür
19	Pilaster
P	**PRUNKSAAL**
20	Wandsäule über hohem Sockel (Piedestal)
21	Fensternische mit reich verziertem Gewände
22	Ovales Oberlicht

Burg und Schloß im Wandel der Geschichte

Die Burg des Mittelalters (etwa 10.–15. Jahrhundert) ist in Deutschland oder irgendwo sonst in Europa nicht etwa aus einem völligen Nichts heraus entstanden. Zwar stellt sie ein Architekturgebilde eigener Art dar und spiegelt als solches den Geist und die Lebensform ihrer Zeit wider; daneben bleibt sie jedoch eingebunden in eine Tradition, die weit in die Geschichte zurückreicht. So repräsentiert sie nur eine unter vielen baulichen Möglichkeiten, die der Mensch im Laufe der Geschichte zur Befriedigung seiner elementaren Bedürfnisse „Schutz" und „Repräsentation" verwirklichte.

Seit der Mensch in der Jungsteinzeit (in Mitteleuropa etwa ab 4000 v. Chr.) sein bis dahin nomadisierendes Jäger- und Sammlerdasein gegen die Seßhaftigkeit des Viehzucht und Ackerbau treibenden Bauern eintauschte, seit er in sozial gegliederten Dorf-, Stammes- und Volksgemeinschaften lebte – seitdem strebte er danach, Leben, Hab und Gut des einzelnen wie der Gemeinschaft gegen fremden Zugriff wirksam zu schützen. Gleichzeitig trachteten vor allem die in der gesellschaftlichen Hierarchie oben stehenden, Recht und Ordnung verkörpernden und verwaltenden Führer, Fürsten und Könige danach, den ihnen zugewachsenen Vorrang, Machtanspruch und gehobenen Besitzstand nach außen hin augenfällig zu machen. Ein Mittel zur Befriedigung dieser Schutz- und Repräsentationsbedürfnisse stellten entsprechend gestaltete Bauwerke dar.

Die Ergebnisse solchen Bemühens sahen zu verschiedenen Zeiten immer wieder anders aus – sei es dank stetig vergrößertem handwerklichem Geschick und verbesserter technischer Erfahrung, sei es aufgrund neuer politischer und gesellschaftlicher Strukturen oder Veränderungen des Geschmacks oder der Bewaffnung. Die mittelalterliche Burg und das nachfolgende Schloß waren späte Glieder in einer langen Reihe von Wehr- und Schutzanlagen und herrschaftlichen Repräsentationsbauten.

Fürstensitze und Fluchtburgen

Belege dafür sind einmal die kümmerlichen Überbleibsel früher, untergegangener Anlagen und Bauwerke, denen die Archäologie vielerlei Aussagen über ihre Gestalt, Funktion und anderes abgewinnt; des weiteren gibt es auch schriftliche Zeugnisse, die freilich erst verhältnismäßig spät und spärlich auftreten. So viel aber wird deutlich, daß es zwischen dem Schloß der neueren Zeit und den zum Teil großartigen Repräsentationsbauten der Vor- und Frühzeit – zum Beispiel den hallstattzeitlichen Fürstensitzen, den germanischen Königshallen der Völkerwanderungszeit oder den palastartig reichen Pfalzen der karolingischen Herrscher – keine unmittelbaren baulich-formalen Zusammenhänge gibt. Hier hat die mittelalterliche Burg eine Mittlerrolle übernommen.

Burgen gab es schon in der Jungsteinzeit. Damals waren sie weitläufige Anlagen, die man an einem von Natur aus begünstigten Ort errichtete, etwa auf einem hochliegenden Bergplateau oder einem von Sumpf oder Wasser möglichst weitgehend umgebenen Gelände. Dazu kamen dann noch künstliche Gräben, Erd- oder Steinwälle und auch Palisaden, so daß die Menschen nach allen Seiten geschützt waren. Auf diese Weise entstand ein Wehrbautypus, der bis weit ins 1. Jahrtausend n. Chr. in fast gleichbleibender Form beibehalten wurde. Da aber solche Anlagen „Fluchtburgen" waren, Zufluchtsstätten, die man nur im Notfall aufsuchte, konnten sie der Burg des Mittelalters nur teilweise, etwa hinsichtlich der Standortwahl oder im Hinblick auf das Graben- und Wallsystem, als unmittelbares Vorbild dienen. Denn die Besonderheit der Burg bestand darin, daß sie den Wehrbau mit den Erfordernissen der dauernden Bewohnbarkeit und auch der Repräsentation zu einer Einheit verband.

Zur klassischen Ausformung eines derartigen Vielzweckbaues (vergleiche dazu Seite 260/61) kam es freilich nur langsam; sie wurde nach Ansätzen im späteren 10. Jahrhundert erst von den Burgen des 12. und vor allem des 13. Jahrhunderts erreicht. Dabei war sie überhaupt nur unter ganz bestimmten Voraussetzungen möglich: Einerseits hing die Burg von der Steinbauweise ab, die sich in Deutschland mit seiner uralten und hochentwickelten Holzbautradition, ungeachtet des großartigen Zwischenspiels der römischen Stadt- und Festungsbaukunst im 1.–4. Jahrhundert n. Chr., erst seit Karl dem Großen allmählich durchsetzte. Zum anderen aber mußte sich erst der ritterliche Feudaladel herausbilden, der dann zum Träger des Burgenbaus und zur prägenden Kraft des hohen Mittelalters wurde.

Gefolgschaftstreue und Rittertum

Seit der karolingischen Zeit bildete sich in den politisch und gesellschaftlich führenden Schichten des Adels auf der Basis des germanischen Prinzips der Gefolgschaftstreue zwischen den Führern und den von ihnen abhängigen Gefolgsleuten ein immer engeres Gegenseitigkeitsverhältnis heraus. Durch Treueid und Vertrag verpflichteten sich die Gefolgsleute, ihren Herren zu dienen, ihnen insbesondere Kriegsdienste zu leisten. Dafür hatten die Herren sicherzustellen, daß ihre Vasallen Schutz, Nahrung und Bekleidung erhielten. Häufig geschah dies, indem den Abhängigen Land- und

Hausbesitz überlassen wurde, und zwar meist nur leihweise, in Form eines Lehens. Dieses Treueverhältnis, das den Herrn wie den Gefolgsmann bis zum Tode band und vom König über die Herzöge und Grafen bis zu den niederen Rängen der freien Edelinge reichte, war von ordnender und gesellschaftsbildender Kraft – vor allem seit sich ihm die Idee des Rittertums als eines den Adelsstand insgesamt umfassenden Ideals zugesellte.

Dies geschah erkennbar erst im 12. Jahrhundert, als das Wort Ritter, das bisher einfach einen bewaffneten Reiter bezeichnete, im Gefolge des sich verfestigenden Standesbewußtseins der Adelsgesellschaft zu einer Art von geschütztem Qualitätsbegriff wurde. Es galt nun ausschließlich für den schwer gepanzerten Reiterkämpfer, der sich adeliger Herkunft, eines gewissen Besitzstandes und bestimmter Tugenden rühmen konnte und für würdig befunden worden war, in den Ritterstand erhoben zu werden.

Wehren und Wohnen: die Burg

Für den Burgenbau wurde allerdings weniger das Ritterwesen mit seinen bis in unsere Tage nachwirkenden hohen Idealen als vielmehr die feudalistische Ordnung – nach dem mittellateinischen Wort *feodum* (Lehen) – des landbesitzenden Adels bedeutsam. Wohl verlieh die ritterliche Gesinnung vor allem des begüterten Hochadels der Burg über die Zweckhaftigkeit eines reinen Wohn- und Wehrbaus hinaus immer wieder auch eine gewisse repräsentative Großartigkeit. Aber sein eigentliches Gewicht gewann der Burgenbau doch dadurch, daß er für die Herrscher und Landesherren zum Instrument wurde, ihr Besitztum nicht nur zu wahren, sondern es möglichst auch zu mehren.

Die mittelalterliche Territorial- und Machtpolitik bietet Beispiele von Herrschern, die mit der Gründung Dutzender von Burgen und ganzer Burgensysteme solche Ziele verfolgten und erreichten. Dies geschah in zeitlicher Nachbarschaft mit den zahlreichen Stadtgründungen, mittels deren Landesherren zwischen dem 11. und dem frühen 14. Jahrhundert eine andere Art von Machtzentren und Einkunftsquellen zu gewinnen suchten. Dabei ahnten sie nicht, daß sie

damit und mit dem rasch volkreicher, selbstbewußter und eigenständiger werdenden Bürgertum eine Voraussetzung für den Niedergang des ritterlichen Feudaladels und auch der Burg im ausgehenden 14. und im 15. Jahrhundert schufen.

Zu dieser Entwicklung trugen freilich auch noch andere Umstände bei. So vor allem die Einführung der Feuerwaffen und der vorwiegend zu Fuß kämpfenden Söldnertruppen. Wie die schwerfälligen gepanzerten Ritter den Söldnern nicht gewachsen waren, so hielt die Burg der mauerbrechenden Wirkung pulvergetriebener Geschosse nicht stand. Kurzum, mit dem 15. Jahrhundert ging die hohe Zeit der mittelalterlichen Burg und der in ihr verkörperten idealen Verbindung von Wehren, Wohnen und Repräsentieren zu Ende. Doch erfüllten diese Bauten, sofern man sie nicht angesichts der hohen Unterhaltungskosten einfach aufgab und dem Verfall überließ, noch lange irgendwelche Zwecke – beispielsweise als Verwaltungssitz oder als zusätzlich verstärkte und mit einer Söldnerbesatzung ausgestattete Festung. Oder aber sie gaben ihren Wehrcharakter preis und wandelten sich durch entsprechende Um- und Erweiterungsbauten zum Typ des Schlosses hin. Diese neue Architekturform war der Adelsgesellschaft jetzt gemäß und trat die Nachfolge der Burg an.

Immer größer, immer kunstvoller: das Schloß

Der Schloßbau, der in Deutschland recht eigentlich mit der Renaissance und dem 16. Jahrhundert einsetzte, erreichte in der Barockzeit, also im späteren 17. und besonders im 18. Jahrhundert, seinen Höhepunkt. Er wurde angetrieben von dem Willen der Bauherren, immer größer, schöner und kunstvoller zu bauen (vergleiche dazu die Bilder und Texte Seite 264–67). Dieses Streben war beinahe uneingeschränkt erfüllbar geworden, weil man nun nicht mehr neben den Wohn- und Repräsentationsbedürfnissen auch noch dem Schutzgedanken genügen mußte. So konnte man sich jetzt bis hin zur Wahl des Standortes mit einer vordem unbekannten Freiheit bewegen.

Außerdem bot sich das Schloß weit mehr als die Burg dazu an, die gestalteri-

schen Möglichkeiten von Architektur, Malerei und plastischer Darstellung voll auszuschöpfen und zu einem Miteinander zu bringen, wie es in ähnlicher Großartigkeit zuvor allenfalls in der kirchlichen Baukunst des Mittelalters und in den spätmittelalterlichen Repräsentationsbauten der mächtigen Städte zu finden war. Die Künste durften sich nun ausleben in weitläufigen, ganz auf Sinnenlust und Daseinsfreude ausgerichteten Werken.

Förderlich war für alles dies, daß mit der Intensivierung des Handels, insbesondere des Fernhandels, seit dem 15. und 16. Jahrhundert der Blick der Menschen mehr und mehr über die engeren Grenzen hinausging. So wurden die eigenen Gestaltungsmöglichkeiten spürbar stärker als im Mittelalter durch Anleihen etwa bei der italienischen, französischen und auch der niederländischen Baukunst bereichert.

Der Kreis derer aber, die den Schloßbau trugen und förderten, engte sich gegenüber dem Mittelalter ein und rekrutierte sich nun im wesentlichen nur noch aus dem Hochadel. Dieser brachte die Bauherren hervor, weltliche wie geistliche Fürsten und Landesherren, die sich den zunehmend ausufernden Luxus der Schlösser leisteten – was vielfach nur durch eine gnadenlose Ausbeutung ihrer Untertanen möglich war. Der mindere Adel jedoch, der im Mittelalter den Burgenbau großenteils noch mitgetragen hatte, zog häufig an die Höfe der Potentaten und wurde dort zum Hofadel. Dies wiederum war einer der Gründe, aus denen die Schloßbauten immer größere Dimensionen annahmen.

Das Ende des Absolutismus

Die Maßlosigkeit und schrankenlose Prunksucht, mit der schließlich die Fürsten der Barockzeit ihrer Bauleidenschaft frönten, um so ihr für gottähnlich gehaltenes absolutes Herrschertum zu verherrlichen, und die Menschenverachtung, mit der sie die erforderlichen Gelder und Dienste aus ihren Untertanen herauspreßten, führten seit dem späteren 18. Jahrhundert dazu, daß der Absolutismus – der durch die Gedanken der Aufklärung und die eigene innere Morbidität bereits angeschlagen war – beseitigt wurde. Damit ging auch die große Zeit des Schloßbaus zu Ende.

Waffentechnik im Mittelalter

Im europäischen Mittelalter verwendete man großenteils Waffen, die schon in der Antike benutzt worden waren; doch entwickelte man sie auch weiter und schuf darüber hinaus neue Kampfmittel.

Schutzwaffen

Seit der Bronzezeit zählten zu den Schutzwaffen: Helm, Panzer und Schild.

Die Entwicklung der Helmformen im Mittelalter führt von den an antiken Vorbildern orientierten Hirnhauben mit Nasen- und Nackenschutz über die schweren Topf- und Kübelhelme, die wegen ihres erheblichen Gewichtes oft auf den Schultern befestigt werden mußten, bis zum Visierhelm des Plattenharnischs, der im 15. und 16. Jahrhundert immer stärker in Gebrauch kam.

Zum Schutz des Körpers bevorzugte man im frühen und hohen Mittelalter vornehmlich die Brünne, einen tunikaähnlichen Schuppenpanzer aus Eisen- oder Kupferplättchen, die man auf einen Lederkoller nähte, oder den Haubert, ein Kettenhemd aus unzähligen kleinen, miteinander verflochtenen und zusammengenieteten Eisenringen, zu dem eine ebensolche Kapuze gehörte. In der Folgezeit trat immer stärker die volle Platte in den Vordergrund. Sie wurde als Verstärkung der Brust- und Rückenpartie auf den Kettenpanzer geschnürt oder genietet. Im 15. Jahrhundert war man dann mehr und mehr bestrebt, den Körper möglichst vollständig zu panzern. So entstand der Harnisch, den man aus Stahlplatten zusammensetzte. Diese waren durch Lederriemen beweglich miteinander verbunden. Die Gliedmaßen wurden durch röhrenförmige Stahlbleche geschützt, die in Höhe der Gelenke Scharniere hatten.

Kam solchen Panzerungen eine eher passive Schutzfunktion zu, so spielte der Schild dagegen durchweg eine aktive Rolle. Er wurde mit dem Arm beweglich geführt und hatte Geschosse aller Art sowie im Nahkampf Hiebe und Stiche abzuhalten. Erst wenn der Schild ausfiel, zerschlagen oder im Kampf ausmanövriert, mußten Helm und Körperpanzer ihren Wert beweisen.

Die Form des mittelalterlichen, aus Holz, Leder und Eisenbeschlägen bestehenden Schildes war stark vom normannischen, mannshohen, oben gerundeten und am unteren Ende in eine Spitze auslaufenden Kampfschild beeinflußt. Im 12. Jahrhundert nahm der Schild eine echte Dreieckform an. Für den Gebrauch zu Pferd verkürzte man ihn im 13. Jahrhundert so weit, daß er nur noch den Oberkörper deckte. Mit Wappen oder Wappenfarben bemalt, hatte er für das Rittertum, ebenso wie das Schwert, einen hohen Symbolwert.

Trutzwaffen

Die Angriffswaffen des Mittelalters, seien es Schwert, Dolch, Spieß, Lanze, Keule und Streitaxt, seien es Bogen und Armbrust, waren bereits in der Zeit der frühen Hochkulturen vorhanden. Bis zur Entwicklung der ersten Feuerwaffen änderte sich bei ihnen im Grunde kaum etwas; gewisse Unterschiede und Fortentwicklungen waren lediglich Modifikationen bereits bestehender Grundmuster. Zur Zeit der Kreuzzüge bildete sich als Standardtyp das gerade, zweischneidige, zu Hieb wie Stich gleichermaßen geeignete Schwert mit gerader Parierstange heraus. Im Spätmittelalter kam als Sonderform für den Kampf zu Fuß das fast übergroße, nur beidhändig zu führende Langschwert auf.

Von der wohl ursprünglichsten Waffe, der Keule, leiteten sich im Mittelalter drei Formen ab: Streithammer, Morgenstern und Streitkolben. Der Streithammer bestand aus

Halber Feldharnisch (1510), im Bayerischen Nationalmuseum, München.

einem hölzernen Schaft mit einem quer dazu angebrachten kantigen Eisenpickel am oberen Ende. Beim Morgenstern war eine – oftmals in viele Spitzen ausgeschmiedete – Eisenkugel durch eine Kette mit einem unterarmlangen Stock verbunden. Diese Konstruktion erhöhte die Wucht eines Schlages mit der Waffe erheblich. Der meist gänzlich aus Eisen gefertigte Streitkolben trug an der Spitze seines Schaftes einen Kranz aus mehreren in der Längsrichtung kantigen und gezackten Klingen, die aber keine eigentliche Schneide aufwiesen. Aus ihm entwickelte sich der Marschallstab als Symbol der militärischen Kommandogewalt. Die Streitaxt wurde, wie schon in der Antike, vielfältig ausgeformt und diente auch als Wurfwaffe.

Bei den Stangenwaffen kam es zu zwei bedeutsamen Neuentwicklungen: der langen Stoßlanze des Ritters und der Halmbarte (oft fälschlich als Hellebarde bezeichnet), die im Spätmittelalter mit Erfolg gegen schwergewappnete Ritterheere eingesetzt wurde.

Voraussetzung für die wirkungsvolle Handhabung der Lanze vom Pferd aus waren der Steigbügel und der Sattel gewesen. Beide kamen zwischen dem 4. und 7. nachchristlichen Jahrhundert auf und gaben dem Reiter auf dem Pferderücken so viel Halt, daß der Stoß mit eingelegter Lanze vom galoppierenden und zum Teil ebenfalls gepanzerten

Kampf um eine Burg. Aus der „Weltchronik" des Rudolph von Ems (13. Jh.)

Streitroß aus eine große Wucht erhielt — addierten sich dabei doch das Tempo des Ritts, die Gewichte von Pferd, Reiter und Rüstung sowie die Kraft, mit der die Lanze geführt wurde. Deren Länge und Gestalt variierten im Laufe der Zeit, ferner auch in bezug auf den jeweiligen Verwendungszweck, so etwa im Hinblick darauf, ob die Lanze zum Gefecht oder im Turnier gebraucht wurde. Im Durchschnitt betrug ihre Länge von der als Kanteisen oder Blatt ausgebildeten Spitze über die runde Brechscheibe zum Schutz der Hand bis zum eisengefaßten Schaftende etwa vier Meter. Gegen Ende des 14. Jahrhunderts montierte man an die Brustplatte des Harnischs einen Rüsthaken, auf den der Schaft aufgelegt wurde, um das Gewicht der Lanze zu verringern.

Unter den äußerst vielfältig geformten Stangenwaffen, die im Mittelalter entwickelt wurden, nahm die Halmbarte eine Sonderstellung ein. (Ihr Name leitet sich vom Mittelhochdeutschen „halm" [Stiel] und „barte" [Beil] ab.) Die zum Stoß dienende Spitze des Spießes ist hier mit der Klinge der Streitaxt und einem scharfkantigen Haken vereinigt. Zu Stich wie Hieb, zum Parieren wie auch zum Versuch, einen Reiter mit dem Haken aus dem Sattel zu reißen, wurde die Halmbarte beidhändig geführt. In ihr erwuchs dem Fußvolk eine sehr wirkungsvolle Waffe gegen den ansonsten schon durch seine Ausrüstung weit überlegenen Ritter. In der Schweiz und in Süddeutschland tauchte sie zu Beginn des 14. Jahrhunderts erstmals und gleich mit durchschlagendem Erfolg auf.

Fernwaffen

Sowohl der Bogen als auch die Armbrust des Mittelalters gingen auf antike Vorbilder zurück; im Vergleich zu ihren Vorgängern waren sie aber erheblich leistungsfähiger. Während in England der Langbogen seine herausragende Bedeutung bis ins 15. Jahrhundert behaupten konnte, setzte sich in Mitteleuropa bereits seit dem 10. Jahrhundert die Armbrust durch. Sie war eine relativ leicht und ohne große Anstrengung zu bedienende Waffe, mit der man auf 60–100 Meter eine hohe Trefferquote erzielen konnte. Da die Sehne mit Hilfe einer Winde gespannt wurde, hatte die Armbrust eine ziemlich geringe Feuergeschwindigkeit von nur 1–2 Bolzen pro Minute. Das wurde aber durch die ermüdungsfreie Handhabung dieser Waffe ausgeglichen. Den Bogenteil fertigte man zunächst aus Holz oder aus Hornplatten, die mit Tiersehnen verleimt wurden.

Seit Ende des 14. Jahrhunderts stattete man die auch als Jagdwaffe sehr gefragte Armbrust mit einem Stahlbogen aus. Bis ins 17. Jahrhundert blieb sie sämtlichen bekann-

ten Handfeuerwaffen überlegen. Größer dimensioniert, diente sie als Stand- oder Karrenarmbrust Angreifern wie Verteidigern beim Kampf um feste Plätze.

Belagerungsgerät und Geschütze

Nahezu alle Formen des sogenannten Antwerks, das zur mittelalterlichen Belagerungstechnik zählte, stellten keinen wesentlichen Fortschritt gegenüber den schon im Altertum gebräuchlichen Modellen dar. Es handelte sich dabei um meist schon jahrtausendalte Kampfmittel wie Sturmleiter, Belagerungsturm und Rammbock. Der fahrbare Turm aus Holz, in mehreren Stockwerken bis zur Höhe der angegriffenen Mauer errichtet, ermöglichte eine weitgehend gedeckte Annäherung und dann den Sturm über eine Art Enterbrücke auf die Mauerkrone. Der Rammbock bestand aus einem Baumstamm mit eiserner Spitze, der in einem mit Schutzdach versehenen Gerüst an Tauen in Längsrichtung pendelnd aufgehängt war. Mit ihm erschütterte man das Mauerwerk.

Für eine Beschießung verwendete man das schon aus der Antike bekannte Torsionskatapult. Bei diesem Gerät steckte das untere Ende eines langen Wurfarms in einem gegenläufig gedrehten Strang aus Sehnen, Haaren und Tauwerk. Gegen diese Spannung wurde er zurückgezogen, schnellte dann vor und konnte dabei Steinbrocken oder Brandsätze je nach Gewicht bis zu 200 Meter weit werfen. Vielfältiges weiteres Wurfzeug beruhte auf dem Armbrustprinzip oder auf der Federkraft des Materials selbst.

Eine Neuentwicklung war die Blide, ein Wurfgeschütz, das einen hoch und beweglich

gelagerten, zweiarmigen Hebel besaß. Die Konstruktion nutzte die Erdanziehung: Nach der Auslösung sank ein großes Gewicht, das am kürzeren Hebel befestigt war, schnell nach unten und erteilte so dem Wurfgeschoß, das in einer Schleuderschlinge am Ende des längeren Hebelarms gehalten wurde, eine hohe Beschleunigung. Große Bliden schossen drei Zentner schwere Steine bis zu 500 Meter weit.

Im allgemeinen war allerdings der Vorteil auf seiten der Befestigungen. So fiel auch die Mehrzahl der im Mittelalter belagerten Burgen eher aus Mangel an Wasser und Proviant oder auf Grund von Verrat oder Seuchen als durch Waffeneinwirkung.

Eine revolutionierende Neuerung im Kriegswesen stellte die im 14. Jahrhundert aufkommende Steinbüchse dar. Ob sie nun als Handfeuerwaffe oder als Geschütz eingesetzt wurde – ihr Aufbau und ihre Wirkungsweise waren gleich. Die zunächst aus Eisen geschmiedete und bald auch aus Bronze gegossene Büchse bestand aus der dickwandigen Pulverkammer und einem daran angesetzten Rohrteil, Flug genannt. In diesem wurde die Steinkugel mit Holzstückchen festgelegt. Die Zwischenräume zur Wandung verstopfte man mit Werg und Lehm. Die Explosion des Pulvers, das man dann in der Pulverkammer entzündete, trieb die Kugel fort. Mit Hilfe der Steinbüchse war es erstmals möglich, ein Geschoß mit großer Wucht sehr direkt gegen eine Befestigung zu lenken. Schon die ersten Einsätze großkalibriger Büchsen hatten buchstäblich durchschlagende Wirkung; so wurde die neue Waffe rasch fortentwickelt. Infolgedessen wandelte sich die mittelalterliche Burg und Stadtbefestigung zur neuzeitlichen Festung.

Große Blide. Aus „Bellifortis" von Kyeser (1405).

273

Was ist was bei Burg und Schloß?

Fachwörter – kurz erklärt

Abschnittsburg Burganlage, die in mehrere, durch Gräben (Abschnittsgräben) voneinander getrennte Bereiche aufgegliedert ist. Jeder Bereich ist durch Wehrbauten befestigt und konnte für sich verteidigt werden.

Abtritt (Abort) Dieser auch Heimlichkeit genannte Ort zum Verrichten der Notdurft ist in mittelalterlichen Burgen immer vorhanden – oft in größerer Zahl. In seiner einfachsten Form besteht er aus einer Öffnung im Fußboden. Von ihr geht entweder ein senkrechter Schacht aus, der in eine aus dem Fels herausgesprengte Sickergrube mündet, oder ein rutschenartiger Schacht, der durch das Mauerwerk schräg abwärts nach außen führt. Häufiger aber kommen Abtrittsnischen vor, die man in Mauerwerk von genügender Stärke als kleine Kammern aussparte, mit einer Tür versah und mit einer kistenartigen Bank ausstattete. Das Sitzholz dieser Bank besaß ein rundes Loch, das wiederum mit einer Grube oder einem schräg nach unten und außen geführten Abflußschacht in Verbindung stand. Die gängigste und hygienischste Form des Abtritts ist jedoch der Aborterker, mit einer – selten auch zweisitzigen – Lochbank, die vor die äußere Mauerfläche vorgezogen wurde und auf *Konsolen* ruhte. Er ist aus *Quadern* gemauert oder aus Steinplatten gefügt und ragt halbrund oder, häufiger, eckig wie ein Käfig aus der Mauer vor. Zum Zweck der Lüftung ist er oft mit kleinen Öffnungen in der Wand, manchmal auch im Dach versehen.

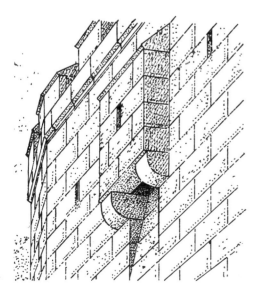

> Begriffe, die innerhalb eines Textes *kursiv* erscheinen, werden überdies unter einem eigenen Stichwort behandelt.

Abwurfdach Dach – zum Beispiel auf einem *Bergfried* oder *Palas* –, dessen Gebälk so konstruiert war, daß es sich im Falle einer Belagerung leicht abschlagen ließ, um die Brandgefahr zu verringern. Überdies gewann man dadurch geräumige Stellflächen für schweres Verteidigungsgerät und schuf den Verteidigern für den vorteilhaften Kampf von oben herab mehr Bewegungsfreiheit.

Altan (Söller) Balkonartiger Austritt an einem Obergeschoß. Er ruht auf *Konsolen* oder Stützen und hat gewöhnlich keine Überdachung.

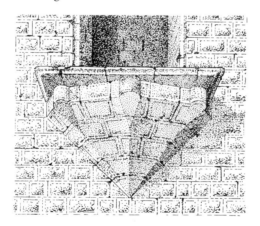

Angriffsseite Diejenige Seite einer Burg (auch Front oder Feldseite genannt), die wegen der dort vorhandenen Geländebedingungen außerhalb des umwehrten Bezirks für einen Angriff günstig war und deshalb besonders stark befestigt werden mußte.

Angstloch Kleine runde oder viereckige Öffnung in der Decke oder dem Gewölbe über dem *Verlies*. Sie konnte durch einen Gitterrost oder Bretterladen verschlossen werden.

Ansitz Nur schwach befestigter, kleinerer Wohnsitz, meist von Angehörigen des niederen Adels.

Apsis Halbrunder, selten auch polygonaler überwölbter Altarraum von Burg- oder Schloßkapellen. Bei Burgen wird die Apsis zuweilen erker- oder türmchenartig vor die angrenzende Mauerfläche vorgezogen.

Arkade Reihung von Bogen über Säulen oder Pfeilern. Sie teilt Räume oder bildet, in Verbindung mit einem offenen Gang hinter der Arkade, eine *Laube*.

Atlant Meist in Stein gehauene männliche Gestalt, die anstelle einer Säule als Träger eines Gesimses oder Gebälks dient. Sie ist kraftvoll gebildet und ganz oder halb nackt. Ihren Namen hat sie von dem mythischen Riesen Atlas, welcher der Sage nach den Himmel trug.

Attika Niedriger Aufbau oder Halbgeschoß über dem obersten Gesims (Kranzgesims) eines Gebäudes. Auch die verkürzte obere Zone einer sonst in höhere Felder aufgeteilten Wand wird so genannt.

Ausfallpforte (Poterne) Versteckter oder schwer zugänglicher Nebenausgang der Burg. Er diente den Burginsassen für einen Überraschungsangriff auf die Belagerer und im Notfall auch als Fluchtweg.

Auskragung Bauteile, die aus einer Wandfläche vorspringen (z. B. *Abtritt*erker der Burg), oder Stockwerke eines Gebäudes, die über das jeweils tiefer liegende Geschoß nach außen vortreten, kragen aus oder vor. Diese Bauweise ist beim mittelalterlichen *Fachwerk*bau häufig.

Auslucht Erkerartiger, ein- oder mehrstöckiger Vorbau, der unmittelbar vom Boden aus aufgeführt wurde.

Außenwerk Selbständige Wehranlage außerhalb des Kern- oder Hauptverteidigungswerks. Im Festungsbau auch Vorwerk (Bastion) genannt.

Baluster Bauchig geschwungenes, gedrungenes Säulchen, das, zu mehreren gereiht, unter einem Handlauf oder waagrechten Deckbalken als Balustrade Treppengeländer, Balkonbrüstungen oder Dachrandbekrönungen bildet.

Barbakane Brückenkopfartig vorgeschobener, meist sehr starker Verteidigungsbau der Burg. Er lag außerhalb des *Grabens* und bot der Brücke über den Graben sowie dem Burgtor zusätzlichen Schutz.

Bastion Vorwerk vor der Hauptmauer, auch Bollwerk genannt. Es diente zum flankierenden Schutz der Mauer sowie zum seitlichen Bestreichen der Grabenpartie und stand rundlich nach außen vor oder sprang in den Graben ein. Zunächst, seit der Mitte des 15. Jahrhunderts, bildete man ein solches Vorwerk aus Balken, Zweiggeflecht und Erde, um so die Wirkung von Pulvergeschützen zu mindern. Später, im reinen Festungsbau, gestaltete man die Bastion zu mächtigen, auch mehrgeschossigen Mauerbauten aus. Bei einer vieleckigen Anlage heißt sie auch Bastei, als halb- oder vollrunder Turm auch Rondell.

Batterieturm Meist mehrgeschossiger, bastionsartig vorgezogener Rundturm zur Aufnahme von Geschützen, auch Kanonenturm genannt. Er hat keine Überdachung. Sein Mauerwerk ist besonders stark und mit runden, ovalen oder querrechteckigen *Scharten,* sogenannten Maulscharten, versehen, die sich oft nach außen kräftig erweitern, so daß ein möglichst großes Schußfeld erreicht wird.

Bergfried (Berchfrit) Mehrgeschossiger, besonders massiv aufgemauerter und sehr hoher Einzelturm mit quadratischem, seltener kreisförmigem, fünf- oder achteckigem Grundriß. Als Hauptturm der Burg (des 12.–14. Jahrhunderts) steht er gewöhnlich auf deren *Angriffsseite.* Hier ist er in die *Ringmauer* eingebunden oder frei hinter ihr aufgestellt. Da er die anderen Baulichkeiten weit überragt, diente er als Auslug. Überdies stellte er mit seiner Wehrplatte ein hervorragendes Verteidigungswerk dar. Diese Platte bildet den oberen Beschluß und ist mit einer *Brustwehr* oder einer wehrgangartigen Schartenmauer umschlossen. Schließlich stellte der Bergfried die letzte, äußerst schwierig einzunehmende Zuflucht für die Burginsassen dar. Deshalb blieb sein Sockelgeschoß auch ohne unmittelbaren Zugang von außen; nur durch ein kleines Loch *(Angstloch)* in der Decke war es vom ersten Obergeschoß aus zugänglich. Der eigentliche

Turmeingang aber wurde immer in der Höhe angebracht: als schmaler Einstieg im ersten oder gar zweiten Obergeschoß, also oft fünf und mehr Meter über Grund. Er war nur über eine Leiter, eine schmale Außenstiege oder einen engen Holzsteg von Nachbargebäuden aus zu erreichen. So ließ der Eingang sich leicht verteidigen. Im Gegensatz zum Wohnturm *(Donjon)* war der Bergfried auch dann nicht als dauernder Aufenthalt vorgesehen, wenn eines seiner Geschosse mit einem Kamin, Schlafnischen in den Mauern und einem *Abtritt* ausgestattet war. Da seine Verteidigungsfähigkeit absoluten Vorrang hatte, verzichtete man bei ihm auf größere Fensteröffnungen und beließ es bei einigen schmalen Licht- und Lüftungsschlitzen.

Bering siehe **Ringmauer**

Biforium Fenster in Form einer Doppelarkade bei Bauten des Mittelalters. Es ist durch eine Säule geteilt.

Blocktreppe Älteste, technisch einfachste und in manchen Burgen noch vorhandene (oder nachgebildete) Form einer Holztreppe. Auf zwei in Treppenbreite auseinanderliegende, schräg aufwärtsführende Vierkantbalken sind hier als Tritte oder Stufen Dreikantstücke aufgenagelt. Man gewann sie, indem man einen Balken diagonal teilte.

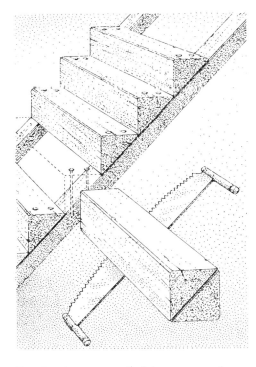

Bruchsteinmauerwerk Mauer aus unbearbeiteten, im Steinbruch anfallenden Rohsteinen. Sie ist entweder ohne Bindemittel aufgeführt (Trockenmauer) oder mit einem Mörtel aus Kalk, Sand und Wasser schichtweise aufgemauert. Ihre grobe Oberfläche wurde gewöhnlich durch einen deckenden Putz dem Blick entzogen.

Brustwehr Brusthohe, gemauerte oder gezimmerte und mit *Zinnen* bewehrte Deckung gegen Beschuß, die sich oben auf *Ringmauern* oder Türmen an der Feindseite befand.

Buckelquader Steinquader, dessen äußere Fläche (Schauseite) einen kissenartig vortretenden Buckel aufweist. Dieser erhielt als Begleitung der Kanten einen bis zu sechs Zentimeter breiten flachen Streifen (Randbeschlag). Der Buckel konnte als grobe, bruchrauhe Bosse belassen oder zu einer weich gerundeten Form gemeißelt werden. Seltener und erst spät nehmen die Buckel auch Prismen- oder Diamantform an. Buckelquader kamen gegen Ende des 12. Jahrhunderts auf und waren vor allem im staufischen 13. Jahrhundert beliebt.

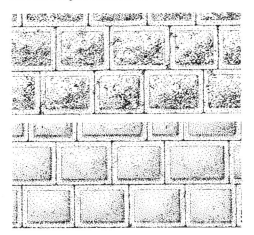

Burg Eine wehrhafte, durch Erdwall, *Palisade, Graben,* Wehrmauer, Türme usw. geschützte Baugruppe des Mittelalters, die vorwiegend vom Adel bewohnt und genutzt wurde. In der klassischen Form des 12.–14. Jahrhunderts besteht sie aus einem *Graben,* der *Ringmauer* mit Toranlage *(Torbau)* und vorgelagertem *Zwinger,* dem *Bergfried* oder ersatzweise einer *Schildmauer,* einem Hauptwohngebäude *(Palas, Kemenate)* und Nebenwohnbauten für die Burgmannen und das Gesinde, einer Kapelle, einem Küchen- und Backhaus sowie verschiedenen weiteren Baulichkeiten: Stallungen, Speicher, Schmiede und dergleichen. Die Burg besaß einen Brunnen oder *Zisternen* zum Sammeln des Regenwassers und war insgesamt so eingerichtet, daß ihre Insassen auch eine längere Belagerung ohne Versorgung von außen durchstehen konnten.

Burgstall Bezeichnung für eine kleine Burg oder auch für den ehemaligen Standort einer verschwundenen, abgegangenen Burganlage.

Corps de logis Der durch seine Größe und seinen Schmuck hervorgehobene mittlere Teil eines Barockschlosses, in dem sich das Treppenhaus und die Repräsentationsräume befinden.

Cour d'honneur Französische Bezeichnung für Ehrenhof: die mit Sand oder Steinsplitt bedeckte Freifläche, die von einem hufeisenförmig angelegten, dreiflügeligen Schloßbau des Barocks umstanden wird. Sie diente zur Auffahrt der Herrschaft oder der Gäste und wurde auch als Parade- oder Exerzierplatz der Garde benutzt.

Donjon Der bewohnbare Hauptturm französischer Burgen. Die Bezeichnung wird aber auch – zumal zur Unterscheidung gegenüber dem vorwiegend Wehrzwecken dienenden *Bergfried* – auf turmartig aufragende Bauwerke deutscher Burgen angewendet, die stärker als der Bergfried für eine dauernde Bewohnung gedacht und deshalb mit den erforderlichen Vorrichtungen (Heizung, Abtritte, Wohn- und Schlafräume, Küche, Durchfensterung usw.) ausgestattet waren. Solche Bauten werden besser als Wohnturm bezeichnet.

Doppelburg Zwei selbständige Burganlagen, die jedoch im Hinblick auf den Verteidigungsfall eine strategische Einheit bildeten.

Doppelkapelle Burg- oder Schloßkapelle mit zwei übereinanderliegenden Geschossen, deren oberes der Herrschaft vorbehalten blieb. Durch eine weite Öffnung im Zwischenboden war es mit dem Untergeschoß verbunden, das für das Gefolge bestimmt war.

Dreiflügelanlage Schloß, bei dem an die Enden des Hauptbaues (Hauptflügel) rechtwinklig Seitenbauten (Seitenflügel) anschließen. So ergibt sich eine hufeisenförmige Anlage, die einen nach vorn hin offenen Hofraum *(Cour d'honneur)* umfaßt. Im Gegensatz dazu ist bei der Vierflügelanlage der Hof allseitig umschlossen.

Dürnitz (Dirnitz) Großer, meist unten, im Keller oder Erdgeschoß des Hauptwohngebäudes *(Palas)*, gelegener Raum einer Burg, der dem Gefolge oder Gästen als Hauptaufenthaltsraum diente. Oft ist er überwölbt und durch *Arkaden* unterteilt.

Enfilade Die Aufreihung von Zimmern vor allem eines Barockschlosses an einer durchlaufenden Achse, etwa an einem Korridor.

Englischer Garten Garten oder Schloßpark im englischen Stil. Hierbei sind die Gewächse, im Gegensatz zum *französischen Garten*, in ihrer natürlichen Gestalt belassen und in einer natürlich wirkenden Weise über das Gelände verteilt. Seit dem 18. Jahrhundert verbreitet.

Eremitage Das französische Wort für Einsiedelei bezeichnet seit dem Barock ein meist sehr kleines Gebäude in einem entlegenen Teil des Parkes, in das man sich zurückziehen und Eremit spielen konnte.

Fachwerk Bis zum 17./18. Jahrhundert sehr verbreitete Holzbauweise, die im Burgenbau vor allem für Nebenbauten oder für die oberen Geschosse von Wohnbauten und Türmen verwendet wurde. Dabei wird zunächst ein skelettartiges Rahmenwerk geschaffen, das aus senkrechten Tragbalken (Ständer), waagrecht liegenden Querbalken (Pfetten, Rähme, Riegel) und schrägen, verstrebenden Stützhölzern (Bänder, Büge) besteht. Die von diesem Balkengefüge offengelassenen Löcher (Fachen) werden mit Zweiggeflecht und Lehm oder starken Holzbohlen, vermörteltem *Bruchsteinmauerwerk* oder Ziegeln geschlossen (ausgefacht) und außen verputzt.

Fallgatter Gitterrostartiges Gebilde aus über Kreuz zusammengefügten Eisenstäben oder, häufiger, aus senkrechten, durch Querbalken verbundenen Holzbalken, die unten spitz zulaufen und hier mit Eisen beschlagen sind. Als Schutzvorrichtung am *Torbau* einer Burg oder Stadt waren solche Gatter vor der äußeren Torwand oder in der Torkammer an Ketten oder Seilen aufgehängt. Seitlich liefen sie in Gleitschienen. Bei einem Überraschungsangriff konnte man sie blitzschnell fallen lassen. Auf diese Weise ließ sich der Torweg auch dann noch verriegeln, wenn die Zugbrücke nicht mehr rechtzeitig aufgezogen oder die Torflügel nicht mehr geschlossen werden konnten.

Faulturm Gefängnisturm; auch Hungerturm genannt.

Festung Im Unterschied zur bewohnten mittelalterlichen *Burg* war die Festung eine Verteidigungsanlage, die als eine Art von Wehrkaserne eine ständige oder nur im Verteidigungsfalle einrückende Besatzung hatte. Sie wurde im 16. Jahrhundert wegen der burgbrechenden Wirkung der Pulvergeschütze eingeführt. Mit ihren oft flach geduckten und für Kanonen eingerichteten *Bastionen* kommt sie als Einzelfestung (oft in Höhenlage), zunehmend dann aber auch als die ringförmige Summierung von Einzelwerken (Festungsgürtel) zur Ringsumverteidigung, insbesondere von Städten, vor.

Flankenturm (Flankierungsturm) Aus der Flucht einer Wehrmauer halb rund oder eckig vortretender Turm zum flankierenden Beschuß der Mauerbereiche.

Französischer Garten Eine Form des Gartens oder Schloßparks, die im 17. Jahrhundert von Frankreich ausging. Gelände und Beete sind hier in streng geometrischen Formen angelegt, und die Pflanzen sind oft geometrisch geschnitten. Gegensatz: *englischer Garten*.

Ganerbenburg Burg, die von mehreren Eigentümern gemeinsam bewohnt und verteidigt wurde. Manchmal handelte es sich um die Mitglieder einer Familie; deshalb kommt auch die Bezeichnung Sippenburg vor. Oft wurden die Wohnbauten entsprechend der Zahl der Eigentümer vermehrt, so daß die Besitzverhältnisse auch baulichen Ausdruck fanden.

Gebück Dichte, sperrige Hecke, die sich einem Angreifer noch vor dem Burggraben als erstes Hindernis in den Weg stellte.

Gießerker (Wurferker, Pechnase) Kleinerer, kastenförmiger, von innen begehbarer Erker am Turm einer Burg oder an der *Ringmauer*. Durch eine Öffnung im Boden (Senkscharte) konnte man die Angreifer mit kochendem Wasser, Öl oder Pech begießen, mit Steinen bewerfen oder beschießen.

Graben Neben dem *Bering* war der Graben, eine künstliche Vertiefung in der Erde, das wichtigste und wirksamste äußere Hindernis an einer Burg oder Festung. Er konnte mit V-förmigem Querschnitt (Spitzgraben) oder, häufiger, mit U-förmigem Querschnitt, mit ebener Sohle und steil geböschten oder abgemauerten Wandungen gebildet werden (Sohlgraben). Man konnte ihn trocken lassen (Trockengraben) oder mit Wasser füllen (Wassergraben). Als Halsgraben riegelt er eine Burg auf einem Bergsporn quer gegen das anschließende Plateau ab. Umläuft er die gesamte Burganlage, wird er Ringgraben genannt; teilt er eine Burg in einzelne Verteidigungsabschnitte, heißt er Abschnittsgraben. Außen liegende Gräben hatten auf der Feindseite als zusätzliches Hindernis einen Wall, der durch *Palisaden* verstärkt sein konnte.

Graft Bezeichnung für den Wassergraben der niederdeutschen Burg.

Gußloch Runde oder rechteckige Öffnung, die senkrecht durch eine Decke oder ein Gewölbe geführt war und durch die man erhitztes Wasser, Öl oder Pech auf die Feinde gießen konnte. Manchmal ging sie auch als steiler, schräger Schacht durch die Mauer nach unten. (Vgl. auch: *Gießerker*.)

Halbturm (Schalenturm) Nach außen vor die Wehrmauer vorspringender Turm, der auf seiner Innenseite nicht durch eine Wand geschlossen ist. Diese Form hatte Ersparnisgründe, sollte aber auch verhindern, daß ein Feind, der in die Burg eingedrungen war, sich in dem Turm festsetzte.

Halsgraben siehe **Graben**

Hauptburg (Kernburg, Hochburg) Der Kernbereich einer Burg. Er lag gewöhnlich an der höchsten und besonders schwer zugänglichen Stelle des Burgplatzes und war meist durch eine eigene Maueranlage und eine vorgelagerte *Vorburg* zusätzlich geschützt. Zur Hauptburg gehörten mit *Palas* und *Bergfried* die wichtigsten Bauten der Burg.

Hausburg (Palasburg) Burgartig befestigtes Wohngebäude ohne *Bergfried*.

Herme *Pilaster*, der im oberen Teil als plastischer Oberkörper eines Mannes – ursprünglich des griechischen Götterboten Hermes – ausgebildet ist und ein Gesims oder Gebälk von Portalen oder Fensterumrahmungen trägt.

Höhenburg Burg, die im Gegensatz zur *Niederungsburg* auf einer Anhöhe, zum Beispiel einem Bergkegel oder Bergsporn, errichtet ist.

Hurden Nach außen vorkragender, ganz in Holz konstruierter Um- oder Wehrgang. Er kam vor allem als oberer Abschluß von hohen Wehrtürmen, etwa dem *Bergfried*, vor.

Kapitell Der meist kunstvoll ausgeschmückte Kopf einer Säule, eines Pfeilers oder *Pilasters*; der obere Teil über dem Schaft.

Kartusche Zierschild; runde oder ovale Tafel mit Inschrift oder Wappen. Sie wird von einem reich gegliederten Zierrahmen eingefaßt.

Kasematten Beschußsichere, meist überwölbte, ober- oder unterirdisch liegende Unterkunfts- und Vorratsräume in Festungen. Seit dem 17. Jahrhundert eingerichtet.

Kassettendecke Decke mit vertieft liegenden, vier- oder mehreckigen Feldern. Ihre Ränder sind meist zu einem reich profilierten Rahmen ausgebildet.

Kastell Mittelalterliche Burg. Ursprünglich Bezeichnung für ein befestigtes römisches Lager.

Kasten (Kastenhaus) Speichergebäude zur Aufbewahrung von Getreide oder ähnlichem.

Kemenate Beheizbarer Raum der Burg. Das Wort leitet sich von dem mittellateinischen Ausdruck „caminata" (mit einer Feuerstätte versehen) her. Es wurde auch auf das gesamte Gebäude angewendet, das mit solchen Räumen ausgestattet war. Später bezeichnete man damit ein Frauengemach.

Kirchenburg Kirchenbau, der von einer festen *Ringmauer* mit *Wehrgang* und Türmen umgeben ist. Der Turm der Kirche wurde oft *bergfried*artig ausgebildet und mit Schießscharten versehen.

Knagge Holzkonsole zur Unterstützung eines vorspringenden Balkens. Oft plastisch verziert.

Konsole Waagrecht aus der Wand vorspringender Holz- oder Steinblock, der einen vorkragenden Bauteil, etwa einen Erker, *Wehrgang* oder Bogen, stützt.

Laibung Die innere, seitliche Mauerfläche eines Fensters oder Portals. Beim Bogen die Unterseite.

Laterne Durchfensterter turmartiger Aufsatz einer Kuppel oder eines Turmhelms, auch ähnliches Zwischenglied bei der *Welschen Haube*.

Laube Gang hinter einer Reihe von offenen Bogen. Gewöhnlich ist er dem Erdgeschoß eines Gebäudes vorgesetzt.

Lisene Schmaler, flacher Mauerstreifen, welcher der Wand als senkrechtes Gliederungselement vorgelegt ist. Im Gegensatz zum *Pilaster* bleibt er ohne Fuß (Basis) und Kopfstück (*Kapitell*).

Loggia Offene Bogenhalle; freistehend oder Teil eines Gebäudes.

Mannloch Enger, mannsbreiter Durchtritt in einem der beiden Flügel eines Burgtores. Gelegentlich auch als kleiner Durchgang in der Mauer neben dem Haupttor angeordnet.

Mansardendach Nach dem französischen Barockarchitekten Jules Hardouin-Mansart benannte Dachform, bei welcher der untere Teil der Dachflächen steil aufwärtsgeführt ist; dann knickt das Dach flacher zum First ab. Auf diese Weise gewinnt man Platz für den Einbau von Dachstuben (Mansarden).

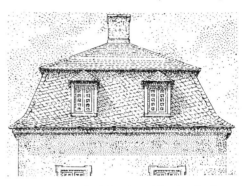

Mantelmauer Auf der *Angriffsseite* der Burg gelegener Teil der Ringmauer. Er ist besonders kräftig und hoch (Hoher Mantel) ausgebildet oder bastionartig ausgebaucht (vgl. auch: *Schildmauer*).

Marstall Stallgebäude für Pferde.

Maschikuli Eine Reihe von *Gußlöchern* in vorkragenden äußeren Mauerteilen von *Wehrgängen*, *Brustwehren* oder hochliegenden Turmgeschossen.

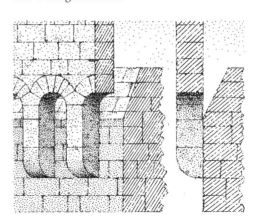

Motte (Erdkegelburg) Sehr frühe, wahrscheinlich von den Normannen entwickelte, dann weitverbreitete Form der Burg, bei der ein Wohn- und Wehrturm auf einem meist künstlich aufgeschütteten Erdhügel stand und von einem engen *Palisaden-* oder Mauerring umgeben war.

Niederungsburg Burg, die im Gegensatz zur *Höhenburg* in einer Niederung, etwa einem Flußtal, angelegt ist.

Ochsenauge Kreisrunde oder ovale Fensteröffnung vor allem der Barockzeit.

Orangerie Reichlich verglastes Gewächshaus in Parkanlagen bei Barockschlössern. In der Orangerie wurden Orangenbäume und andere exotische Gewächse gezogen.

Palas Von lateinisch „palatium" (Palast). Bezeichnung für das meist unterkellerte, zwei- oder mehrgeschossige Hauptwohngebäude der Burg. In ihm sind, je nach Größe, unten die *Dürnitz*, im ersten Obergeschoß ein großer, oft beheizbarer Saal (fälschlich: Rittersaal) und darüber die teilweise wiederum zu beheizenden Wohnräume (vgl.: *Kemenate*) und Schlafzimmer der Burgherrschaft untergebracht. Wenn ein *Bergfried* fehlte, wurde der Palas besonders wehrhaft gebildet (Wohnturm, Donjon), und seine oberen Geschosse waren nur über einen hoch in der Wand gelegenen Eingang zu betreten.

Palisade Wand aus dicht nebeneinander in den Boden eingerammten, oben angespitzten Pfählen. Die Palisade war bei der Burg noch vor dem *Bering* und *Graben* angeordnet und diente, senkrecht gestellt oder zur Feindseite hin schräg nach außen weisend, als vorgeschobenes Anlaufhindernis.

Paneel Holztafel zur Verblendung eines umrahmten Wandfeldes.

Pavillon Kleines, einzelnstehendes, ganz oder teilweise offenes Gebäude in Parkanlagen. Auch vorspringender Eckteil mit betonter Dachzone, etwa an einem Schloß.

Pechnase siehe **Gießerker**

Pfalz Von lateinisch „palatium" (Palast). Anfangs unbewehrte, später burghaft befestigte Residenz der deutschen Kaiser und Könige des Mittelalters.

Pilaster Flache, pfeilerartige Vorlage auf einer Wand. Sie ist mit einer Basis und einem *Kapitell* ausgestattet und unterscheidet sich dadurch von der sonst gleichartigen *Lisene*.

Quader Rechtwinklig zugehauener Steinblock, der schichtweise vermauert wird. Seine nach außen weisende Schauseite kann ebenmäßig gefläcnt sein, ein umrandetes Mittelfeld besitzen (Spiegelquader) oder durch einen kissenartig gewölbten Buckel bereichert sein *(Buckelquader)*. Das Gegenstück zu dem aus ihm gebildeten Quadermauerwerk ist das *Bruchsteinmauerwerk*.

Randhausburg Burg, die auf eine besondere äußere Mauerumgürtung verzichtet, da ihre Gebäude sich am Rand des Burgplatzes so dicht aneinanderreihen, daß sie mit ihren starken Außenmauern die Funktion der *Ringmauer* ganz oder größtenteils übernehmen können.

Ringmauer (Bering, Zingel) Starke, oben gewöhnlich mit einer *Brustwehr* oder einem *Wehrgang* sowie mit Türmen bestückte äußere Verteidigungsmauer, welche die ganze Burg umläuft.

Risalit Besonders betonter Bauteil, der bis zum Dachbereich hinauf vor die Fassade eines Gebäudes vorspringt, und zwar in der Mitte (Mittelrisalit), an der Seite (Seitenrisalit) oder am Ende (Eckrisalit). Oft zur Hervorhebung der Eingangsfront verwendet.

Rondell Rundturm, der zur Aufnahme von Geschützen bestimmt war. Seit der Mitte des 15. Jahrhunderts zur äußeren Verstärkung von älteren Burganlagen errichtet. Auch bei der *Festung* gebräuchlich.

Roßwette Künstlich angelegter Teich zur Pferdewäsche, meist in der *Vorburg* oder im *Zwinger*.

Rustika Mauerwerk aus *Quadern*, deren sichtbare Außenfläche rauh und buckelig belassen wurde. Vor allem bei Renaissancegebäuden vorzugsweise für das Sockelgeschoß verwendet.

Rüstkammer Raum zum Lagern von Waffen, Rüstungen und anderem Kampfgerät.

Scharte Schmaler Mauerschlitz, der zur Beleuchtung und Belüftung von Räumen, vor allem aber für den Einsatz von Schußwaffen diente. Die Schießscharte kommt in unterschiedlicher Ausformung vor, die durch die Handhabung der Schußwaffen bestimmt war. Die Scharte für den Bogenschützen ist gewöhnlich nur ein längerer, senkrechter Spalt. Für den Gebrauch einer Armbrust verbreitete man ihn oben und unten keil- oder kreisförmig und stattete ihn wohl auch mit kurzen Querschlitzen aus, die der besseren Sicht dienten. Ihrer Form wegen heißen solche Gebilde auch Schlüsselscharten. Scharten für Handfeuerwaffen und vor allem für Geschütze sind als runde oder querliegende Öffnungen (Maulscharten) gebildet. Der nach außen gerichtete Schartenmund verbreitert sich zur Vergrößerung des Schußfeldes weit und ist oft mehrfach abgestuft, um auftreffende Geschosse abzulenken. Scharten, die am Fußboden etwa des *Wehrgangs* oder knapp darüber schräg nach unten durch die Mauer geführt sind, heißen Fußscharten. Als Senkscharten schließlich werden senkrecht nach unten geführte Öffnungen (vgl. *Gußloch*) bezeichnet.

Schartenladen Holzladen an den Öffnungen zwischen *Zinnen*. Sie boten Schutz vor Beschuß und konnten nach oben geschwenkt werden.

Scharwachtturm (Pfefferbüchse) Kleiner runder oder vieleckiger Turm, der zur Beobachtung des Burggeländes diente. Er ist in exponierter Lage an einer Mauer- oder Gebäudeecke angeordnet.

Schildmauer Starkes und hohes Mauerbauwerk auf der *Angriffsseite* vorwiegend der südwestdeutschen Burgen. In der Regel ist es mit der schwächer und niedriger ausgebildeten *Ringmauer* verbunden. In ihrer typischsten Form ist die Schildmauer oben mit einer begehbaren *Wehrplatte* oder einem *Wehrgang* ausgestattet, die über eine außen oder innerhalb der Mauer liegende Treppe erreichbar sind. Verteidigungstechnisch ist die Schildmauer dem *Bergfried* ähnlich, doch fehlen ihr Innenräume und damit die Funktion der letzten Zuflucht. Gelegentlich ist der Bergfried direkt mit ihr verbunden; er dient dann zugleich als Treppenturm der Schildmauer.

Torbau Das zwei- oder dreigeschossige Torgebäude der Burg. Es ist mit verschiedenartigen Schutzeinrichtungen ausgestattet. Vor der meist überwölbten Torhalle oder Torkammer im Erdgeschoß liegt der rund oder spitzbogig überfangene Toreinlaß, der durch schwere, außen oft mit Eisenblech beschlagene Torflügel und manchmal zusätzlich noch durch ein *Fallgatter* verschlossen werden konnte. Davor befindet sich oft noch eine *Zugbrücke.* In dem Raum oberhalb der Torhalle hielt sich die Torwache auf. Hier kragte häufig ein *Gießerker* nach außen vor, aus dem man einen bis zum Tor vorgedrungenen Feind beschießen, bewerfen oder beschütten konnte. Manchmal verstärken flankierende Tortürme mit Schießscharten diese am meisten gefährdete Stelle der Burg.

Trophäe Bildwerk in Form einer Anhäufung von Waffen (Schwerter, Helme, Panzer usw.), Standarten, Fahnen und dergleichen. Nach antiken Mustern seit der Renaissance als Schmuck, auch an Gebäuden, verwendet.

Turmburg Burg, die nur aus einem wehrhaften Wohnturm *(Donjon),* einer *Ringmauer* und einem *Graben* besteht.

Tympanon Bogenfeld über einer Tür oder Giebelfeld eines antiken Tempels – ein Motiv, das bei klassizistischen Bauten wiederverwendet wurde.

Verkröpfung Das Herumführen eines waagrechten Baugliedes, gewöhnlich eines Gesimses, um ein anderes, senkrechtes mit Hilfe von Vor- und Rücksprüngen.

Verlies Gefängnis. Meist in dem untersten, von außen nicht unmittelbar zugänglichen, oft völlig dunkel gehaltenen Raum des *Bergfrieds* gelegen. Gefangene wurden hierher durch ein Loch *(Angstloch)* in der Decke vom ersten Obergeschoß aus abgeseilt. Später war das Verlies auch eine Art Dunkelzelle in besonderen Gefängnistürmen *(Faulturm).*

Vorburg Ein der *Hauptburg* vorgeschalteter und für sich selbst verteidigungsfähiger Burg-

bereich. Gewöhnlich lag er etwas tiefer. In der Vorburg waren vor allem Nebenbaulichkeiten angesiedelt, so die Gesindehäuser, Stallungen, Speicher usw.

Wartturm (Schauinsland, Luginsland) Hochragender, meist einzelnstehender Turm innerhalb der Burg oder in ihrem Vorgelände. Von hier aus wurde das Umland beobachtet.

Wasserburg Burg auf einer natürlichen oder künstlich aufgeschütteten Insel in einem Fluß oder See. Zuweilen auch einfach eine Burg, die von einem mit Wasser gefüllten *Graben* umzogen ist. Der Wasserburg entspricht das Wasserschloß.

Wehrgang Schmaler, offener oder überdachter Verteidigungsgang auf der *Ringmauer* einer Burg oder am oberen Ende eines Turmes. Nach außen ist er durch eine Zinnenmauer *(Brustwehr)* oder eine vorkragende *Scharten*mauer abgeschlossen, an deren Fuß öfter Reihen von *Gußlöchern (Maschikuli)* angeordnet sind. Überdies ist der Wehrgang mit einer nach innen offenen Gebälkkonstruktion versehen, die ein Dach trägt. Ganz aus Holz gebaute Wehrgänge heißen auch *Hurden.*

Wehrplatte Die oberste, für die Verteidigung besonders günstige Bodenfläche oder Plattform eines Turmes – vor allem des *Bergfrieds* – oder der *Schildmauer.* Die Wehrplatte ist mit einer *Brustwehr* oder einem *Wehrgang* umgürtet.

Welsche Haube Dieses glockenförmig geschweifte Turmdach wird von einer *Laterne* mit ähnlich geschweiftem Spitzdach abgeschlossen. Bei mehrstufigen Welschen Hauben sind weitere Laternen als Zwischenglieder eingeschoben.

Wichhäuschen Vorkragendes Ecktürmchen am Fuß eines Turmhelms.

Wohnturm siehe **Donjon**

Zinnen Zahn- oder schildartige Mauerteile, die in regelmäßigen Abständen auf der *Brustwehr* oben auf Mauern oder Türmen – wo die rings umlaufenden Zinnen einen Zinnenkranz bilden – angebracht sind. Die *scharten*ähnlichen Freiräume zwischen den Zinnen (Zinnenfenster) dienten als Schuß- und Wurföffnungen und waren manchmal durch schwenkbare Holzladen *(Schartenladen)* besonders geschützt. Zinnen waren sicherlich auch als baulicher Schmuck geschätzt; vor allem aber hatten sie die Aufgabe, den aufrechtstehenden Verteidigern der Burg beim Handhaben der Waffen Schutz zu bieten.

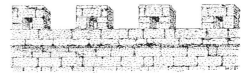

Zisterne Aus dem Felsen herausgehauenes oder gemauertes Becken zum Sammeln von Regenwasser. In der Regel bei Burgen vorhanden, in denen man keinen Tiefbrunnen anlegen konnte, der bis zu einer wasserführenden Bodenschicht oder bis zum Grundwasser hinabreichte.

Zugbrücke Brücke über den Burggraben, die nach oben geschwenkt werden kann. Sie liegt unmittelbar vor dem Tor. Ihre Platte ließ sich mit Hilfe von Ketten oder Seilen, die durch Löcher in der Torwand in den Torraum liefen, so aufziehen, daß sie die Toröffnung dicht verschloß. Der Aufzug war auch mit der Schwungrute möglich, einer waagrecht über dem Torraum liegenden Balkenkonstruktion, deren seitliche Längsbalken durch die Tormauer griffen. Die äußeren Enden dieser Balken waren durch Ketten mit der Brückenplatte verbunden, und an den inneren Enden im Torraum saßen Gegengewichte. Mit Hilfe dieser Gewichte konnte die Schwungrute dort verhältnismäßig leicht nach unten gedrückt werden, wodurch die Längsbalken außen nach oben gingen und die Brückenplatte hochzogen.

Zwerchhaus Quer zur Richtung des Daches stehendes, mehrgeschossiges Dachhäuschen, vor allem bei Bauwerken der Renaissance. Vorne besitzt es eine oft reich verzierte Giebelwand (Zwerchgiebel).

Zwinger Seit den Kreuzzügen wurde der *Ringmauer* der Burg eine schwächere und niedriger gehaltene Begleitmauer (Zwingermauer) vorgeschaltet, die Angreifern den unmittelbaren Zugang zur Hauptmauer erschweren sollte. In dem Raum zwischen den beiden Mauern, dem Zwinger, fanden bei Gefahr das Vieh und die bewegliche Habe der zur Burgherrschaft gehörenden Landbevölkerung sowie auch diese selbst Schutz.

BILDNACHWEIS

Umschlag Vorderseite: H. Müller-Brunke/Kinkelin

Umschlag Rückseite: oben: T. Schneiders/Zefa,
links: Löbl-Schreyer, Mitte rechts: Ludwigs/Prenzel,
unten rechts: Frieselmann/Mauritius

S. 8/9 P. Klaes/laenderpress; S. 10 Deutsche Luftbild; S. 11 Schöning & Co. + Gebr. Schmidt; S. 12/13 Mathyschok/Lindenburger; S. 14 Ludwigs/Prenzel; S. 15 Stadt Aschaffenburg; S. 16/17 o.: Löbl-Schreyer, u.: P. Klaes/laenderpress; S. 18 Bauer/Bavaria; S. 18/19 H. Huber/Kinkelin; S. 20 Niedersächsisches Landesverwaltungsamt, Institut für Denkmalpflege; S. 21 M. Jeiter; S. 22/23 G. Klammet; S. 24/25 E. Gerlach; S. 26/27 T. Schneiders; S. 27 Dimpl/Schuster; S. 28 R. Häusser; S. 29 T. Schneiders; S. 30 P. Klaes/Kinkelin; S. 31 G. Klammet; S. 32 Schmölz-Huth; S. 32/33, 33, 34, 35: H. Schreiber; S. 36 Klammet & Aberl, freigg. d. Reg. v. Oberbayern, Nr. G. 43/1043; S. 37 Schöning & Co. + Gebr. Schmidt; S. 38/39 T. Schneiders; S. 38 Eder/Anthony; S. 40/41 Klammet & Aberl, freigg. d. Reg. v. Oberbayern, Nr. G. 43/394; S. 42 H. Ziethen; S. 43 W. Fritz; S. 44/45 o.: Löbl-Schreyer, u.: Landesbildstelle Hannover; S. 46 T. Schneiders; S. 46/47 P. Koch/Mauritius; S. 48 J. P. Anders/Verwaltung der Staatlichen Schlösser und Gärten, Berlin; S. 49 u.: T. Beck/Mauritius, o.: W. Schmidt/Bavaria; S. 50/51 Klammet & Aberl, freigg. d. Reg. v. Oberbayern, Nr. G. 43/1048; S. 52 T. Schneiders/Zefa; S. 53 u.: H. Müller-Brunke, o.: T. Beck/Mauritius; S. 54/55 Löbl-Schreyer; S. 55, 56: Dr. Armin Prinz zur Lippe; S. 58 Schönbach/Anthony; S. 58/59 Löbl-Schreyer; S. 60 P. Klaes; S. 61, 62, 63: F. G. Zeitz; S. 64 G. Klammet; S. 65 K. Hellmich; S. 66/67 H. Müller-Brunke; S. 67 H. Retzlaff/Bavaria; S. 68/69 H. Müller-Brunke; S. 69 E. Bauer/Bavaria; S. 70/71 G. Remmer; S. 72/73 Klammet & Aberl, freigg. d. Reg. v. Oberbayern, Nr. G. 43/363; S. 74, 75: G. Remmer; S. 76/77 H. Herfort/Zefa; S. 79 Mader/Kinkelin; S. 80/81 T. Schneiders; S. 80 u., 82, 83 o. li. u. re.: Landesbildstelle Württemberg; S. 83 u.: Foto-Holtmann; S. 84 Bildverlag A. L. Traut; S. 85 Gebr. Metz; S. 86/87 Löbl-Schreyer; S. 88/89 Klammet & Aberl, freigg. d. Reg. v. Oberbayern, Nr. G. 43/257; S. 90 o.: A. Haase; S. 90 u., 91 u.: Praun-Photo, S. 91 o.: T. Schneiders/Kinkelin; S. 92 M. Jeiter/Bavaria; S. 94/95 T. Schneiders/Zefa; S. 96 o.: R. Häusser, u.: Micha/Mauritius; S. 97 o.: Löbl-Schreyer; u.: Deutsches Apothekenmuseum; S. 98 Löbl-Schreyer; S. 99 T. Schneiders/Kinkelin; S. 100/101 H. Huber/Kinkelin; S. 101 H. Müller-Brunke; S. 102 T. Schneiders; S. 103 o.: Klode/Anthony, u.: H. Huber/Kinkelin; S. 104/105 Klammet & Aberl, freigg. d. Reg. v. Oberbayern, Nr. G. 43/750; S. 106 Klammet & Aberl, freigg. d. Reg. Oberbayern, Nr. G. 43/757; S. 107 Foto-Holtmann; S. 108/109 Löbl-Schreyer; S. 110/111 H. Herfort; S. 112/113 Klammet & Aberl, freigg. d. Reg. v. Oberbayern, Nr. G. 42/1265; S. 114 H. Herfort; S. 115 Klammet &

Aberl, freigg. d. Reg. v. Oberbayern, Nr. G. 43/503; S. 116/117 Studio Klemm; S. 118/119 G. Seider/Zefa; S. 120/121 P. Klaes/Kinkelin; S. 121 W. Neumeister; S. 122 U. Pfistermeister; S. 123 Neuwirth-Bösch; S. 124/125 Landesbildstelle Rheinland-Pfalz, freigg. d. Bezirksreg. Rheinhessen/Pfalz, Nr. 8743-3; S. 126/127 Löbl-Schreyer; S. 127 Fieselmann/Mauritius; S. 128 M. Schneiders; S. 129 Foto Röckle; S. 130 o.: T. Schneiders/Zefa, u.: Poleschinski/Fotoclub Ludwigsburg; S. 131 o.: Foto Röckle, u.: M. Schneiders; S. 132, 133 o.: Foto Röckle; S. 133 u.: Klammet & Aberl, freigg. d. Reg. v. Oberbayern, Nr. G. 43/351; S. 134 P. Klaes/laenderpress; S. 135 H. Herfort; S. 136/137 o.: Löbl-Schreyer, u.: H. Herfort; S. 138/139 Damm/laenderpress; S. 139 T. Schneiders; S. 140/141 P. Klaes/Kinkelin; S. 141 Ludwigs/Prenzel; S. 142 A. Haase; S. 143 T. Schneiders; S. 144 o.: R. Mayer, u.: J. Kankel/Kinkelin; S. 145 o.: Löbl-Schreyer, u.: T. Schneiders/Kinkelin; S. 146 Dr. H. Busch; S. 147 Klammet & Aberl, freigg. d. Reg. v. Oberbayern, Nr. G. 43/1041; S. 148/149 F. Pahlke/Kinkelin; S. 150/151 Bestler/Anthony; S. 152 W. Neumeister; S. 153 H. Herfort; S. 154, 155 K. Ring; S. 156/157 P. Klaes; S. 158/159 U. Pfistermeister; S. 160 Ch. Koch/Kinkelin; S. 161 T. Schneiders; S. 162, 163 M. Jeiter; S. 164/165 T. Schneiders; S. 165 U. Pfistermeister, S. 166 Klammet & Aberl, freigg. d. Reg. v. Oberbayern, Nr. G. 43/481; S. 167 Holle Bildarchiv; S. 168/169, 170/171: Löbl-Schreyer; S. 171 G + M Köhler; S. 172 R. Häusser; S. 173 P. Klaes; S. 174/175 H. Müller-Brunke; S. 176 H. Herfort; S. 177 R. G. Everts/Prenzel; S. 178/179 P. Klaes/Kinkelin; S. 180/181 Klammet & Aberl, freigg. d. Reg. v. Oberbayern, Nr. G. 43/435; S. 182 o.: F. Prenzel; S. 182 u., 183: H. v. Irmer; S. 184/185, 186/187 P. Klaes; S. 188 u.: R. Häusser; S. 188 o., 189 li.: Landesbildstelle Baden; S. 189 re.: Vondruska/Schuster; S. 190, 191: E. Bauer; S. 192/193 D. Woog/Zefa; S. 194 Jeiter/Bavaria; S. 195 T. Schneiders/Kinkelin; S. 196, 197 Löbl-Schreyer; S. 198/199 J. Kankel/Kinkelin; S. 198 u. li.: Löbl-Schreyer; S. 198 u. Mitte, u. re.: R. Mayer; S. 199 J. Baudisch/Kinkelin; S. 200 Striemann/Mauritius; S. 201 Ludwigs/Prenzel; S. 202 l. + A. v. d. Ropp; S. 203 Nelles; S. 204/205 Löbl/Kinkelin; S. 204 Ch. Koch/Kinkelin; S. 206/207, 208/209 T. Schneiders; S. 208 Dr. U. Muuß, freigg. SH 1015–151; S. 210/211 Löbl-Schreyer; S. 211 T. Schneiders; S. 212 o.: S. Dauner/Zefa, u.: P. Koch; S. 213 o.: T. Schneiders, u.: Löbl-Schreyer; S. 214/215 G. Klammet; S. 216 J. Jeiter/Bavaria; S. 217 T. Schneiders; S. 218/219 P. Koch; S. 219 H. Wehnert; S. 220/221 M. Jeiter/Bavaria; S. 221 T. Schneiders; S. 222 Herfort/Mauritius; S. 223 R. G. Everts/Prenzel; S. 224 o., 225: Staatliche Kunstsammlungen,

Kassel; S. 224 u.: T. Schneiders; S. 226/227 H. Herfort/Kinkelin; S. 227 Löbl-Schreyer; S. 228, 229: T. Schneiders, S. 230 Verlag Gundermann; S. 230/231, 231: T. Schneiders; S. 232/233 Ziegler/Kinkelin; S. 233 Löbl-Schreyer; S. 234, 235: T. Schneiders; S. 236 Candelier/Mauritius; S. 237 T. Schneiders; S. 238 li.: Löbl-Schreyer, re.: W. Bahnmüller/Bavaria; S. 239 li. o.: T. Schneiders, li. u.: Löbl-Schreyer, re.: Landesbildstelle Rheinland-Pfalz, freigg. u. Nr. 40196-6 v. Bezirksregierung für Rheinhessen; S. 240 li. o.: Gebr. Metz, li. u.: Scheuerecker/Mauritius, re. o.: Gebr. Metz, re. u.: Krause-Willenberg/Bavaria; S. 241 li.: M. Jeiter, re. o.: F. Pahlke, re. u.: P. Klaes/Kinkelin; S. 242 li. o.: Ludwigs/Prenzel, li. u.: Mehlig/Mauritius, re.: H. Wagner/Bavaria; S. 243 li.: F. Mader, re. o.: P. Klaes/Kinkelin, re. u.: Gebr. Metz; S. 244 li.: Wesche/Mauritius, re.: Noack/Anthony; S. 245 li. o.: Puck-Kornetzki/Bavaria, li. u.: Löbl-Schreyer, re.: P. Klaes/Kinkelin; S. 246 li. o.: Gebr. Metz, li. u.: P. Klaes/Kinkelin, re.: P. Klaes/laenderpress; S. 247 li. o.: J. Kinkelin, li. u.: G. Klammet, re.: Gebr. Metz; S. 248 li. o.: Candelier/Mauritius, li. u.: M. Schneiders/Kinkelin, re.: R. Häusser; S. 249 li. o.: T. Schneiders, li. u.: S. Fricke/Kreisbildstelle Bad Kreuznach, re. o.: Heimat- und Verkehrsverein Landstuhl e. V., re. u.: H. Müller-Brunke; S. 250 li.: T. Schneiders/Kinkelin, re. o.: Hackenberg/Mauritius, re. u.: Schösser/Prenzel; S. 251 li. o.: F. Mader, li. u.: Henke/Schuster, re.: T. Schneiders; S. 252 li. o.: J. Kankel/Prenzel, li. u.: F. Mader, re. o.: R. Häusser, re. u.: W. Fritz; S. 253 li.: P. Klaes/laenderpress, re. o.: T. Schneiders/Kinkelin, re. u.: Stadtverwaltung Neustadt an der Weinstraße; S. 254 li. o.: F. Pahlke, li. u.: R. Häusser, re.: T. Schneiders; S. 255 li. o.: T. Schneiders/Kinkelin, li. u.: P. Klaes/laenderpress, re.: H. Retzlaff/Bavaria; S. 261 F. Bruckmann; S. 272 li.: Dr. V. Schmidtchen, mit frdl. Genehmigung der Stadtbibliothek St. Gallen, S. 272 re.: Dr. V. Schmidtchen; S. 273 Dr. V. Schmidtchen – VDi-Ausgabe des „Bellifortis" von Götz Quarg, 1963.

Illustratoren:
Übersichtszeichnungen im Hauptteil: Peter Frese, München.
Karten im Hauptteil: Norbert Buhrfeindt, Remshalden-Geradstetten.
„Zu Gast in Burgen und Schlössern" und Schaubilder S. 260–267: Manfred Riepert, Stuttgart.
„Was ist was bei Burg und Schloß?": Walter Schöllhammer, Albertshausen.